Charles Chaplin

Footlights

with

卓别林画传

The World of Limelight

David Robinson

〔英〕戴维·罗宾森 著

朱静雯 孙煜 译

人民文学出版社
PEOPLE'S LITERATURE PUBLISHING HOUSE

致克莱尔·布鲁姆

目录

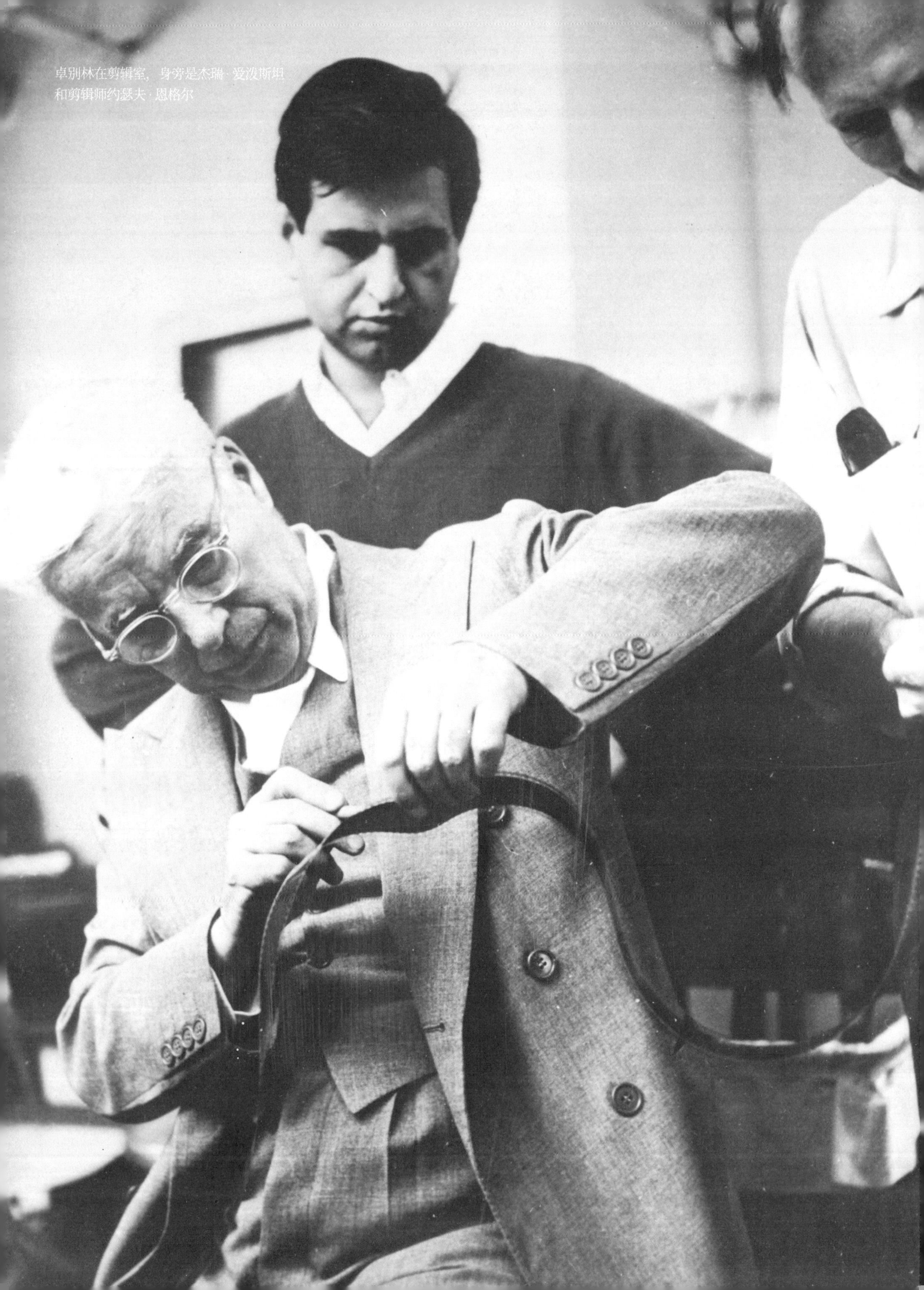

卓别林在剪辑室，身旁是杰瑞·爱泼斯坦和剪辑师约瑟夫·恩格尔

序言

一九五二年八月二日，查理·卓别林在好莱坞的派拉蒙影剧院为他的新电影《舞台春秋》安排了预映。两百个座位都坐满了。邀请名单没有保存，但是显然是在那个忧患年代仍然被他视为朋友的人，其中包括大卫·塞尔兹尼克、罗纳德·考尔曼、亨弗莱·鲍嘉、克拉克·盖博夫人（道格拉斯·费尔班克斯的遗孀）以及名媛多丽丝·杜克（“世界上最有钱的女孩”）、贾奇·佩科拉（“华尔街猎犬”）。还有“几位从一九二四年《淘金热》开始就跟卓别林一起工作的人，如今已白发苍苍”。卓别林先是一一引导客人坐下，在电影放映期间又坐到声控室里。放映结束的时候，观众纷纷起身，热情地高呼“棒极了”。卓别林显然是松了口气，他对他们表示感谢：“我刚才非常担心。你们是这世上第一批观看这部电影的人。它长达两个半小时。我不想再多占用你们的时间了。但是我确实想说‘谢谢你们’。”“这次卓别林竭尽全力，”专栏作家、制片人西尼·斯科尔斯基写道，

> 观众中有一位妇女喊道：“不！不！谢谢您。”其他人听到了这句话，也冲着卓别林表示感谢…… 我不由地想这就是《舞台春秋》的关键所在。有些人认为它是好的，有些人认为它是伟大的，这都没关系。程度并不重要。这不是一部由普通人制作的普通的电影。这是一部承载历史、饱含感情的电影，我想每一个真正对电影感兴趣的人都会说：“谢谢您。”

那天出席的所有人都没能料到这是卓别林在向好莱坞告别。六周后，他将启航前往欧洲，连他自己都没有意识到他将永远离开自己的家、自己的制片公司以及那个他在精神上和职业上都耕耘了四十年的国家。

斯科尔斯基在看过电影后立刻写了他的报道，但是他也意识到《舞台春秋》具有独特的品质，“这是一部承载历史、饱含感情的电影”。它不止于此。卓别林的个人处境，以及美国冷战时期的公共孤立状态，与他那有趣的“居家男”的称呼相映衬，使得他在为电影作准备的三年时间内非常自省。他重新思考搁置了十年的珍贵想法——为了处理更为紧迫的议题（身处经历战争和冷战的世界），即《大独裁者》和《凡尔杜先生》，之前他无暇顾及。至于故事的背景，他把目光转回伦敦，和他最初登台表演的杂耍剧场；那时，他得以摆脱童年的困顿，并且不断发现自己具有表演和交流的独特天赋。但是这种回溯也使他重新想起痛苦的不安全感，那始终伴随一个没受过教育、没有文化修养的少年步入成功世界。他对比他父母的不幸，他们也曾怀揣同样鲜亮的青春梦想登上舞台，可是最终因疾病和酗酒死去。这促使他不断思考他们之间的亲密关系，反思不忠和遗弃是否另有隐情。他还反观自己在二十世纪中叶在美国经历的难以描述的状态。一方面，他的妻子比他小三十六岁，这婚姻是幸福的，显得不可思议，伴之接连出生的孩子；另一方面，是一个表演者最为糟糕的噩梦——失去了他的观众。

这件事本身并没有什么特别。每一项创意活动都是由艺术家的独特个性、经验、社会关系和

生活回忆的产物。的确，在这些方面，卓别林那白手起家的经历非常丰富。但是历史学者或评论者认为卓别林与其他艺术家相比有一个主要的区别。在试图分析艺术作品的时候——图书、绘画、戏剧、电影、乐曲——我们一般都是局限于作品本身以及对创作者的了解。研究卓别林的电影则不同，可能是非常独特的——我们有创作过程的近距离第一手记录，可以见证把纷繁的想法和情绪转变成供大众观赏、脉络清晰的电影的升华过程。卓别林珍视创意（一位合作者曾说他的大脑"就像一间阁楼，每一样东西都井然有序，方便取用"），他经常做笔记，虽然并不总是容易辨认。一旦开始某个电影项目，他便日复一日地对秘书们口述自己的想法，饱受折磨的秘书们必须随时记录那些不断的修改、删除、补充和衍生的想法。

当然，大多数创作者都会经历修改作品的过程，区别在于他们有废纸篓。据我们所知，卓别林本人并没有兴趣收集各种旧文稿和废胶片，他会很高兴地把一切无关的东西扔掉。但是总有身边的人——忠诚的秘书们、他的哥哥西德尼、他同母异父的兄弟惠勒，他们尊崇卓别林的创意，孜孜不倦地保存这些。因此有了一堆堆的文件——手稿片段、打字稿的标注、不断增加的脚本草稿（夹杂大量的注释）堆积在制片厂摆放更为整齐的文件旁边。制片厂关门，它们却奇迹般地保存下来，并且被转移到了瑞士。卓别林严谨的助理蕾切尔·福特用牛皮纸把它们整齐地包好，用线扎紧，贴上标签。在长达半个多世纪的时间里，它们都保存在卓别林在瑞士科西尔威维村的别墅"德班大宅"，在负二层的潮湿地下室里，却没有遭受严重的损毁。那就是笔者第一次看到这些档案的地方。它们令人兴奋，整理却是艰巨的工作，面对福特小姐典型的童子军结和有点儿宽泛的分类的时候。

今天，细心的工作人员以及福特小姐的妥善保管有了回报，在卓别林协会和博洛尼亚电影资料馆的通力合作下，查理·卓别林档案馆建成了。文件从地下室搬了出来，送到了蒙特勒保存条件最好的地方。所有资料都已数字化，无论身处世界何地，都能随时查阅。这一重要的文化遗产目前由卓别林协会的凯特·居永瓦奇和卓别林项目的负责人塞西莉亚·森希亚雷利守护，同时受卓别林家人的监督。

无比丰富的资料，数字化后方便即时查阅，使得我们能够在某种程度上见证卓别林的思考过程，在以前这是根本不可能的。我们可以观察到他对回忆的挖掘，接着仔细选择事件和想法，逐渐形成一个连贯的故事。从这个角度说，《舞台春秋》对他有着特别的意义，卓别林对大半生的回忆、情感和经历的深度挖掘，才有了《舞台春秋》。这也许就是为什么他并没有先写剧本，而是写了小说《脚灯》后附《卡尔费罗的故事》，均是第一次发表，这正是本书的核心。在这个基础上，他改编成了电影剧本，又经过数个版本的修改，才有了最终的剧本。电影拍成之后，他才按照无声电影的形式加上了三个介绍性的标题，对他完成的创作进行了优雅的总结：

白炽灯灼灼生辉，在这里岁月必得让位于青春

芭蕾舞演员和小丑的故事……

伦敦，一九一四年夏的一个傍晚

本书后部分的综述文章探究了卓别林根据他的记忆为后人重塑的那个世界——处于一个时代末期的伦敦及其杂耍剧场，在第一次世界大战爆发之前。

戴维·罗宾森

查理·卓别林

脚灯

卓别林饰演凡尔杜先生：一张令人印象深刻的胶印相片，是罗伯特·弗洛莱的收藏，亦可能是由他拍摄

故事的演变

在卓别林的系列电影中，《舞台春秋》排在《凡尔杜先生》后面，《凡尔杜先生》从一九四二年十一月就开始构思，直到一九四七年四月才在全世界首映。在这几年中，随着战后冷战恐慌氛围的加剧和麦卡锡主义的萌动，他与美国之间的关系也在急剧地恶化。作为一位著名的外来客，卓别林曾经是联邦调查局的早期针对目标，局长埃德加·胡佛也对他恨之入骨；而且联邦调查局一手导演了一场针对卓别林的诉讼案，他们借他精神失常的前女友琼·巴里提起丑陋至极的指控。经过长达两年半（1943—1945）的拉扯，法院最终判决血液测试证据为无效，卓别林不是巴里孩子的生父，却依然要支付巨额抚养费。这项判决随后被广为传播，极大地损害了卓别林在美国中产阶级中间的名声，这同时也为针对他的政治攻击提供了适宜的土壤，并且随着《凡尔杜先生》的上映而愈演愈烈。联邦调查局再次播下了偏见的种子，这些年里他们注意到卓别林在左翼知识分子中间受到欢迎，同时拼命地——不可避免地一无所获——搜寻他为共产主义者提供经济支持的证据。虽然联邦调查局完全没有找到任何卓别林与赤色政治相关联的证据，他们却很乐意为右翼小报专栏作家，比如沃尔特·温切尔和海达·霍珀，提供他们认为可以用来抹黑卓别林的新闻，例如一篇于一九二三年发表在《真理报》上的正面影评。

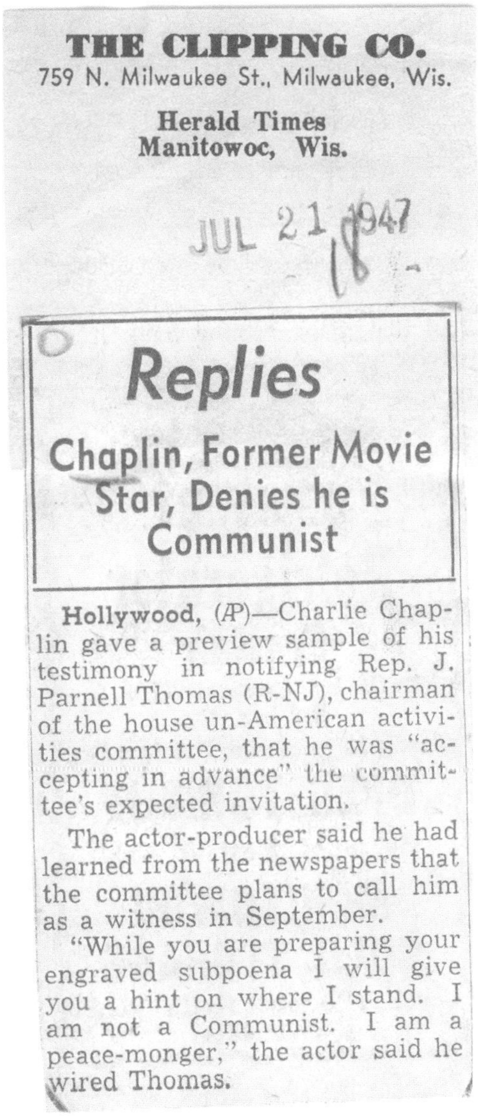

THE CLIPPING CO.
759 N. Milwaukee St., Milwaukee, Wis.

Herald Times
Manitowoc, Wis.

JUL 21 1947

Replies

Chaplin, Former Movie Star, Denies he is Communist

Hollywood, (AP)—Charlie Chaplin gave a preview sample of his testimony in notifying Rep. J. Parnell Thomas (R-NJ), chairman of the house un-American activities committee, that he was "accepting in advance" the committee's expected invitation.

The actor-producer said he had learned from the newspapers that the committee plans to call him as a witness in September.

"While you are preparing your engraved subpoena I will give you a hint on where I stand. I am not a Communist. I am a peace-monger," the actor said he wired Thomas.

卓别林给众议院非美活动调查委员会的回复，这则新闻报道的标题将他描述为“前电影明星”，蕴含着不祥的意味然而直到在《凡尔杜先生》首映第二天的新闻发布会上，卓别林自己才意识到这场陷害活动究竟造成了多大影响。那场新闻发布会被一名天主教老兵协会的代表詹姆斯·W.费伊牵着鼻子走。这名代表根本不想讨论这部电影，反而不断盘问卓别林的政治倾向和爱国心，并且粗暴地驳斥了卓别林的观点（“成为热爱全人类的人：我是一个世界公民”）。一些安插在观众中的支持者也跟着费伊对卓别林进行抨击。尽管卓别林给予了机智而坦诚的回应，评论家詹姆斯·艾吉也十分激动甚至有些语无伦次地为他进行了辩护，但是后果已无法挽回。国会议员约翰·兰金因此要求将卓别林驱逐出境。他收到了众议院非美活动调查委员会的传唤，虽然那次传唤不断地被推迟甚至最终被取消：毫无疑问，委员会认为他口才实在太好而不适合当证人。到了一九四七年年末，天主教老兵协会一直在抵制他的电影，并再次要求国务院和司法部门对卓别林进行调查，将其驱逐出境。

在这痛苦的几年里，至少在家庭生活方面，卓别林得到了补偿。与他之前的那些恋爱相比，这段关系明显让他感到更加幸福，也持久。就在琼·巴里案子刚刚开始的时候，他遇到了十八岁的乌娜·奥尼尔，并且娶了她。乌娜是美国剧作家尤金·奥尼尔的女儿，比卓别林小了三十六岁。他们的第一个孩子杰拉尔丁·莱出生于一九四四年，第二个孩子迈克尔·约翰在一九四六年诞生。

乌娜·卓别林和孩子们：杰拉尔丁（七岁，左）、迈克尔（五岁）、约瑟芬（两岁）和维多利亚（在乌娜的怀里），这是在1951年的夏天

除此之外，工作也是他的慰藉：卓别林永远无法停止对故事的追求。当他还很小的时候，他们一家人都在杂耍剧场里表演。而在接触电影之前，他就已经是剧场里的明星。在这样特定的关头，选择将故事安排在他童年的剧场世界乍一看像是对旧时光的怀念和对现实的逃避。但他的故事背后其实还有更黑暗的一面。故事的主角卡尔费罗是一个小丑，他失去了对观众的掌控力并丢掉了工作。这个过度自省的男人因此深深地陷入抑郁，变得酗酒，疾病缠身。在冷战时期的美国，卓别林自己也意识到很多观众正在抛弃他。这种失去观众的感觉一定也唤起了他一九〇七年十二月二十三日[1]噩梦般的回忆。那天在伦敦贝斯纳尔格林的福里斯特杂耍剧场，作为雄心勃勃的十八岁年轻人，他在满是犹太裔的观众面前尝试了一段“山姆·科恩——犹太喜剧人”的表演。观众却变得非常不友善：

19世纪90年代伦敦某杂耍剧场顶层楼座上的充满敌意的观众

> 在听了前几个笑话后，观众开始向舞台扔硬币和橘子皮，还在不停地跺脚喝倒彩。一开始我还没意识到发生了什么。后来恐惧才渗入我的大脑。[……] 当我下台时，我并没有去听管理方的意见：我直接回到更衣室，卸了妆，离开剧院，再也没有回去，甚至都没去拿我的音乐书。[2]

尽管他后来在弗莱德·卡尔洛剧团获得了巨大的成功，但是直到去世，卓别林在现场观众面前仍然感觉非常紧张。《舞台春秋》也是一次对表演者和其观众的关系、艺术家和艺术的关系的艰苦卓绝的探索。当特蕾莎质问卡尔费罗：“但是你说过你讨厌剧院。”他回答：“我的确讨厌。我也讨厌看到血——但是它流淌在我的血管里。”在这段讲述演艺生涯的故事中，还交织着这个六十岁的男人和比他小约四十岁、天真无邪的舞蹈演员之间的恋情。卓别林难免将自己对婚姻的反思投射在故事之中。

尽管现在看来《舞台春秋》可能在这些方面反映了卓别林在二十世纪四十年代后期的个人处境，这篇故事早在几十年前就开始萌发了。故事的首粒种子可能是卓别林与瓦斯拉夫·尼金斯基的见面，这次见面给两个年轻人都留下了深刻的印象（卓比林当时二十七岁，比这位舞者还要晚生五个星期）。[3]在《我的自传》里，卓别林用了两页篇幅描述当时的情景：

> 尼金斯基和俄罗斯芭蕾舞团的一些成员

也来到了片场。他是一个严肃的人，非常英俊，颧骨突出，有一双忧郁的眼睛。他给人的印象就像是身着俗装的僧人。我们当时在拍《疗养》。他坐在摄影机的后边，看我们拍一场戏，我以为那场戏挺好笑，可是他却一直没有笑过。尽管旁边有其他人被逗乐了，尼金斯基看起来却越来越忧郁。他在离开之前主动和我握手，并用他那带来回响的嗓音告诉我他有多么喜欢我的作品，还问我下次他能不能再来。“当然没问题。”我说道。于是他又愁眉苦脸地坐着看了我两天。在最后一天，我让摄影师别在摄影机里放胶片，因为我知道尼金斯基那阴沉忧郁的存在会毁了我想要搞笑的心思。不过，每天结束时他都会夸奖我。“你的喜剧就像芭蕾舞一样，你是一位舞者。”他说。[4]

当时我还没有看过俄罗斯芭蕾舞，或者说其他任何芭蕾舞。不过在那个周末，我被邀请去看一场午后演出。

在剧院里，佳吉列夫——充满活力与激情的人——接待了我。他向我道歉，说不是表演他觉得我会最喜欢的节目。

“太可惜了，没有《牧神的午后》，”他说，“我觉得你会喜欢那部剧。”之后他很快找到他的经理。“告诉尼金斯基，《夏洛特》幕间休息后，我们要表演《牧神》。”

第一场芭蕾舞剧是《天方夜谭》。我或多或少感觉有些失望……但是接下来是尼金斯基的一场双人舞。在他出场的那一刻，我激动万分。在这世上我没见过多少可以称之为天才的人，而尼金斯基就是其中之一。他有股催眠般的魔力，他就像神一样……传达细腻的精神世界；他的每一个动作都充满诗意，每一次跳跃都像是飞入奇绝的幻想。

之后，尼金斯基让卓别林来他的更衣室。根据卓别林讲述，尼金斯基在为《牧神》化妆时和他聊天，不过内容都是些老生常谈，他却不愿让卓别林走。尼金斯基并不在乎让观众等待多久。最后卓别林坚持要回到他的座位上，《牧神的午后》才继续上演。

没人能比肩尼金斯基……他构建出一个神秘莫测的世界，表面是田园般的美好，实则暗藏悲剧。他从那片神秘的土地穿过，宛如一位热情而又忧伤的神——他毫不费力地用几个动作就表达出了这一切。

这两位艺术家对彼此怀有惺惺相惜的感情，这很容易察觉。让人费解的是卓别林那一向准确无比的记忆却在这里出了极大的偏差。俄罗斯芭蕾舞团是在一九一六年圣诞节的那一周来到洛

瓦斯拉夫·尼金斯基在1916年12月27日或28、29日访问卓别林制片厂。卓别林和埃里克·坎贝尔（尼金斯基右侧的高个子）穿着《安乐街》的戏服

杉矶——第一场演出在圣诞节当晚举行。卓别林说那时他正在拍摄《疗养》，不过他记错了，尼金斯基访问片场的照片证明当时正在拍的电影是《安乐街》。卓别林也描述了在克卢恩礼堂剧院与佳吉列夫见面的场景。但事实上佳吉列夫当时并不在那里。那年早些时候，他就已经把舞团带到了美国，不包括尼金斯基；不过当舞团需要再来做冬季巡演的时候，佳吉列夫不想再在战争期间出远门，所以尼金斯基被任命为整个巡演的艺术指导[5]。这些重大的记忆偏差让其余部分失去了可信度。肩负着这次巡演主要责任的尼金斯基是否真的离开剧场、在卓别林的片场待了三天呢？整个舞团也更不可能像他写的那样，临时更改演出安排，还突然加了段芭蕾舞只为向卓别林致敬。

但是一些间接证据证实了卓别林讲述的其他内容。他专门讲到他被邀请去看周末的午后演出；十二月三十日星期六下午两点半也确实有一场午后演出。根据印刷的节目单可知，《天方夜谭》是在最后，而不是在开场。（在《舞台春秋》中有所致敬，在帝国剧院一闪而过的芭蕾舞剧好像就是在模仿《天方夜谭》）。这是舞团的最后一场表演，当晚也没有其他演出，所以也可能是舞团在最后又加了这场额外的演出。如果这是真的话，那么它就能解释为什么尼金斯基要跟卓别林聊那些“老生常谈”，他这是为了让其他舞者和舞台员工有足够的时间去准备。

卓别林继续写道：“六个月后，尼金斯基疯了。在那天下午的更衣室里，当他让全体观众等待的时候，他就有类似的迹象。”确实，就在从美国巡演回来后，尼金斯基第一次被确诊患有精神分裂症，当年便结束了他的舞蹈生涯。尼金斯基的陨落无疑深深触动了卓别林，他还是孩子时便目睹过什么是精神失常。二十年后，他努力将这位舞者那传奇而悲剧的身世编织成一部电影的脚本。经过漫长而富有逻辑的演变过程，最终形成了《舞台春秋》。

《田园生活》（1919）：
卓别林模仿尼金斯基的《牧神的午后》

《摩登时代》上映之后，卓别林和宝莲·高黛一起进行了一场为期十六周的全球巡演。一九三六年六月三日回到加州后，他就立刻着手为宝莲量身定制一部新电影：很明显，就像他在一九二三年《巴黎一妇人》中为艾德娜·珀薇安丝塑造的那个角色一样，他也想给宝莲同样的待遇。他在回程之旅中就已经为《偷渡者》写了有一万字，这是关于一位流亡到上海的白俄伯爵夫人，靠当职业舞伴为生，这个故事将会在三十年之后以《香港女伯爵》的形式重现。在接下来那一年，他又进一步考虑他珍视已久的拿破仑主题，不过还是暂时把它放在一边，因为他要和罗纳德·博德利[6]一起改编D.L.莫雷的小说《摄政》。一九三七年五月二十五日，他告知他的秘书亨特小姐《摄政》现在已经“被搁置一边，他为高黛策划的那部电影有了新想法”。很有可能就是从这个时候他开始着手舞者的故事。罗莫拉·尼金斯基在一九三四年出版了关于她丈夫的传记，尼金斯基的日记经过编辑，也在一九三七年出版，这两本书重新唤醒了他对于尼金斯基的迷恋。两本书都吸引了媒体争相报道，卓别林不可避免地也会有所了解。他那繁杂的笔记和手稿中的许多内容可能都是受这两本书的启发。舞者的故事有不同的版本，却有一个共同点，即舞者的妻子拥有较高的社会地位，这可能反映了卓别林自己对于罗莫拉这位贵族小姐的印象，她在一九一三年嫁给尼金斯基，令他和佳吉列夫之间的关系出现无法修复的裂痕。

卓别林的手稿保留了舞者故事的演变，其中有些页遗失——或许是在修改过程中被删除。凯特·居永瓦奇和莉萨·斯坦·黑文给予了我们极大的帮助，她们把卓别林那极难辨认的手稿誊录下来，还将无数的草稿和片段排好了顺序。在这些手稿中，角色的名字会改变——有时就发生在同

卓别林和宝莲在1936年巡演期间拍摄的照片：在新加坡

卓别林和宝莲在1936年巡演期间拍摄的照片：在“柯立芝总统”号邮船上

一个故事里。有些草稿只有简单几句概要，而其他则是完全构建好的对话。核心的角色一直都是那位天才舞者，他在不同的版本里以不同的名字出现——尼奥、泰摩莱、泰摩兰、泰摩林、卡纳、纳金斯基、纳根斯基，甚至就是尼金斯基。在主角是尼奥的版本里，泰摩林则成了老师的名字。

某些主题和情景在各个版本的故事里都贯穿始终。主人公都是卓越的舞者，随着年龄的增长（大约在三十五岁），他开始害怕他的才华会逐渐消逝。通常他都有身为社交界名人的妻子，她嫁给他是因为他的名声，不过她也厌倦了他对于艺术的痴迷，并且对他不忠。他受制于剥削他的经纪人，而经纪人又忍受不了他的脾气，在秘密地策划让一名年轻的希望之星取代他的位置。通常他的知己是他的服装师、曾经的舞者或歌手，在他们面前，主人公才能更加坦诚（这是为卓别林忠心耿耿的配角亨利·伯格曼量身定制的角色）。[7]主角始终无比信任、慷慨，忍耐妻子的不忠。他总是对处境惨淡的艺术家出手相助。他对艺术的着迷在周围人看来近似疯狂。而有天赋的代价就是孤独，一种无人分享他的艺术和着迷的孤绝感。为宝莲设计的角色是年轻女性，她可以给予他所渴望的无私的爱和理解。尽管这个故事是“高黛的电影”，但是每个版本里的主人公都是卓越的男舞者。

探寻这个舞者故事如何演变是一件既费时又费力的工作，但这一切都是值得的，因为它揭示了卓别林努力构思的过程，以及最终形成《舞台春秋》的艰难质变。最早的版本直截了当地开启故事：“曾经有一位非常出色的舞者，他在晚会上遇见了一位美丽的女孩。她渴望想进入芭蕾舞蹈界，他便承诺给她一个面试机会。”她加入了舞团，舞者——此时只用字母T称呼，和叫D的女孩坠入爱河。这对另一个名叫安的舞者造成极大的打击，因为她一直暗恋着T。喜欢追名逐利、攀附上流的D很快就抛弃了T，同时安也爱上了一位“体贴、清爽的小伙子”。T现在才意识到自己对安的爱，他变得郁郁寡欢，常常和人争执。T和安一起跳舞：这唤起了他们的爱情。T以完美的一跃谢幕，安的未婚夫就站在舞台侧翼，他们当面对峙。T一把扼住他的喉咙，像要把他掐死，别人费力地把他们拉开，观众毫不知情，还在疯狂鼓掌。最后T回到舞台，鞠躬致谢。“当幕布落下之后，他一声不吭地回到了更衣室”。

在这段直白的开头之后还有一连串的故事，其中一些只是片段，至于谁先谁后如今我们只能推测。

1. 尼奥的故事

尼奥是皇家芭蕾舞团的一位巨星，他的妻子掌管着他的生活，同时也是他的发言人。他的老师泰摩林原来是皇家芭蕾舞团的一位舞者，有一天他让尼奥去面试一位家境殷实的女孩，这位叫多萝茜的女孩十分热爱舞蹈。在一开始，尼奥认为她太美了，同时也涉世太深；但是在他们相见之后，他发现她对于跳舞是如此的热爱，也因此开始产生了兴趣……

2. 第一个泰摩莱的故事

泰摩莱是国家芭蕾舞团的一位出色舞者。他的妻子薇奥拉是社交界名人，精力旺盛，努力劝说她那帮有钱人朋友去资助“现代世界格调更高的文化”。其中一个朋友评论他们的婚姻：“可怜的薇奥拉，和这种人打交道是一回事，和这种人结婚则是另外一回事。”他们之间的爱情并不是一时冲动——因为二人都十分看重他的职业生涯……

3. 第二个泰摩莱的故事

这里第一次暗示泰摩莱是一位无性恋者，他只寻求柏拉图式的爱，他的妻子也非常沮丧：

> 其实，泰摩莱想要的只有理解和体贴，他也想方设法向妻子解释这一点。他可以做出任何牺牲，只要她能够幸福。他认为性与爱是分离的，精神层面的爱更高级，就像母亲对儿子或者父亲对女儿那样。他宣称只要她能理解这一点，他们会非常幸福。
>
> 他还说他非常爱她，他愿意牺牲一切：只要谨慎些，她可以做令她开心的任何事情。

妻子却故意向外界炫耀她的不忠。她就是他如此忧郁的原因，但是当朋友们劝他离开她的时候，他却回答说：“说起来容易……没有她的话，生活会变得非常孤独。我现在还不能和她分手。我必须先花点儿时间适应孤独。”

Tamentan who is a ballet dancer
~~work~~ devotes all his energy to his art,
and as a consequence he becomes important
Because of ~~the~~ [his important] his beauty wife has
affair [with others, as ...] which drives him almost
to a state of insanity. To ~~[illegible]~~
escape from himself he works
harder and as a consequence he
is caught in a vicious circle.
~~He is depressed and lonely~~
His wife's unfaithfulness makes
him depressed and lonely,
and ~~[illegible]~~ after ~~[illegible]~~ overhearing her
~~his wife~~ tell Sergo, the impresario of the Ba
of her plans to divorce him, he
goes out into the night intending
to commit suicide but fate
intervenes when he meets a
prostitute a young girl ~~who~~
with a cheery disposition who
is fed up with men and life
in general. but in spite of
her profession she is by nature
of a happy disposition

西奥多·克斯勒夫（1882—1956）为宝莲·高黛上舞蹈课。在佳吉列夫的俄罗斯芭蕾舞团的前几年，克斯勒夫和尼金斯基一同担任首席舞者，之后他来到美国建立自己的舞团。在他外甥女艾格尼丝的请求下，他被塞西尔·B. 德米尔带进好莱坞，出演多部默片，是优秀的性格演员，他也极大地影响了外甥女将来在舞蹈界的发展

4. 第三个泰摩莱的故事

就目前所整理的情况来看，这篇最长，也是展开最充分的故事。它有大量的对话——偶尔也会有些不同。泰摩莱是芭蕾舞明星，他把他的一切能量都奉献给他的艺术。尽管作为舞者他天赋异禀，但在出身和教育方面，他都觉得自卑。因为他是补鞋匠的儿子[8]：

> 他出身底层，在教育方面没有任何优势。在他看来这是一个无法被克服的阻碍……他的悲剧在于他对生命有强烈的感受，渴望爱情与美貌，所有这一切他都只能借舞蹈表达。在现实生活中，他非常害羞，不善于表达自我，而且他也常常受到情绪的影响，因此大家把他误认为是一个脾气古怪的天才。其实他只是一个简单的人，在心底里他善良、深情又温柔，也不会无故发脾气。

部分因为这种与社会地位相关的不安全感，他娶了一个叫吉纳维芙的社交界名人。她屡次出轨，几乎要把他逼疯，尤其是她和华尔街大亨约翰·哈尔科特来往。为了排遣绝望之感，他一头扎进自己的工作中。晚会上，他无意中听到吉纳维芙说正准备和他离婚。他不禁冲到外面，准备自杀，却在中央公园的灌木丛中发现了一个睡着的小女孩。他了解到她的继父在她妈妈去世之后就一直虐待她，所以她才离家出走。她不愿意当妓女，饿极了偷了吃的，被抓了起来，此刻刚刚出狱。她无家可归，对生活不抱幻想，却依然感到开心。剧本称她“宝莲”或“彼特”（很明显是把“皮特”拼错了，这是卓别林对宝莲·高黛的昵称）。

泰摩莱从她身上感受到了共鸣——“你身上的一些东西让我感觉生活没有那么孤独了”。他们决定一起藏身于乡下一个作曲家朋友的家里，为此他向这位叫奥托的朋友解释道：

> 目睹她的发展会是一场伟大的冒险……以某种方式塑造她。我觉得她值得我这么做……简单来说，她非常孤独，和我一样。她依赖人，和我一样。她需要精神上的爱，而不是野兽般的爱，和我一样。她需要体贴和共鸣，和我一样。

卓别林的笔记，很明显是第三个泰摩莱故事的草稿。在第三和第四行中的“重要的（important）”可能是“性无能的（impotent）”的拼写错误，暗指泰摩莱的无性恋

后来经理萨尔戈在一个小村舍里找到了泰摩莱，他还利用宝莲去劝服泰摩莱回到芭蕾舞团，为此萨尔戈也把宝莲收进了伴舞团。

“电影里会用蒙太奇表现时间的流逝，芭蕾舞团里的生活也变得规律。”宝莲展现了她作为舞者的天赋，同时泰摩莱也意识到她一直在压抑自己对另一个年轻舞者的爱，他叫卡尔洛夫，是一颗冉冉升起的新星：“卡尔洛夫爱着你。我从他的眼神中能够看出来。他对你的爱和我不一样，那是一种更适合生活的爱。”用他的话说，他自己给予她的幸福“是理想世界中我们抛在身后的东西，而现在我们身处现实世界”。

后来卡尔洛夫告诉宝莲他为泰摩莱的神志担忧，宝莲哭泣道：“我懂。”泰摩莱逐渐丧失他的天赋，也不再排练，剧院的上座率也在下跌。萨尔戈找他聊了聊，他承认“卡尔洛夫正成长为卓越的艺术家，我也该让位了。我本不该再回来，你是知道的”。萨尔戈在秘密策划让卡尔洛夫取代泰摩莱。尽管服装师彼得罗夫已经警告过他，但是泰摩莱还是过于信任他人而被蒙在鼓里，事实上，他还帮助卡尔洛夫完善他的舞艺。为了进一步削弱泰摩莱，萨尔戈安排他最后跳两场难度极大、要求极高的舞剧——其中之一就是《玫瑰花魂》[9]。不顾彼得罗夫的警告，泰摩莱坚持上台表演，最终他因为体力不支被抬了下来。

我们还不清楚卓别林到底要怎么结束这个故事，很有可能主人公也会伴随热烈的掌声死在后台，就和卡尔费罗在《舞台春秋》中一样。

故事里有明显提及尼金斯基的地方。在观众中间，有一家人谈论这场芭蕾：

> “我很想去看《牧神的午后》，但是妈妈不许我看。为什么呢，亲爱的妈妈？”
>
> “你可以听听乐团的演奏，但我不允许你在剧院观看。”
>
> “但是亲爱的妈妈，它是多么美啊。里面关于性的部分并不多。”
>
> “不许说那个词。”

同样，泰摩莱情感上的渴望并不来自性，而是来自孤独，来自对陪伴的需求。他不爱他的妻子，“但是与她分开的话我会变得更加孤独”。同样：

> 我想要的真不多，一两个朋友，一个能理解需求的伴侣，而我们所需要的就只是那一点点温暖而已。一种在十指紧扣的缄默中或寥寥数语中就可以分享的温柔和挚爱……想在某个温柔又有同情心的人身边，就像凛冬深夜里热情的火焰驱散了孤独的寒意。就像火焰一样，有些人让我们感受到生活的暖意，让我们不再那么孤独，但是这些人也很难找。我觉得我们所有人都想找到这份温暖。那也是我们如此努力工作的原因。有些人一直没有找到这份温暖，而就是这些人获得了凡世巨大的成功……
>
> 在这种生活中，我到底是什么呢？我不知道。我不是男人也不是女人更不是野兽……一个艺术家？那到底是什么？一种靠情感生活的人，而情感迟早会将他吞噬。

5. 尼金斯基的故事

这只是一个片段，标题是“建议”。宝莲有一段过去：她曾经是“一个女孩……身处风月场所”。在她加入舞团半年后，迪格罗夫发现了她的过去——也许是尼金斯基的妻子泄密的，而她也不愿和他离婚。但是尼金斯基站在宝莲这一边。

她说她会退出芭蕾舞团，尼金斯基说他也会跟她一起走。“天呐，呸！你这么做只是对灵魂的折磨。”宝莲让他必须留下——“你的生活是属于这里的，是和俄罗斯芭蕾舞团一起的”——但是她必须离开。

此时，构思故事似乎出现了中断——最终持续了十年。从一九三七年十月七日开始，片场日常记录就不再提及“高黛的电影”，却说卓别林正在创作第六号项目的剧本，这就是后来的《大独裁者》。这个新想法盖过了那个还没有结果的故事，并不令人惊讶。同时，这个决定也反映了卓别林和宝莲渐行渐远，不管是私人关系还是工作。宝莲的野心太大，又没耐心等待卓别林的下一个项目，她开始寻找其他各种各样的机会。一九三七年十月二日，她试镜了《乱世佳人》中的斯嘉丽·奥哈拉一角：虽然宝莲并不是个非常勤奋的学生，卓别林还是安排了他的老朋友康丝坦斯·柯莉儿去为她讲课。一九三八年年初，他们不在一个海滩度假：宝莲在棕榈海滩放松的时候，卓别林则在圆石海滩和新合作伙伴会面，并且他当时已经在策划《大独裁者》。宝莲 / 舞者项目被暂时遗忘了。

然而，在《凡尔杜先生》后，他又再次寻找新故事。在一九四七年八月十四日那一周，他开始向叫简·伍德[10]的秘书口述他的想法。最有可能的猜测就是他在这个时候又回到了舞者的故事。很大程度上，口述的纳金斯基的故事就是对泰摩莱故事最完善的那个版本的重新加工，而它确实可能在三十年代就开始酝酿了。不过可以确定的是，在二十世纪四十年代后期，卓别林又开始打磨这个剧本，因为有些修改和增补是用圆珠笔写的，而圆珠笔在一九四五年之后才出现，在当时它还是新奇事物。

6. 纳金斯基的故事

这个版本的故事里没有适合宝莲·高黛的关键女性角色。它用一句宣言开头：“事业并不是男人欲望的满足，而只是一条通往他命运的道路。这就是这部戏的主题。”《卡尔费罗的故事》的开场也有类似的对《舞台春秋》主人公的描述——故事的前几页就描述了纳金斯基在出身和教育上的不安全感：

> 纳金斯基是俄罗斯芭蕾舞团里的天才，这个出身卑微的舞者单纯、内敛又不善言辞。他是补鞋匠的儿子，他的父亲没有钱，无法提供他所渴望的教育。这让他在想表达自我的时候都会感到害羞和犹豫，因为他意识到自己的语法问题，同时也对自己那沙哑、粗鄙的嗓音非常敏感。
>
> 这些不足一直折磨着他并影响了他的性格，所以见过他的人都会比较随意地认为他是一个不爱说话、性格乖戾又难以相处的人。但本质上，他是一个友好又贴心的人。

为了弥补他所认为的缺点，纳金斯基娶了一位纽约的社交界名人，而在一开始他对她的爱的确是真诚的。然而很快他就发现她只对利用他的名声感兴趣，而他一直渴望的是家庭的孤独和平静，他的妻子却给予不了。他只想被单纯的人陪伴，不想和那些“金属般强硬的”成功人士打交道。在晚会上，他通常会因为讨论树木和奶牛而让场面尴尬。

与此同时，随着他和贪婪又势利的妻子之间关系逐渐恶化，他和剧团经理达格罗夫之间也出现了问题。达格罗夫想让他去表演难度更高、更有轰动性的舞蹈，其中包括《牧神的午后》和《玫

Charlot was once a famous ballet dancer until he became to old. Then he joined a circus and became a clown. And a very funny one at that. The only trouble was that in order to be funny, he had to take a drink or two so that he could loose his self-conciousness.

Because there was something austere in his manner, due possibly to his early training as a ballet dancer, he could never warm up to an audience without taking a drink.

This was quite harmless at first because it took so little to make him feel uncious, but as ~~he went on~~ time went by, the drinking increased until he became an habitual drunkard. He could not be funny without being compleatly lit up.

瑰花魂》。同时达格罗夫正在密谋让一位年轻的舞者马桑取代他的位置，他的年纪大了。[11] 纳金斯基对年老的舞者极其慷慨，而这也让达格罗夫非常恼火。在这些被接济的人中有一个叫卡尔洛夫的老舞者，他的名字是从之前版本的故事摘出来的。尽管卡尔洛夫一把老骨头了，还总是醉醺醺的，“他仍然想象他还是那位二十年前的首席舞者”，他现在的颓废状态也让纳金斯基的表演受到影响，他羞辱纳金斯基，称他为自命不凡的暴发户。但是纳金斯基却还是恳求把他留在舞团里，并愿意为他提供薪水：“我也恨他，但他是伟大的舞者，是艺术家，我还是小孩时，正是看了他的舞蹈，才想跳舞。”

最终卓别林找到了一个结局：

> 随着画面的淡入，芭蕾舞团正在全力表演。[……] 突然，管弦乐队发出一声巨响。全场一片寂静。舞台慢慢变暗，人群安静地朝后移动，为纳金斯基的入场让道，他就是暑夜闪电的象征。接着另外一声巨响炸开，纳金斯基[12] 一步跃入舞台的中央，辉煌而壮丽。在半色调的灯光之下，他表演着一套优美又充满魔力的单人舞，最后和他入场时一样，一步跃出舞台。雷鸣般的掌声随之响起。纳金斯基多次鞠躬致谢，幕布垂下，俄罗斯芭蕾舞团表演的第一个节目谢幕。
>
> 舞台上方，摄影机朝下，看着舞台上成群的表演者向各个方向散开。
>
> 纳［金斯基］
>
> 孤独在生之中，而非死之中。死即是空，而空就是一切，就是我们所有人。不要靠近我！我想回归万物永恒的渴望之中。
>
> 他从窗户跳下，跳向他的死亡。
>
> 全剧终

卓别林为《夏洛特的故事》做的笔记开头部分

舞者的故事仍然有一些问题。因为如果没有宝莲的角色，纳金斯基也就没有任何积极的爱情关系了。而在这部剧中卓别林自己也没有一个明显的角色，这是更大的问题。即使在三十多岁他也无法轻松地扮演卓越的芭蕾舞者，更别说现在他接近六十岁。然而从某个时刻——也许早在三十年代的时候就开始了，因为剧中的那个女孩仍然被称为“皮特”——卓别林一直在思考一个马戏团或杂耍团的故事，在那个故事里，他会扮演小丑。

7. 夏洛特的故事

> 夏洛特曾经是著名的芭蕾舞者，随着年纪增长，不得不退休。之后他加入了一家马戏团，成为了非常搞笑的小丑。唯一的麻烦在于他必须先喝点儿酒才能变得非常搞笑，因为这样他才能丢掉自我意识，[……] 随着时间的推移，他喝得越来越多，直到他变成了一个麻木不仁的酒鬼。

就像其他版本的主人公一样，夏洛特极其慷慨。他有一个比他年轻很多而且很漂亮的妻子：一个年老的小丑在将死之时，要求夏洛特承诺收养他那即将成为孤儿的女儿，并在她年龄合适之时和她结婚——夏洛特一直信守这个承诺。他对妻子的爱是真诚的，尽管他意识到妻子对他更多的是尊敬和仰慕，而不是爱。

保存下来的手稿就在这里结尾，而故事又融

进了——

8. 杂耍团的激情

这将会变成一出时代剧：杂耍演员在讨论电影的出现，他们自己即将成为明日黄花。一个年老的小丑——很明显是卓别林的角色，因为剧本把他称为查理——养育着前搭档的女儿，搭档是个酒鬼，在女儿还小的时候就去世了。随着她逐渐长大，这个叫皮特的女孩和他一起表演。长大成人后，她向他表白了自己对他的爱，并嫁给了他：“她就像鸽子一样，而他就是小丑。”但逐渐地：

> 当她站在舞台上的时候，她有一种满足感，这是一种现实生活中并不存在的和谐感。她想方设法向他描述这种感觉，但他不懂她说的是什么，仅仅一笑了之……她感到他们之间缺少某种东西，随着时间的消逝，她逐渐感到压抑……

19世纪的儿童杂技演员，这是斯凯贝克家族杂技团，摄于1890年

他们参加了一场杂耍巡演，其中有一个年轻英俊的歌手。随着巡演的进行，两个年轻人坠入了爱河，但是皮特抵住了诱惑。但随后他们又出现在同一场为期二十周的巡演之中 [……]

令人失望的是，这个版本的故事并没有给出一个结论。在之前泰摩莱的故事里，他爱着的女徒弟也不可阻挡地爱上了更年轻的艺术家。很明显，我们又会在这个故事里看到和泰摩莱一样的处境——《舞台春秋》中的卡尔费罗、特丽和内维尔之间也是类似的关系。

这个从芭蕾舞团到杂耍团的转变应该令卓别林想起了另外一个项目，他在三十年代也曾经为宝莲简要地探讨过这个项目，这就是——

9. 甘诺夫剧团的故事

残忍的德国人甘诺夫管理着一个由小男孩组成的杂耍团，其中有两个是他自己的儿子，另外六个是从孤儿院或者穷苦人家那里招募过来的孩子。但他也例外地接纳了一个女孩——宝莲，“一个消瘦憔悴的小家伙，她的眼睛就像紫水晶一样闪闪发光”。宝莲除了接受训练以参加表演之外，她还为甘诺夫处理琐事。他的妻子死后，甘诺夫越发虐待宝莲，有时候会在演出中故意把她摔下来。

甘诺夫剧团也在《杂耍团的激情》出现，有

NOTES.

After the corner house scene with Neville and Terry, a scene to be written. It is to be the nite before the opening in Calvero's apt. They talk about the acre of ground and the flowers and that he is really through with the theatre, doesn't want any part of it, etc. Talk about rehearsals and that they're going good. Tomorrow is opening night. This is in order to state the fact that he still wants the farm, etc.

CALVERO
You know, an artist knows when he's finished. He has too much good taste to continue when he know's he's through.

The more aware of life, the less funny it is.

The more aware you are of life, the more difficult it is to be funny.

There's a moment when you know you're through-- when every artist knows he's through, ~~If he has any spiritual integrity.~~

The muses are very stubborn. You can't force them.

sincerity is always short lived.

一幕是宝莲和查理抵制对孩子们的非人道对待。卓别林对儿童杂耍演员这一主题有着持久的关注：在两篇无法确定写作时间的故事大纲里，他也进一步探讨了这一主题。在这些故事里，纪律严明的剧团团长被称为弗罗伊勒和伯格曼。在所有版本的《舞台春秋》剧本里都有一场关于德国杂耍团的戏，杂耍团老板会惩罚最小的男孩。卓别林的确拍摄了这场戏，但是没有保留在最终的电影里（参见169页）。

卓别林最终的解决方案——在他深深迷恋的两个世界里取精华——就是把芭蕾舞和杂耍结合起来。为了完成这一点，他把故事设定从现代巴黎、纽约和俄罗斯芭蕾舞团变成了一九一四年的伦敦。在第一次世界大战爆发的之前三十年，莱斯特广场上的两大剧院——帝国剧院和阿尔罕布拉剧院——就兴起过一种独特的表演，将芭蕾舞和杂耍结合。这一历史现象也让卓别林可以把芭蕾舞明星（如今的设定是女性）和年老小丑结合起来，芭蕾舞演员即将一举成名，而小丑则面临着失败和死亡。泰摩莱的故事贡献了这个版本的核心：男人救助了女孩、他们互相爱恋、男子主动退出、表演者在他的艺术和观众之间的挣扎。甚至泰摩莱第一任妻子的不忠也在《舞台春秋》中发挥了明确而又难以察觉的作用。卓别林终于抓达了他的故事。

这个项目在一九四八年九月十三日正式开工，李·柯宾作为秘书参与这个项目。与以往不同，卓别林没有先写剧本，而是写了三万四千字的中篇小说《脚灯》，和五千字的主人公补充“传记”。“传记”讲的是喜剧演员卡尔费罗在故事开始之前回顾他的一生。我们没有在档案里找到“传记”的草稿，表明比起主线故事，它完成得更迅速、容易，也表明他没考虑过把

卓别林在案头工作：从他的休闲装和远处的花束可以看出这张照片是在他的家中拍摄，照片里的女士极有可能是他的长期合作者李·科宾，从《脚灯》的构思到《舞台春秋》的创作，她都全程参与。还有可能是另一位关键人物，剧本编辑科拉·帕尔玛蒂尔。两位女士均没有可以确定身份的照片

这个故事放进电影。这就和另外一个故事《特丽·安布罗斯的故事》形成鲜明的对比，后者原先是独立的，最终被融入了小说。从构思《脚灯》的一开始，回溯特丽·安布罗斯的童年经历和尝试自杀的部分就一直放在小说和电影剧本的开头。最终版的拍摄剧本也是如此，这段故事也被完整地拍摄，但是在剪辑时被全部删除。

卓别林的写作风格独特，没有经过编辑的加工。[13] 首要目标是把未来的剧本实现功能化和视觉化。他能从率直的口语直接转换到让人眼花缭乱的想象场景，比如当精神崩溃的卡尔费罗“疲倦地凝视着若隐若现的河流，如幽灵一般流淌……河面波光粼粼，裹着点点月光和堤坝上的灯光，对他露出恶魔般的微笑”。小特丽对公园的厌恶中也有他自己童年的影子——“枯燥的、凄凉的绿地以及坐在四周的人们，那是绝望之人和贫苦之人的活坟墓”。

卓别林承认每天自学，看到优美或奇怪的词语，都会感到愉悦。他会随身携带一本词典，每天学一个新词：隆隆作响的、硒的、绽放的、自

吹自擂的，还有晚年他最喜欢的万能词——“不可言喻的”。对巡演季的伦敦和夏日午后的亨利镇，他的描写都极富感染力，从中可以体会到他终身阅读的狄更斯留下的不可磨灭的痕迹。

好几个版本的《脚灯》在档案中保存了下来。我们呈现的应该是最后一版，已经有若干时态的改动（比如把“says”改成“said”），为了适应从小说改编成剧本。早期版本的修改主要集中于单个字词的更正，版本之间没有情节上的重大变动。早期的记录、草稿和剧本中都有大量的拼写错误和名词的误记（把戴利剧院写成了戴雷剧院；把格内写成了格妮特；把霍尔本帝国剧院写成了霍尔拜因帝国剧院）。其中大部分已经在誊录的时候被小心修改了（格妮特还保留了，因为可能是卓别林故意为之）：二十世纪中期的好莱坞速记员留下笔误情有可原，不过就算卓别林自己都没发现或懒得去改正这些笔误，我们也没有任何必要把它们继续保留下来。

戴维·罗宾森

Old Script

FOOTLIGHTS

by

Charles Chaplin

SYMPHONY

As the amber glow of London summer twilight was turning into dusk, and lighted street lamps became bolder in the purple shadows, Terry Ambrose was sinking out of life; sinking to the accompaniment of a small poverty-stricken room, in one of the back streets of Soho.

A window lit the room and high-lighted the paleness of her face, as it lay upturned on a pillow, a little over the edge of an old iron bed.

脚灯

黄昏，伦敦街上的灯光在橘黄色天空的衬托下显得更为刺眼，特蕾莎·安布罗斯，十九岁的女孩，她的生命正在慢慢消逝；消逝在索霍区一条后街上一间贫寒小屋的暮色中。

从窗户透进来的光照亮了这间屋，也照亮了她苍白的脸庞。她仰卧着，身体斜躺在那张旧铁床的边缘。棕色的头发像瀑布一样倾泻在枕头上，勾勒出她那张神情严肃的脸，此刻一动不动，只有嘴角不时地抽搐。悲剧性的陈词滥调充斥着这间小屋；地上有只空安眠药瓶；瓦斯喷嘴嘶嘶作响。

与这幅场景形成对比的，是街上的手摇风琴演奏着欢快的华尔兹曲调，是一支流行歌曲：

为什么我要离开我小小的里屋，
在布鲁姆斯——伯——里——
哪里许我锦衣玉食，
只要一周一镑——

在音乐的伴奏下，特蕾莎·安布罗斯孤独、痛苦的生命正在逝去。

这古怪、多舛的生命，在一个敏感儿童易受影响的年纪就经历了痛苦。她性格忧郁，部分是遗传，更是被悲惨的遭遇和特殊的家庭背景所塑造。

她的父亲查理·安布罗斯，是一位英国贵族的第四个儿子，患有结核病。十六岁的时候，他从伊顿公学出逃，当了水手，过了几年漂泊不定的生活，回来以后跟特丽的母亲（是他那个高贵家庭里卑微的女仆）结了婚，他的行为一直得不到家里人的原谅。

查理·安布罗斯有着写诗的天分，但他却是一个不切实际的可怜虫，天真地认为只要为少数杂志写诗歌和散文就能养活一家子。这个想法很快就破灭了，他不得不同时从事其他的工作——偶尔给房子涂灰泥，不过要间隔很长时间，因为灰泥里的石灰对他的肺不好。

特丽七岁的时候，她的父亲去世了，养家的重担都落在了她的母亲身上。她的母亲是裁缝，心地单纯，年轻时出奇地漂亮，如今美貌早已被经年累月的贫穷和操劳消磨殆尽。

家里有母亲和特丽的姐姐路易丝，她们住在离沙夫茨伯里大街不远的一条后街上，只有两个房间。特丽的姐姐十七岁，漂亮、温顺，在萨尔杜文具店上班。她微薄的薪水都用来帮衬家里了。

特丽七岁的时候，她已经帮着母亲给顾客送衣服了。顾客既有风尘女，也有牧师的妻子。虽然特丽还不明白她们属于不同的阶层，她却注意

《脚灯》早期草稿的开头页，由卓别林做了改正，李·科宾做的速记

到她们各有各的脾气。比如那个风尘女，从来都不让特丽进屋里等她，而是让她待在门阶上，开门时总是披散着头发，嘴唇肿着，脸涨得通红。接过裙子的时候总是偷偷地塞给特丽一只瓶子，让她跑到街角的酒吧买四分之一品脱的黑麦威士忌，跑这么一趟特丽能得到六便士。她逐渐对瓶子感到厌恶，因为每次从那个女人手里接过的瓶子总是因为她手上的温度而变得黏乎乎的。

当她逐渐长大，意识到父亲家族的显赫和母亲的卑微，她也时而觉得自卑，时而觉得骄傲。她变得沉默，心事重重，会独自前往公园，一坐就是几个小时。有时候，路过的修女会冲着她微笑。她深感忧伤，也想成为一名修女。又过了几年，她就不愿去公园了，因为那里有着她童年的记忆——枯燥的、凄凉的绿地以及坐在四周的人们，那是绝望之人和贫苦之人的活坟墓。

虽然也渴望陪伴，她却很少有朋友，因为她极为害羞。此外，她很少在一个地方待足够长的时间，长得能够交朋友；她们总是搬家。

母亲突然病倒，使特丽和姐姐路易丝措手不及。安布罗斯夫人整日整夜地坐在缝纫机旁工作，身体已经非常疲劳。经过检查后，医生令她立即住院接受手术。

这真是晴天霹雳，现在只能靠路易丝微薄的收入生活了。虽然不是很多，还能勉强维持。即使是这份收入也很快就没有了，因为路易丝失去了工作，却找不到另一份。钱用光了。房租越欠越多，可典当的东西也没有了，她们开始挨饿。

接着有了变化。在安布罗斯夫人出院前的一个星期，特丽意识到突然有好的事情发生：桌子上有她从来没有见过的一包包美食；当掉的东西又重新出现在房子里；一个女佣来打扫房间。另外还有令人愉快的惊喜：给特丽买了新鞋，不用一直穿牧师的妻子给的二手货了。

母亲回来后，特丽变得开朗了。她开始跟邻居的孩子们一起了。虽然有些比她大了两三岁，她们经常叫上她，晚上一起闲逛皮卡迪利大街——由五六个小姑娘组成的探险队，会聚在面包房的窗户外贪婪地望着法式糕点；会在熟食店里以美食家般的好奇盯着猪头和牛舌；在女帽店里，互相推搡着，冲着展示帽子的蜡像那乏味的笑脸咯咯傻笑。

时不时地，当一个风尘女停下来朝橱窗里头看时，她们的傻笑会停止，四周充满畏惧的寂静。有时，她们会隔着离开一段距离跟着她，看着她勾搭一个男人。年纪大一点儿的女孩觉得有趣，而特丽却充满疑惑，因为她对生活的不堪还一无所知。但是她很快就从年长的女孩那里了解了令她沮丧和害怕的事实。

不久之后，当这些事实还在她的脑子里栩栩如生的时候，她听到了更令人震惊的真相；这深深地伤害了她，给她的余生都留下了心理创伤。

那就发生在一次游览皮卡迪利大街的途中。特丽和她的同伴正在一家百货商店的橱窗外面玩，特丽突然从一面大镜子里看见自己的姐姐经过！一瞬间，她就明白姐姐为什么出现在这里。她看着那漫无目的、忸怩的步伐。她看见姐姐和其他妇人一样的茫然的神情。这种令人厌恶的领悟从心里把她击垮了。

现在她明白了家里百思不得其解的一切：那些美食是哪里来的，还有新鞋、女佣和其他舒适的用品。现在她明白为什么母亲一直哭，看上去病得那么厉害，并且闷闷不乐。同伴正在另一扇橱窗边玩耍，没有注意到特丽的姐姐，但是特丽却看到了！她站在那里，目瞪口呆，路易丝经过她身边却没有看见她。有个女孩看见特丽脸色苍白，浑身发抖。

“怎么了？”她问道。

但是特丽不想回答。她再次转向橱窗，假装对里头的陈设很感兴趣。她指着其中一件物品，眼里却噙满泪水。接着，无法继续假装的特丽掩住自己的脸哭了起来。同伴试着掰开她的手，问她怎么了，但是特丽却毫不让步。她们疑惑地转过脸去，其中一个望向大街，看见了特丽的姐姐。“哎呀，那是你姐姐！”她说。

“确实是的！”另一个说。

年长的女孩开始嗤嗤地笑起来，但很快就控制住了自己。接着是一片寂静，大家都你看看我，我看看你。特丽深感羞耻，不停地抽泣，突然转身跑走了。

她边跑边哭，边跑边哭。

她跑回了家，坐在家门口的路边哭，直到眼泪哭干，才走进屋子。她试着悄悄地进门，悄悄地躺到床上，但是母亲叫住了她。

“特丽吗？”

“嗯。”

“过来。”

“我累了，妈妈。我想上床了。”

“过来。”母亲坚持着。

特丽慢慢地走向她。

“你去哪儿了？”

“没去哪里——只是走走。”

她抬起特丽的脸。“你刚才一直在哭。”

“没有。”她答道，避开母亲探寻的目光。

“好了，告诉妈妈……怎么了？”

“我刚才看见路易丝了。”

“在哪里？”

特丽的嘴唇开始颤抖。“我不知道……我忘了在哪里……”她突然跪了下来，把她的脸埋在母亲的膝上，大哭起来。

母亲十分平静，眼神显得陌生。“好啦，好啦，孩子……别哭啦，”她无奈而平静地说，“别哭啦，上床去吧。”

黎明时分，路易丝的钥匙在门上转动，安布罗斯夫人正醒着，默默地流着眼泪。

特丽十岁时，母亲死了。与此同时，有了另一个变化，路易丝成了一个南美人的情妇，并且在贝斯沃特有了一套精巧的公寓。她是特丽的监护人，使特丽的生活好过得多。特丽就读一所私立的寄宿学校，只有在节假日回家。当她回来时，她并没有看到姐姐的生活有何放荡之处。从表面看来，路易丝生活得平静、孤单。

自从特丽被带去看了一场芭蕾，她就有了成为一名舞蹈演员的愿望。因此路易丝为她支付了学费。这一诗意的行为似乎是满足一种需要，也是满足特丽忧郁的本性。

离开学校后，特丽加入了帝国剧院的芭蕾舞团。莱斯特广场的帝国剧院把娱乐节目分成芭蕾和歌舞杂耍两个部分，芭蕾持续一个小时，其余的娱乐节目包括杂耍、动物表演和小丑表演。特丽在那里待了一年时，路易丝离开英国去南美生活。有一段时间，她和特丽经常通信，后来，她的信变得越来越少，直到特丽彻底失去了她的消息。

与此同时，在帝国剧院，特丽的舞蹈跳得越来越好了。她似乎终于找到了她自己。她现在十八岁了，身形纤细，有圣母般苍白的脸色和忧伤的大眼睛。月亮般的美为她的芭蕾表演增添了魅力，她很快地受到了关注。她已经成为女主角的替角。

自从路易丝离开英国，特丽开始越来越多地思考她的姐姐。她认为她所取得的成绩都来自于她。特丽对她无比的感激，但也伴随着罪恶和耻辱的感觉。路易丝的过去成为特丽的魔障。它困扰着她，给她造成了精神上的创伤，她病倒了并因此突然终止了自己的事业……

这发生在剧院，她正准备晚上的表演。每个人都很震惊，因为在那个晚上她深受打击，尽管她看上去身体很好。一开始她坐在绿屋里，那里是芭蕾舞女孩和其他表演者在演出之前集合的地方。这时驯狗人古诺走了进来。他是个粗鲁、丑陋的四十岁男人，出了名的猥琐和爱占女人便宜。在跟女孩们油腔滑调地说了几句后，他把注意力集中在特丽身上。“你是不是有个姐姐叫路易丝？”

这个问题使她浑身发冷，在她能够回答之前，他继续说话。

“我认识她。我认识她很久了——早在她在这世上立足之前……那时她总在美国酒吧，我说的对吧？”他狡猾地狞笑着。

特丽不能回答。她点点头，微微笑着，一种反胃的感觉慢慢袭来，因为所有的女孩都看着。

“一个姑娘，”他继续神秘兮兮地说道，“我在莱斯特酒吧经常看见她。她告诉过我关于她的小妹妹……她是多么聪明的舞蹈演员。”

特丽除了盯着他之外什么都不能做。要是她能够蒸发和消失就好了，她实在害怕他还会说出什么令她痛苦的话来。幸好催场员喊道：“芭蕾舞演员请准备。”这种不安感总算过去了。

特丽经过他的时候，他开玩笑地低声说：“你最好对我好一点儿。”在舞台侧翼，她突然感到一阵剧烈的痉挛，她晕过去了。

在医院里，她被诊断为风湿热，但医生不能确诊。医生说她在重回舞台之前至少要一年的时间恢复。当特丽听到这个消息的时候，她显得很无所谓。从某种角度说，她巴不得这样。这意味着从剧院以及那个晚上在绿屋里围着她看的那一双双眼睛前逃离；那把她孤立起来，剥光了她，把她暴露了。恢复之后，她意欲寻找其他的工作。巧得很，她在萨尔杜文具店找到了工作，路易丝也在那里工作过。虽然它给她带来不快的回忆，她也接受——一种自虐[1]的心态使她想为她自己和姐姐赎罪。

她离开医院后，正好路过萨尔杜文具店，看见窗户上贴着一张卡片：“招女店员”。萨尔杜先生认识她，经过一次友好的面试后，她被录用了。

萨尔杜公司是一家文具和玩具商店，位于索霍区的中心。这是一家小型商店，存放着大量的报纸、杂志、文具用品和其他杂货。商店小且压抑，还有股墨水、皮革制品和玩具上的油漆的刺激味道。但特丽不在乎，她觉得这里与世隔绝并且备受保护。

萨尔杜公司只有萨尔杜先生一个人，没有所谓的“公司”。尽管六十七岁了，萨尔杜先生还是精力充沛地经营着。他为人和蔼，有条不紊地把每一天的每一分钟的时间都占满了。因此，特丽的时间也都占满了。在这里，她从早上七点一直工作到晚上七点，守着顾客。特丽仅仅是跟他们说话，尽管她总是很有礼貌，也尽力满足顾客的需求。其实她很效率，甚至比萨尔杜先生还知道每一样东西放的地方。

因为他忘记把谱曲纸放在哪里了，才轮到她为欧内斯特·内维尔这个年轻的音乐家服务。她本来没有注意到他，因为那时候店里满是等待的顾客，而一个新来的顾客想要挤到他的前头。他微笑着表示谢意，因为她无视那个鲁莽的新顾客，先为他服务。在那之后，她经常招呼他。

内维尔先生三十岁出头，长着一头浓密的黑发，一直长到太阳穴边上，头发剪得很短；他的眼睛是蓝色的，深邃，反映出他内心的世界；他的嘴显得坚定，总是挂着微笑。他超过六英尺高，背有点儿驼。

他从来不像其他客人那样嚼舌根或者说些客套话。当然，特丽也不。她的目光很少对上他的目光，除了问他需要什么和他走之前递给他东西的时候。尽管他那么严肃，他身上却有着令人怜悯的东西。有些天他看上去非常瘦弱，她觉着他没有吃东西，他用他最后的一分钱买谱曲纸了。她常常会多给几张纸；有时，她多找了他一点儿零钱。她觉得他一定是注意到了，因为他苍白的脸颊上泛起一阵红晕，但她也不能肯定。

特丽发现他住在街对面的房子顶楼上的房间。从商店的窗户向外望，稍稍往左靠一点儿就能看见他的灯光整晚都亮着。从房子里的老女佣那里她打听到他的名字是欧内斯特·内维尔，是一位作曲家。

她总是想着他。在下班后的夏日夜晚，她常常会在他的房子边上散步。当他的窗户开着的时候，她可以听见他在弹钢琴，一遍遍地重复着音乐片段。有时候，他弹奏着长长的华丽的篇章，她会站在门口听。之后，她走回家，感觉异常兴奋，兴奋中夹杂着忧伤。

接着，特丽有两个星期都没有看见他。女佣说他生病了，债主拿走了他的钢琴。当他终于出现在商店里的时候，他看上去苍白虚弱。他要买两个先令的管弦乐大谱曲纸。从他的口袋里拿出一个硬币，很不情愿地放在了柜台上。

特丽意识到这是他仅剩的钱。她能从他饥饿的双眼、苍白凹陷的双颊、磨损的衬衫和外套上看出来。如果她有足够的勇气，她会借给他钱，比如一个月的薪水。她可以从萨尔杜先生那里借。但当他站在她面前的时候，她变得难为情，害羞得不能说话。

在听到他的要求之后，她突然转过身，俯身去拿谱曲纸。数的时候，她冲里屋办公室张望。萨尔杜先生正忙着。她飞快地添了些纸，接着站直，紧张地包了一个包裹，用线缠绕好，并用她敏捷的手指系好、扯断。她规矩地把包裹递给他。他正想走，她把他叫住了。“请稍等。您忘了您的零钱。”

他转过身，看上去很疑惑。“我想一定是搞错了吧。”他说。

“没有，在柜台上呢。”她指着柜台上他放过的钱的地方，轻快地说。

他脸红了，站在那里踌躇着。

特丽突然意识到她是个傻瓜，制造了一个荒唐的局面。但是她已经无路可退了。更加糟糕的是，萨尔杜先生从里屋走了出来。

“有什么我能效劳的吗？”他问道，跟这位年轻人打着招呼。

内维尔犹豫着。“有一点儿疑惑。”

“疑惑？”萨尔杜先生问道。

特丽的脸变得煞白。“并没有。”她闪避着。她的声音听上去有些激动。

“这位先生要了三个先令的谱曲纸，他忘了自己两先令的找头了。”特丽笔直地、挑衅地站在阴影里，看上去特别美。

内维尔确信是特丽错了。但是他的坚持会令她更尴尬，因此他拿了钱。

“我们的座右铭是，”内维尔先生拿起两个先令的时候，萨尔杜先生说，“顾客总是对的——但不是在这种情况下。哈哈！”

内维尔笑了笑，离开了。

他一离开，萨尔杜先生就转过身，严厉地看着特丽。“他给了你多少？五先令的？”

她不假思索地点点头。

萨尔杜先生满意了。但是回到里屋他又把整个事件想了一遍。特丽的行为非常古怪。如果顾客给了她五先令，那么钱还会在抽屉里。为了证实，他走出里屋，趁着特丽在为其他顾客服务的时候，他看了看抽屉。

在那个顾客离开后，他问道：“那五先令呢？”

特丽无法解释，他越问，她越迷惑。

萨尔杜先生现在真是火冒三丈。他检查了所有的账簿，看看有没有不对的地方。最后，他舒了口气，因为发现只丢了九个先令。

特丽崩溃了。她告诉他她借了那些钱，想在下次库存盘点的时候还回来，但是她耽搁了。但她仍然坚持，那个作曲家给了她五个先令。

“这是严重的罪行，”萨尔杜先生严肃地说，“我可以让人逮捕你。但我不是一个冷酷的人。可是我不会再信任你了。”他给了她两个星期的察看期，让她可以用自己的劳动偿还她从抽屉里（正如他愿意相信的）“借”的钱。

在她仍在萨尔杜文具店工作的那段时间里，内维尔一直没有再来。在她离开的一星期后，她走过内维尔住的地方，但是他的屋子漆黑一片、寂静无声，窗户上贴着一张卡片“房屋出租”。

秋天临近，伦敦在为剧院季做准备。巡回演出舞蹈团、杂技演员、特技自行车手、魔术师、玩杂耍的和小丑们正忙着租用俱乐部房间和空仓库进行彩排。剧院的道具管理员和顾客能感受到这个季节的忙碌。一个会机械式呼吸的卧式巨人占据了整个舞台，它是一部分一部分地搭建起来，为特鲁里巷童话剧准备的。它庞大到一位芭蕾舞演员可以从它的胸前口袋进入。[2]

还有为灰姑娘的变身场景而准备的特殊装置；借助镜子的帮助，可以变成白马的南瓜；为飞行芭蕾表演准备的设备、弧形天幕滑轨、水平横杆、结实的绳子；新戏法需要的道具、奇怪的乐器、带衬里的假发和表演闹剧的装置，一切都为了圣诞节的童话剧表演做准备。

特丽生活在这虚幻的集会里，但是她过得很不好。她离开萨尔杜文具店已经五个星期了，还没有找到工作。自她在帝国剧院晕倒，已经过去一年，但是她很少让自己去回想，因为这已经成为一种恐惧症，已经成为她想要忘记的糗事。

在她自己的小屋内，她常想用自己的脚尖站起来，但是这个尝试却异常痛苦。尽管如此，她需要工作，但适合她的工作似乎总找不到。

在彻底的绝望中，她找了一份诺瑟普腌菜厂的工作。这是一份令人沮丧的工作。那种可怕的酸味混合着芥末，刺激着她的鼻孔，使她的眼睛流泪。她的双手总是黄的，再怎么用力擦洗都洗不干净。星期天，她戴上黑色棉手套来遮住这些黄渍。她在那里工作了一个月。这种苦工已经开始影响她的健康。星期六的到来是一种解脱，她可以整天躺在床上休息。到了晚上，她会起床散一下步。

晚上，如果有人从沙夫茨伯里大街后面的某个酒吧经过，他就可以听到上面的房间里传来一架老钢琴的乐音，正在演奏诙谐曲，伴着“啪啪”的合拍的脚步声。不断地有一个沙哑的声音打断“不，不，不”，接着“啪啪”的声音会变成一阵混乱，最终安静下来。“不，不。不是四分之四拍。这是四分之二拍。现在，请再来一遍。”特丽在一个星期天的晚上散步回来后站在一个角落里听到这声音。她停止跳舞到现在好像很久了，虽然她常常感到跳舞的冲动。

她非常伤心地继续走路，在她走到通往排练室的入口时，她停了一会儿，看着楼梯。她能看见白色的天花板，听见急促的声音和窸窣的脚步声。她的胸口突然一阵乱跳。她很快地爬上了楼梯，发现自己气喘吁吁地站在一扇开着的门的阴影里。

她看见一间长方形的房间，角落里高高地堆满了桌子，在最里头有一架钢琴。靠墙有一排藤底椅子，中间坐着“约翰先生”（那些女孩这么称呼他），一个看上去粗鲁的男人，鼻子受过伤，大而丑陋的嘴巴，声音低哑，听上去就像在拉一根松了的琴弦。他正坐着大声训斥，这时瞥见了特丽。他站起来指导了一个女孩，而后才走过来。

“你想要什么？”他突然问道。

特丽也不知如何回答。在她回答之前，她把自己的重心从一只脚上转到另一只脚。“一份工作。”她喘息着。“你有经验吗？”他问。

“我在帝国剧院跳过芭蕾舞。”她回答，并且想要继续说下去，他却打断了她。

“女孩们，休息五分钟。”接着他转向她，“你会脚尖跳吗？”

“会，但是……”

“足够了，”他再次打断她，“我会给你一次试演。如果你合适的话，在转换景时有一个独演机会。”

如果他没有打断她的话，特丽会告诉他自从她得了风湿热之后她就没再跳过舞，她仅仅是想在团里找一份工作。但是如此好的机会令她非常兴奋。她无法拒绝。他说他现在就想试一下，如果她行的话，就省去明天早上让其他人试演的麻烦了。

“可是我很僵硬，”她温顺地说，“我已经有相当长的时间没跳了。”

“不用担心，”他回答，“我们会适当放宽。”

特丽突然发现自己忙个不停。有人问她想要跳哪段音乐，有人借给她鞋子，有人借她芭蕾舞裙。不，她坚持着，不肯脱掉她的手套。

只有特丽的意志支撑着她在那个晚上跳舞，因为她感到极度的疼痛。在一间寒冷的、点着灯的房间，伴着肖邦的华尔兹，一个苍白瘦弱的女孩全神贯注，在这一刻简直有了魔力。一群女孩充满敬意，安静地站着，就像希腊雕像一样，看着她做脚尖立地旋转……突然她的脸色变得惨白，踉踉跄跄。“不，不……”她大叫，倒在了地上。

约翰先生立刻跳了起来，钢琴师卡尔也跳了起来，因为她好像晕死过去了。“这里！卡尔！抓住她的脚！”约翰先生说。

卡尔遵从他的命令，他们一起把她抬到了椅子上。一个女孩把特丽的裙子捆起来放在她脑袋下，另一个猛拍她的手，并开始脱她的手套。

“把她的鞋脱掉，”约翰先生说，“她可能踩到了钉子。”

“她一定是得了黄疸病，”一个女孩说，“看她的手！”

“这是恶性贫血，”另一个女孩说。“叫医生！”约翰先生说，“这个小孩生病了。”

一群女孩聚集在特丽身边，充满敬畏。

她的晕倒和其他的一些症状，基本上是由于疲劳外加缺乏营养，后来发展成了急性肺炎。她在医院里躺了几周，挣扎在生死线上。在这期间，约翰先生和他的夫人来看了她一次，给她送来鲜花。后来，她很沮丧地从一份剧院周报里读到他和他的剧团去美国进行巡回演出了。

特丽在医院里待了十二周才离开。在她离开

时，她被约翰先生的善良感动得哭了，因为在她出院的那一天，她收到一封他的信，里面有一镑金币。

她的房东也很善良，把她的东西收了起来，但是她的房间却租掉了，因此特丽需要重新找一个房间。她在索霍区找到了新的住处，一间昏暗的里屋，一周五个先令。房东是艾尔索普夫人，她坚持要先付两周的房租，这样特丽就只剩下十个先令生活了。

从医院出来已经六周了，她还是很虚弱，无精打采。她已经欠了一个月的房租，也再没有什么可以典当的。再次面对生活的想法就像巨妖一样赫然出现在她面前，她必须与之斗争并且找到工作。

她定期去公共图书馆看报纸上的“招工启事”。她看见一则广告：“招商业摄影模特”，她想这份工作也许她能胜任。

在去应聘的路上，她经过一家剧院的售票处。窗户上，一张海报呈现在她眼前！……欧内斯特·内维尔的新交响乐！由阿瑟·劳伦斯爵士指挥，[3] 演出地点：皇家阿尔伯特音乐厅！这跟那个她在文具店里服务的欧内斯特·内维尔能是同一个人吗？这个消息令她兴奋……一个无名的年轻人，生活贫困——现在，说变就变——出名了！首次公演是周五晚上。倾其所有她都会去！她只有四个先令。最便宜的座位要一先令六便士。

周五晚上，特丽坐在顶层楼座的最后面。还有十五分钟音乐会才开始。周围嗡嗡的私语声就像翅膀在她耳边扑腾，这让她感到遥远，但并不是不愉快。她感到放松。大批观众的出现让她感觉很快活，因为他们也在追逐美丽，并且也有着同样的精神需求。

现在音乐家依次登上舞台，坐在自己的位置上，形成了黑白相间的明亮图案。

美妙的试音响起，观众的私语声越来越响。突然四周安静下来，因为劳伦斯爵士出现了。在长长的鼓掌声之后，他转过身，面向音乐家。一片寂静。

特丽屏住了呼吸——她手里的节目单颤抖了。

欧内斯特·内维尔的新交响乐是开场曲。这是对名誉的致意——对一个从此以后会称呼他为大师的世界。这片寂静是厚重的，众望所归，在这寂静中出现了低低的私语声，不断增加，就像一股向上喷涌的火柱。这是生命之歌，歌唱它的美好和神秘。但是对特丽来说，这是一首充满了挫败、挣扎和绝望的歌。

演奏结束，作曲家需要与观众见面。是的，正是他，欧内斯特·内维尔。她能从顶层楼座认出他来。在音乐会之前，她有一个疯狂的愿望，在演出结束后到后台去见他。她不知道该说些什么，也许告诉他她就是那个文具店里工作的女孩。现在，这个愿望已经消失了。她突然长大了。他的交响乐奇怪地影响了她。现在她需要孤独。在它的王国里充满平静和无形的美。她太激动了，不能像其他观众一样鼓掌。在顶层楼座遥远的角落里，她只是坐着流泪。

音乐会结束了，她继续坐了一会儿，感到空虚，内心隐约觉得受伤。她走去车站，在皇家阿尔伯特音乐厅前有个站头。当她走到那里，一小群人正好走出来。其中的两人走向人行道边。一个是阿瑟·劳伦斯爵士，另一个，是欧内斯特·内维尔！

在他们四处张望的时候，内维尔朝着她的方向看过来，但天很黑，他看不清楚。他转过身，又转过来看了一眼。

“祝贺您。”她说。

“谢谢。”他回答。她知道他不是很确定她是谁，所以她走近了一点儿。“您不记得我了吗？我曾在萨尔杜文具店工作。”

他真的很高兴。“当然，当然，刚才在黑地里我没认出你。你今晚来听音乐会吗？”

“是的，那很美。”她回答。

一个渴望的微笑照亮了他的脸，看上去他还想继续讲下去，但是劳伦斯爵士的豪华轿车开到了人行道边。在进入车子之前，他向她道晚安。门关上，车子缓缓开走了。

这次碰面，她既没有觉得感动，也没有留下深刻的印象。她已经筋疲力尽。什么都不重要了。她累了，疲于应对疾病、生活的打击和挣扎。她想要睡觉。如果她能只睡觉就好了！……

那天晚上，她躺在床上，痛苦不堪，难以入睡。第二天早上她无精打采，即使门外贴了一张让她搬出房间的纸条她也无动于衷。她所需要的仅仅是睡觉……连梦都不想要……最后它到来了……用她自己的双手。慢慢地，遗忘淹没了她……柔和地……慢慢地——在瓦斯喷嘴嘶嘶的响声和街上手摇风琴的陪伴下……

卡尔费罗，头发灰白，五十岁左右，长相和衣着看上去完全像个演员，发现钥匙插不进前门。他把他的肩膀斜靠在门上，全神贯注地抬着手腕，把钥匙对准钥匙孔。但是当他想要插入钥匙的时候，钥匙还是偏离了钥匙孔。几次尝试后，他试着摆正一下门。最终，他放弃了努力并决定按门铃。

“艾尔索普夫人出去了。”一个坐在邻居门阶上的小孩子说。

卡尔费罗转过身挥挥手表示感谢，一边试着开门。令他惊讶的是，他发现当他转回身的时候，钥匙插进了钥匙孔里！

进了房子，他停下来吸雪茄。雪茄已经熄灭了，因此他划着了一根火柴。但这是一种会从中间断掉的便宜货。他又划了一根，结果还是一样。现在他不达目的决不罢休。在他摸索另一根火柴的时候，他闻到了气味。那是瓦斯！非常浓烈，越往特丽的房间气味越浓。他犹豫了一下，决定敲她的门。没人应门，他转了转门把手，但是门是锁着的，并且有一条毛巾塞在嵌板的节孔里。他用手指头麻利地拨开了毛巾冲着里头看。他的目光最终落在了床上。

他立刻用自己的肩膀撞开了门，把那个失去意识的姑娘抬到了大厅，并把她放在了楼梯上。他大声呼叫艾尔索普夫人，又想起那个小孩说她出门了。在迷迷糊糊的状态下，他灵机一动，街对面隔几个门就有一个药房。他赶忙跑向那里，很快就带回一名医生。

“你关掉瓦斯了吗？”医生问。

“什么瓦斯？”卡尔费罗问。

医生没有回答。“她的房间是哪一个？”他不耐烦地说。

“那一间。”卡尔费罗说，用手指着。

医生走进了房间，很快把窗户打开，关掉瓦斯，接着出来了。“我们必须把她移到另外一间房间。房东去哪儿了？”

“她不在家。”

“你的房间在哪里？”

“我的？在楼上。”卡尔费罗说。

“那行，”医生说，“你抬她的肩膀，我抬她的脚。”

卡尔费罗遵从医生的指令，挣扎着后退，把那个失去意识的姑娘抬上了三段楼梯，把她放到了自己的床上。

"把所有的窗户打开。"医生说。卡尔费罗照着做了。"要不要叫一辆救护车？"

"必须先对她催吐。我们得抓紧时间。我需要两夸脱的热水和一些毛巾。"他一边说一边从他的包里拿出仪器来。

在接下来的二十分钟里发生的细节就难以描述了。在帮助进行抢救后，卡尔费罗说了他的这部分故事，并且找到了那个安眠药的空瓶子。"我想这是从您的药店里买的。"

"很可能。"医生一边说一边检查着药瓶，企图掩盖自己的担忧。"她一定是一个小时之前买的药，是詹森卖给她的，他直到六点才来店里。"

"那么救护车呢？"卡尔费罗问。

医生想了一会儿。"现在已经没有必要了。她已经脱离危险了。送她去医院就会招来调查，自杀是要坐牢的。"

"好吧，如果连命都不是她自己的，"卡尔费罗说，"那还有什么是她的？"

医生耸耸肩，捡起一条毛巾，擦了擦姑娘的额头，然后把它扔到床上。"过几天她就会恢复，可以回到自己的房间。在这期间，让她安静地休息。不要让她喝水。那会导致反胃，并且造成心脏损害。如果她渴了，就给她喝橙汁。明天，如果她有胃口的话，就给她喝些鸡汤……但不要罐装的。"他看了一下他的手表，"如果你半个小时之后到药房的话，我会给你开好一个方子。"

"给我的？"

"给她的，当然。"

"噢。"

在医生走后，卡尔费罗慢慢地坐到一把椅子上，清醒地意识到自己这么莫名其妙地要去承担责任。

正当他陷入自己的沉思时，艾尔索普夫人好斗的声音开始在楼梯上回荡。她回来后吃惊地发现女孩的房门被撞开了。

"好吧，她会坐牢的！这是侵入家宅！"

卡尔费罗踮着脚尖走出房门，走到楼梯口去听声音。

"破门而入，不是吗？我想她把自己所有的东西都拿走了！……鬼鬼祟祟的、偷偷摸摸的小……"剩下的辱骂声随着那火冒三丈的女士进入女孩的房间而变得模糊不清。

"真是奇怪，"她走出房门，"她没拿走一样东西。关键是她不付清房租就别想来拿东西！破门而入！……别想在我背后捣鬼！不许她再这么做！她出去了——让她待在外面吧！"

卡尔费罗敏捷地踮起脚尖回到自己的房间。女孩还在睡觉。他不允许自己再思考目前的形势，车到山前必有路。但是他要充分准备好，保护这个女孩免受艾尔索普夫人的斥责，至少目前如此。在他站着俯看她的时候，她醒了，睁开眼睛，接着又闭住了，眼泪慢慢流下，滑下她的脸颊。他拿起他的手帕，把它们擦干，又看了一下他的表。啊，对了，处方。他赶快走向前屋，从一架钢琴上方拿下一把小提琴，把它放在盒子里，然后离开了。他走出房子，走到街对面。

在他离开的时候，他洗好的衣服送来了。艾尔索普夫人总是自己递送，以确保及时拿到钱，她在楼梯底下喊卡尔费罗。没有听到回答，她开始爬楼梯。在她走上第二个平台的时候，【切至反打的平台镜头】[4] 卡尔费罗回来了，臂弯里满是食物。【门口……他慢慢地进来……】楼梯走到一半的时候，他掉了一罐三文鱼，罐头滚了下去。他正想回去捡，但是艾尔索普夫人的声音让他改变了主意。

她敲了敲门，想进入房间，这时，她听见楼梯上有人。“是您吗，卡尔费罗先生？”她喊道，“这是您洗好的衣服。我正好想把它们放在您的床上。”

“等一下！等一下！”他说道，快步跳上楼梯。

她满腹狐疑地看着他和他的食物消失在门背后，又突然出现在她面前，手里已经空了；他急忙付钱，又陪着笑脸急忙关上门。艾尔索普夫人一头雾水地下了楼。在楼梯底部，她捡到了三文鱼罐头，便拿着它上楼，敲门。门打开不过三英寸，卡尔费罗从门缝里探出头来。

“您掉了这个。”她说。

“确实是我掉的。”他微笑着，把它从狭窄的门缝接过去，并且站在那里直到她开始走下楼梯。

走到一半，她停下来听听情况，接着又踮起脚尖走回来。走到门口，她俯下身子从钥匙孔里看，这个孔正好对着床。她立刻大声敲打门，接着大步走进房间。“这就是她怎么度过她的晚上的！”

“等一下。”卡尔费罗说，用胳膊肘硬是把她挤出门外。但是艾尔索普夫人更想知道真相。“那是个非常虚弱的姑娘。”

“不管虚不虚弱，你马上把她弄走！”

“听着，妈妈……”

“我不是你的妈妈！”她哼了一声，“那个女人在你房间干什么？”

“跟您想的完全不是一回事。”卡尔费罗说。

“你把她弄走，不然的话我报警了！”

“不，您不会的！”

“我不会！你以为这是一座什么房子？……在楼下破门而入！我想知道是谁干的！”

“我干的！”

“你！”

“如果我不那样做的话，她会死的。而您也有责任！”

“什么？”

“您有个漏气的瓦斯管！”

“我没有漏气的瓦斯管！”

“我刚才说那屋子有个漏气的瓦斯管。”

艾尔索普夫人的双眼眯了起来，“你破门而入是想要干什么？”

“它锁住了。”

“在那个时间？”

卡尔费罗耸了耸肩。

“有点儿不对劲。”艾尔索普夫人说。

卡尔费罗知道自己的弄虚作假不起作用。“听着，这个女孩想要自杀。”

“自杀！”艾尔索普夫人叫了起来。

“是的……自杀……打开瓦斯。我正巧及时赶到。”

“欠了我一个月的房租还不满足，”她哼哼唧唧地说，“她想在我的房子里自杀！最好叫辆救护车把她送到医院去。”

“好……如果您那样做的话，它将会登在所有的报纸上。”

艾尔索普夫人考虑了一下这句话。“好吧，但是她不能待在您的房间里！”

“那么让她回自己的房间吧。”

“不行！再说了，那已经租出去了。好事情……如果斯派塞牧师听说你在房间里藏个女人……现在他就住在下面！”

“那有什么区别。对他来说，我们可以是夫妇。”

“噢，你们可以吗！您最好小心点儿。这个

女人可不吉利，”她用一种世故的眼神睨了一眼，“自从她到这里后一直病着。您最好管好您自己，如果您明白我说的话，在她离开后熏一下房间。”

“不会是麻风病的。”在她走下楼梯的时候他幽默地说。

卡尔费罗回到自己的房间，他疑虑地看着这个女孩。她还在熟睡。他拿起她喝过的杯子，正想用它，忽然改变了主意，拿起另一只喝了起来。他现在开始隔离医生用过的东西。桌子上的脸盆，还有床上的一条毛巾。小心翼翼地，他用手指捡起了毛巾，把它扔在脸盆里，把脸盆放在地上，轻轻地推到床底下。他刚要用自己的手帕擦手，突然想起来他用它擦过姑娘的眼泪，因此他把手伸到床底下，把手帕扔进了脸盆。

现在他必须洗他的双手。这么想的时候，他转过身，发现特丽睁开了眼睛。它们是呆滞的，空洞地凝视着。

接着她皱了皱眉。

“头疼？”他平静地问。

很明显她听到了，因为她重新睁开了眼睛。她虚弱地在枕头上转动着脑袋，看看四周。“我在哪里？”她低声说。

“在我的房间，”他回答，“我比你住的房间高两层。”

“发生什么了？”

他停顿了一下，理了理头绪，“我今天晚上回家时，从你的房间闻到一股瓦斯的味道，所以我撞破了门，叫了医生，我们一起把你抬到这里来的。”

“为什么不让我死？”

卡尔费罗疑惑地看着她。“这么急着死？”

“我不想活了。”她低声说。

“为什么？你很痛苦？”

她摇了摇头。

“这才是至关重要的。”他说，“其他都是空想。”他转过身看着窗户外面那一片狭窄的、烟雾缭绕的老房子，它们的窗户朝后院开着，那里遍布垃圾和腐烂物。这就像是看着奶酪上的霉一样。

“你到了我这把年纪，”他继续道，“你会意识到活着是多么大的特权……成为这个伟大宇宙的一部分——这就是我们，小小的宇宙——只有我们才能思考。这比星星能做的多多了。它们只不过绕着它们的轴线飘浮。”他打了嗝，“太阳能做什么呢？……在二十八万英里高的高空喷射火苗。那又怎样？不过是在浪费它的能量。它能思考吗？不，但是我们可以！”他用中指点了点自己的前额……“上帝创造的最好的玩具……大脑……你想要消除它……但是你不能！”他开始背诵：

> 没有空间留给死神，
> 他无法藐视一粒微尘；
> 你——你是鲜活的凡人，
> 无论你是什么都不能灰飞烟灭。[5]

他被一阵轻轻的鼾声打断了，视线从窗外转向房间，他看见特丽又睡着了。“我希望我没有打扰到你。”他幽默地说。

卡尔费罗的前屋摆满以前用的剧场道具，像个博物馆。墙上的老海报裱入相框，他的名字十分醒目，还有他喜剧扮相以及年轻时穿直筒装的照片。在房间的一边，有一个小壁炉；另一边，一架旧钢琴立在墙边。架上放着卡尔费罗写的曲谱，一些喜剧歌曲的片段；钢琴上方的墙上挂着狗鱼标本。窗边放着一只褪色的红沙发。到处是小摆设、书和旧杂志。虽然装饰简陋，却别有一种舒适，尤其是升起炉火的时候。

既然特丽已经睡着了，卡尔费罗就关上了隔门。他有一只枕头和旅行毯，他把它们都扔到了沙发上，他打算在那里过夜。他要早点儿睡，因为第二天他有个重要的约会。在他解开领带的时候，他欣赏着壁炉架上方小丑扮相的照片。他打着哈欠看着另一张。那是他年轻时照的，没有化妆的照片，相当英俊。他转过身。在他开始脱鞋的时候，音乐从街上响起，三个神情沮丧的男人正在街角的酒吧的前厅演奏《金银花和蜜蜂》。一个乐师演奏便携式簧风琴，他是盲人，眼窝有可怕的伤疤；另一个是目光呆滞的酒鬼，长着像海象一样的胡子，吹奏单簧管；还有一个是可怜的“帕格尼尼”，演奏小提琴。虽然他们看起来可怖，他们的音乐却非常优美。

卡尔费罗把毯子盖在了身上，当他进入梦乡时，三人组音乐消失了，取而代之的是嘈杂的管弦乐。

帝国剧院的长毛绒幕布拉开了——管弦乐开始演奏一首活泼的喜剧歌曲。此时，卡尔费罗化着喜剧的妆，站在侧翼，准备登台。他粘着一副牙刷式的小胡子，头戴一顶不协调的圆顶礼帽，穿着紧身的燕尾服、宽松裤和一双大大的旧鞋。

他的外形引起一阵阵哄堂大笑和掌声。他走到舞台中央，笑声仍然没停，虽然他并没有说一句话。他越张望，他们笑得越厉害。他开始唱歌，但是他的嗓子哑了，这令他非常害怕。笑声一浪接着一浪。他变得恼火，继而一脸冷漠，接着又展开笑脸，准备再试一次。观众又一次爆发大笑，使他感到被冒犯了。他拘谨地笑了笑。他转过身去，不耐烦地用脚打拍子，心不在焉地挠着臀部。他尴尬地发现，衬衫的一角露在了外面。他拉了一下衬衫的右袖口，那角衬衫不见了，但是袖口被拽出来了。于是他又拉了一下背后的衬衫，袖口不见了。他拉扯一边，接着另一边，他的袖子和裤子，每一边交替出现、消失。最后，当袖子被拽出来的时候，他突然有个聪明的想法，他把胸口的手帕拉了出来。令他吃惊的是，衬衫袖子不见了。现在，他开始轮流拉扯裤子、袖子、胸口的手帕，最后他把手帕拽出来，只有这样才最不尴尬。接着他又动作夸张地转向了观众。等观众安静下来，他开始唱：

在我三岁的时候，我的奶妈告诉我
转世再生这回事。
自从那时，我就相信，
并且兴奋地期待。
当我离开尘世
会让我的心灵感觉温暖
明白我将重生
以其他的方式。
但我不想成为一棵树，
插在土里非我所愿；
我也不愿成为一朵花，
静待花粉落在我的头顶；
当我不再是我
我想回去，我想回去，
我想重新回到大海。
（合唱）
啊，一条沙丁鱼的生活，
就是我的生活。
每天早上跳跃产卵
在蓝色的大海深处
从不害怕狂风暴雨。

啊，去追逐鲸鱼的尾巴。
啊，一条沙丁鱼的生活，
就是我的生活。

当我成了一条小鱼，我的愿望是
尽情戏耍。
喝水喝到鳃鼓胀
也不会醉。
我想在咸海里畅游
不要充满争斗的世界，
每样都有道德规范
我要动物的生命。
我可不想成为胡萝卜，
插在泥土里。我会立刻变成蛆虫。
生活没有愿望，就会使我害病；
做一点儿活动，我就药到病除。
当我不再是我
我想回去，我想回去，
我想重新回到大海。
（合唱）
啊，一条沙丁鱼的生活，
就是我的生活。
每天早上跳跃产卵
在蓝色的大海深处
从不害怕渔夫的网，
啊，浑身是水真快乐。
啊，一条沙丁鱼的生活，
就是我的生活。

（卡尔费罗激动地挥起双臂）

“做一条沙丁鱼真是快乐！周围游着东西！……和大鱼小鱼一起实现我所有的愿望。”

（转过身看着大海的布景）

“大海！”

他一头跳了下去。

站起来后，他面对观众，背对布景，嘴里喷出水来。他被人从布景后面狠狠打了一掌，他踉跄着，几乎冲进了管弦乐队。恢复平衡后，他说：

“一定是潮水要来了。奇怪，我梦见我变成了一条沙丁鱼。我梦见那是午饭时间，我正在悠闲地游着，寻找一点儿吃的，发现自己游过一大片海带。在上面，我的意识是在那里面，我看见了最美的小鱼鳍。这是我们在海洋世界的称呼——鱼鳍。她摆动尾巴的方式是那么优雅……她似乎遇到麻烦了。她正在倒退。因此我大喊：‘你需要帮助吗？’她笑了笑，我游了过去。她告诉我一个伤心的故事。在这世上，她孤单一人，康沃尔沿岸的沙丁鱼大捕猎活动使她失去了所有的亲人。现在，她正在寻找一个地方产卵。我说：‘坚持一下，先别产卵。这不是个产卵的地方。世上所有的骗子都住在周围，净是些鲨鱼。我知道有个安静的小角落，在那里你可以产卵到你满意。如果你喜欢的话，我会跟着你去那里——不好意思！我是说，我带路。’在产卵季节，一条雄鱼不能跟着一条雌鱼，除非它们结婚了。所以我在前面游……只是想显示我的目的是纯洁的。

（兴高采烈）

这是美丽的一天。乳白色的光从海洋顶部透下来，海鳗在布满苔藓的岩石间慢吞吞地爬进爬出。我们经过的时候，连螃蟹也冲我们挥挥手。

（模仿螃蟹挥手）

在我们的下方，是快乐的沙鲆，它们被春天的景象迷住，用它们的小尾巴拍打着海底，就好像在训斥它。

我们越游越深。

（友好地）

当然……我领路。

（又一次变得诗情画意）

接着最美的事情——最自然的事情发生了：她追上了我。我们肩并肩一起游……就像那样。

（把手合拢就像在祈祷）

噢，多么快乐！——它带来的兴奋！她在我身边！整个大海流过我的鳃！

她说：‘我喜欢你。’我说：‘我喜欢你。我知道我不能给你很多。我是条贫穷的鱼。但是如果你嫁给我的话，我会努力工作。我会给你一切。’她笑了：‘我要的只是一个能安定下来的家，我们一起生一万或两万个孩子……’

（非常激动）

接着她笑了笑，然后游到了前头！……接着！噢……她开始产卵，噢，产了这么多！接着意外发生了，就在我们飞快地游过一个角落的时候，一只潜伏的海豹正在等待……

（停顿）

一切都太突然了。一次猛冲和一片水花！她不见了！

（哭泣；接着表情夸张地向上看，然后低声说——）

无论怎样，无论哪里，我都会重新找到那条沙丁鱼。无论哪里，无论怎样。”

一条沙丁鱼坐在他的罐头上。
双眼模糊，布满了油。
为什么罐头工人选择了我？
毁坏了我的生活。
他坐在自己的小罐头里
追忆往昔。
过往，他说，是我的一切。
未来，只是罐头。

他抬头看，似乎看到了什么。“噢，我感到欢欣鼓舞！”他有节奏地打着响指。“我想跳舞！”他开始随着《沙丁鱼之歌》的音乐跳起踢踏舞。他跳着退场，观众爆发出了一片掌声。他返回舞台，对着笑声和掌声鞠躬。“再来一个！再来一个！”他们不停地喊。在他鞠躬的时候，他的脸上浮现出奇怪的表情，仿佛他正对着空房子鞠躬，尽管耳边是一阵阵沸腾的笑声和掌声。

突然他发现自己醒了，坐在沙发上，瞪着前方。天还没亮。他又躺了下去，闭上眼睛继续睡。

【在《脚灯》最初的草稿中，《卡尔费罗的故事》插在这里】

特丽睡得很香。直到第二天的下午才醒过来。与此同时，卡尔费罗起得很早，去“女王的头”酒吧与自己的经纪人碰面。

他在楼下门厅碰到了艾尔索普夫人和一个高高的、骨瘦如柴的女人。她们正在清理特丽的房间，为新租客腾出地方。

“等一下，卡尔费罗先生，”艾尔索普夫人说，“您打算怎么处理您妻子的东西？她不能再把它们放在这里了。”

“我妻子？”卡尔费罗问。

“是的，”艾尔索普夫人肯定地回答，盯着他的眼睛，接着补充道，“这是新女仆。”

“噢，我明白了。把它们拿上去，放到我们的房间吧。不要打搅我的妻子。她身体不是很好，您知道的。”他冲着女仆笑着说。

艾尔索普夫人勉强挤出了一点儿笑容。“是的，她身体不好。”她刻薄地说。

“这是我想要见您的原因，”卡尔费罗也盯

着她的眼睛，打断她说，“我想让您时不时去看看她。我在我房里留了一点儿鸡汤，如果她醒了，您可以热一下给她喝。”

“这可不是医院，您知道。”艾尔索普夫人说。

“不是。我也不想把她送到医院，”卡尔费罗说，“所以能不能请您帮帮忙，我不在的时候照顾她一下。”

她用鼻子哼了一声，表示她会去做，于是他离开了。

“女王的头”酒吧是让演员、杂耍表演者和他们的经纪人讨论事务的地方，也是他们进行社交的场所。墙上装点着各种各样的照片：演莎士比亚戏剧的演员、长胡子的妇女、没有手臂的男人，所有的人都在照片上为店主写了情感真挚的题词。

白天这个地方很热闹，但是到了傍晚，这里空荡荡的，因为大多数客人晚上都有演出。那些留下来的人是没有工作的和过气的演员。有些是只在圣诞节童话剧里出演的老人，会在滑稽剧里扮演小丑。

他们是一群奇特、执拗的人，大多曾是杂耍演员，在一起讨论各种话题：艺术、文学、政治以及他们自己的职业。他们是尖刻的，但他们说的不是没有道理。没有人能够躲过他们的抨击，尤其是新来的当红人物[6]，他有点儿骄横。他们彼此间却有深切的情谊。

在这群老人中间就有卡尔费罗，在全盛期，他非常受人尊敬。他是符合他们标准的真正的艺术家。那时，整个伦敦都为之疯狂。但是有传闻说，酒、女人和性格毁了他的事业。他是出了名的脾气暴躁，难以相处；又显得不可靠，演出不到场，即使来了，也是醉得无法表演。

没有人对卡尔费罗能表示中立的态度。要么厌恶他，要么喜爱他。后来他精神崩溃，住进了医院。在他离开舞台后，他不再受人欢迎，他的演出订票数陡降，直到一张也卖不出去。他的主演合同早已期满，至今三年过去，无论什么小演出他都演，还是拿着那支手杖。但是，他用另一个名字演出，以保持默默无闻。他确实做到了。

在那个夏天的早上，他走进“女王的头”酒吧，几乎没人认出他来。他的年纪一大把，头发也相当白了。从前，他的到来会引起一阵骚动，店主也会出来欢迎他。现在，他的到来没引起什么人的注意，如果他被认出来，对方不过是轻轻的点头或出于好奇的冷冷一瞥。

他站在酒吧里，静静地喝着他的牛奶和苏打水，一根手杖挂在他的胳膊上，他的低顶软呢帽妥帖地戴在头上。他的衣服虽然有点儿过时，但保养得很好，就像他绒面革的鞋子，只不过鞋跟有点儿磨损。他身上有股克制的尊严。

时间还早，店里还空着一半。他一个人站着，等他的经纪人，远处角落里的一群人评论起他来。其中一个是约五十岁、略胖的男人，新闻记者；另一个是演员，名字叫洛里默，年纪差不多；其他人没有显著的特征。

“那不是卡尔费罗吗？”其中一人说。

“是的，”另一个说，“他老了。”

“他很长时间没出现在这里了。”

“他昨天还在这里喝得烂醉如泥。”记者说。

“太糟糕了，”洛里默说，“他曾是个伟大的喜剧演员，他们当中最伟大的一个。”

“你认识他吗？”朗特里问，他是赌马经纪人。

“嗯，我跟他在同一个剧场演出过。”

“他是一个怎样的人？”

“很特别，”洛里默说，“独来独往。有些人喜欢他，有些人说他是势利眼。”

“他在演员中从不受欢迎，”记者说，“他们恨他。在演出开始前，他就像个疯子。在他演出前整个舞台必须清理干净。”

“想想吧，就在五年前整个伦敦都为他疯狂，现在，他连份工作都找不到。”

“这是他自己的错，”记者说，“对观众太无礼了。有一半的时间他都醉得无法表演。”

“他们说他只有喝醉了才能变得滑稽。他以前在每晚表演之前要喝一整瓶白兰地。”其中一人说。

“那样的话，他一个星期就会死的。”洛里默说。

“嗯，对大众来说，”记者说，“他现在已经死了。”

“我从来都不认为他滑稽。”另一个说。

“噢，他曾经是的，”洛里默说，“在他崩溃之前几个星期，我跟他一起在霍尔本帝国剧院演出过，即使是那个时候观众还在为他疯狂。”

“我在那个时候看过他的表演，他很可怕。”记者说。

洛里默大笑道：“他当时一定很清醒。”

就在这时，没有手臂的克劳迪乌斯走进了酒吧。他向四周张望，认出了卡尔费罗，他的朋友。

克劳迪乌斯约五十岁，胸膛厚实，其貌不扬。天生没有胳膊，一头稀疏的灰褐色头发。在剧院里，他都是独来独往。很少有人特别了解他，但是那些了解他的人知道他是一个忠诚的朋友，聪明又谦虚。很少有人怀疑他过着情感充沛的生活，这从他对于文学的优雅品位和形态学的兴趣——尤其是在处理皮下肌肉组织的结构和功能中显现出来。克劳迪乌斯的文学品位吸引了卡尔费罗，他们成为很好的朋友。

很多时候，他看见克劳迪乌斯坐在一张桌子边上钻研书本，用脚翻书翻得太累了，就用鼻子翻书。

此刻，克劳迪乌斯在酒吧碰到卡尔费罗，他并不知道这位伟大的喜剧家落魄到何种程度，因为过去的五年，他去了欧洲和美国，并不了解所有的情况。在他们站着交谈的时候，他开始意识到卡尔费罗一定经历了什么事情。因为他穿着老旧的衬衫，他一直戴着的珠宝也不见了。寒暄了几句后，克劳迪乌斯问他在忙什么。

“目前没有。我一直病着，您知道……该死的病。”卡尔费罗说。

“我听说了。”

“情况一直很糟，我都三年没有工作了。当这些狼把你扑倒时，他们想把你咬成碎片。但是一个人总不能轻易垮下。”

听到伟大的卡尔费罗这么说很奇怪，克劳迪乌斯想。“我没想到您的日子一直这么艰难。”他说。

“无论如何，我会好起来的，”卡尔费罗说，“他们让我参加麦克诺顿巡演。现在只是签合同的问题。事实上，今天我是来见我的经纪人的。我跟他约好十二点见面。”此时，酒吧的钟报了半点钟。卡尔费罗抬头一看，已经一点半了。

克劳迪乌斯觉得尴尬。他想帮助他，但这很困难。“嗯，我希望您将我看成是真正的朋友，如果您需要……”他清了清喉咙，“就是说，如果您经济上困难的话……”

“经济上，我很困难，”卡尔费罗打断他，“过去的几年我都靠着变卖珠宝生活。最后一件在一个月以前已经卖掉了。”

“噢，那样的话——您伸到我前胸里面的口

袋，我的皮夹里有二十镑。您可以用它。”

“我会还的，”卡尔费罗说，掩饰着他的激动。他把手伸进克劳迪乌斯前胸的口袋，他觉得荒唐，甚至有点儿抵触这种身体上的接触。卡尔费罗拿了四张五英镑的纸币。当他把钱从皮夹里抽出来的时候，一张年轻人的照片掉了下来，他把它捡了起来。

“这是我的侄子，”克劳迪乌斯说，“我在他母亲去世后收养了他。”

“英俊的孩子，”卡尔费罗说。“一个聪明的男孩。只有十九岁，”克劳迪乌斯说，“他现在在读大学。”

卡尔费罗把照片重新放回到皮夹里，并把皮夹塞进了克劳迪乌斯里面的口袋。

“不要扣上外衣扣子，外面很暖和。”

“我会给您写张借据。”卡尔费罗说。

“您方便时再还我。”克劳迪乌斯说。

现在两个人都觉得尴尬，难以继续谈话。克劳迪乌斯因此道了再见，说他还有一个约会。“再见，”他说，“您有我的地址，写信给我。”

卡尔费罗想要说话，但是他的嘴唇紧抿，他只能点点头。

那天下午，当卡尔费罗回家时，他手里拿着食物、鲜花和他的旧小提琴。

他不在的时候，新来的女仆来看过特丽，发现她还在睡觉。四点钟的时候，她醒了，但是还是昏沉。

“您的丈夫说我得过来看看您怎么样了。”

“丈夫？”特丽问。

“是的，夫人。还说让我把这鸡汤热了给您喝。”

特丽虚弱地摇摇头。“不，谢谢。”

“但是您一整天都没吃东西。”

这时，卡尔费罗回来了，兴高采烈地，手上都是鲜花。

“您妻子不想吃东西。”

他看了一眼特丽。“噢，她不想吗？好吧，让我们看看。”他说。

女仆走的时候，特丽已完全清醒，虽然她还充满疑惑。

“不要担心妻子什么的，”卡尔费罗说，“我们假装结婚了。是艾尔索普夫人认为在女仆面前应该保持体面。”

特丽笑了笑，接着坐了起来。卡尔费罗准备晚饭。她看着他在房间里布置鲜花，点燃火炉。

“当然，你身体好了，你就可以离婚，重获自由。”

“谢谢您。我的身体已经差不多好了。”

“还没呢。最好再住一两天。”

“您真好。但我不想碍着您。”

“你没碍着我。”

“像这样，我已经给您添了很多的麻烦。我都不知道该怎么表达我的谢意。但是，真的，我好得差不多了，该回自己的房间了。”

他犹豫着，“噢，可是这已经不可能了。”

“为什么？”

“已经租掉了。”

“我的房间？”

“艾尔索普夫人是这么告诉我的。那些人今天搬进来。”他迟疑地说。

“噢……我明白了……”

外面的车声突然减弱，留下一片可怕的寂静。

早期《脚灯》草稿的一页，上面有卓别林修改的字迹

(NOTES)

POSSIBLE DRESSING ROOM DIALOGUE WITH ARMLESS MAN.

Discussing Mathematical Equations

ONE

The noble cry for others, never for themselves. What do you want with mathematics?

OTHER

Mathematics is the measurement of truth.

ONE

Leave measuring to the Tailors and teagrocers. Mathematics only identifies things, but desire moves them.

OTHER

Well I wish to identify things.

"Power of the Will"? →

ONE

There are other ~~things~~ *facts* more important than equations. Think of the desire in things! The urge in numbers...~~one wanting to become two. Two wanting to become three, and so on~~. *in trees in* The urge that keeps all things eternally moving...fire into substance...substance into fire.

OTHER

That's getting into religion.

ONE

Religion is too circumscribe. It's inured in morality -- variable ~~terms~~ called good and evil.

and deals in

Think of the desire in all things the urge to change itself to remain whole, or to disintegrate; the urge to keep eternally moving fire into substance substance into fire.

卡尔费罗端详了她一会儿。他意识到她的眼睛很蓝，有难以言喻地忧郁。“当然，如果你没有地方可去，你可以在这里待上一段时间。没那么急……等你康复吧。”

“我——我还是要走。”她坚定地说。

“你去哪里？”

“我有朋友……”

“你确定？”

她无法回答。她点了点头，眼里噙满泪水。突然她把脸埋在手中。“唉，有什么用呢，”她呜咽着说，“为什么您不让我死了，一了百了？我对这一切的痛苦和折磨感到厌烦！生活毫无意义！”

“当然不是。你应该让生活有意义。”他回答说。

“但是我病了……我虚弱……我一无用处！”她痛苦地说。

“听着，我不知道你背后的故事是什么，但是如果你病了并且是艾尔索普夫人认为的那样，你应该为此做些什么。不是毫无希望！如果这是一种血液病，有一种治愈的办法，一种新的药，正产生奇迹！治愈了上千的病人！我忘了它的名字……如果是那样的话，你是有希望的。”他停顿了一下，“当然你知道我的意思……”

她很吃惊，也被这耐心和善良深深打动。“是的，我知道您的意思，”她答道，“不过不是那样的。”

“你确定？”

她满含泪水地笑了笑，说：“是的。”

“不要害怕……我是一个老罪人。没有什么令我害怕。”

她惊奇地凝视着他，摇了摇头。“真的，我向你保证，不是那样的。”

“但是你一直病着？”

“是的。我因为风湿热住了三个月的医院。”

“就是这个吗？那你还有什么好抱怨的？”

“但是它损坏了我的健康……夺走了我的生计！我无法跳舞……我甚至无法走路！”

“跳舞？”

她停顿下来，平复她激动的情绪。“我是一名芭蕾舞演员。”

“哈！”他大笑，“我还以为你是……原来你是舞蹈演员！”

她笑了笑。“是的。我是帝国剧院芭蕾舞团的演员。”

“我感觉到你身上有一种卓然的气质！我经常碰到你走进走出这所房子，我还在想你是谁呢。”

“我也在想您是谁呢。”

“不好意思，我们还没有正式介绍——你的名字是？”

“特丽·安布罗斯。”

“安布罗斯？”他疑问地抬起头，“我有没有听说过这个名字？”

“我不这么认为。我的艺名是特蕾莎。”

“特蕾莎。当然！我几年前看见你演《天鹅》里的丽达。”

“那是格妮特。”[7]

“噢，对。”他有点儿可笑地说。

“但是我是她的替角。”

“是吗？”

她笑了。

卡尔费罗现在既开心又兴奋，既笨口拙舌又满怀歉意。“好吧，我——我没有什么可以给你的，但是如果你没什么地方可去，欢迎你住在这里。只不过……你需要忍受充当卡尔费罗夫人一段时间。但是不要误会我，只是名义上的。”他幽默地说。

“您确定不会给您带来不便？”

“一点都不会。我已经有过五任妻子。多一个少一个对我无关紧要……”

“您真好。”

他仔细地打量着她。“你是个好人，我能看出来。而且很敏感，太敏感了。无论如何，让我向你保证，在我这个年纪，我能在最高的道德标准下保持柏拉图式的友谊……你有没有听说过卡尔费罗？”

“噢，是的。”她回答道。

“嗯，那就是我。”

“您？”

“至少那是从前的我。我也遇到了一点挫折。但是我们不要陷在里头。现在，让我们把精神集中在热腾腾、香喷喷的鸡汤上吧。”他一边说一边开始架好餐桌。

晚餐过后，特丽很快又睡着了，卡尔费罗静悄悄地坐在边上，阅读晚报。

那天晚上，当他关上隔门准备休息的时候，他自己跟自己说：“哈，芭蕾舞演员。”

街上，流浪三人组又在演奏《金银花和蜜蜂》。

在他脱鞋子的时候，他开始轻轻地跟着窗外的音乐吹口哨。一些想法，就像赌盘上的轮子，在他的脑海里旋转，那是以一名芭蕾舞演员的故事为背景的喜剧。他三次中断脱衣服的过程，提着自己的裤子记笔记，最后他躺下了，又起身写东西。

突然响起一阵敲门声，一个声音喊道：“卡尔费罗先生，快点儿！您要迟到了！”

卡尔费罗吃惊地坐了起来，飞快地爬下床。在一头雾水中，他开始洗漱穿衣，那个声音则不断地催促他快点儿。接着，在绝望中，他开门逃离。

他发现自己在一个迷宫中穿梭，跑上一段通道又跑下另一段，就是无法登上舞台。他打开一扇门，发现自己一丝不挂地站在一条繁忙的路中央。很快他又潜了回来，发现自己没穿衣服站在舞台上，面对着一大片又是大笑又是鼓掌的观众。他在不同的背景和活板门间穿梭，绝望地想要离开舞台。

最终他发现自己站在舞台的中央，穿得像一个流浪汉，唱着《沙丁鱼之歌》：

啊，一条沙丁鱼的生活，
就是我的生活。
每天早上跳跃产卵
在蓝色的大海深处
从不害怕渔夫的网，
啊，浑身是水真快乐。
啊，一条沙丁鱼的生活，
就是我的生活。

在唱合唱部分的时候，他被一位穿着艳丽的小女仆（那是特丽）打断，领口开得很低，拿着一把粉色的阳伞，不断地在他面前走来走去。他用手拂了一下脸，就像在赶一只苍蝇。他开始背道：

一条沙丁鱼坐在他的罐头上。
双眼模糊，布满了油。
为什么罐头工人选择了我？
毁坏了我的生活。
他坐在自己的小罐头里
追忆往昔。
过往，他说，是我的一切。

未来只是罐头。

在他背诵的时候，她又从他面前走过，接着弯腰去系鞋带。他转向管弦乐队的指挥。

流浪汉

对不起，你有苍蝇拍吗？

女孩

（站直身子并且愤怒地看着他）

我没听清你说什么。

流浪汉

如果你是在这里乞讨，我就叫警察来。

女孩

我重复一遍，我刚才没听清。

流浪汉

我才不管你重复什么，还是你吃了什么。

女孩

我没吃东西。

流浪汉

可怜的孩子。给你自己买一份三明治吧。

（给了女孩一个五分硬币）

女孩

我不想要三明治。

流浪汉

那你要什么？

女孩

我想要一个道歉。

流浪汉

一个道歉？我不认识你。我不想认识你。

你是谁？你的家人是谁？

你有没有在社交名人录里？

女孩

我的名字正好叫史密斯。

流浪汉

从没有听说过他们。

女孩

这说明你很蠢。

流浪汉

我应该穿我的长外套。但是，你打断了我的十四行诗。

女孩

十四行诗？那是什么？

流浪汉

哈！哈！一个成绩优秀的女孩——你却对诗歌一无所知。

女孩

（轻蔑地）

真是胡说八道！沙丁鱼坐在罐头里。

首先，沙丁鱼不能坐。

流浪汉

这显示你对解剖学多么无知。当你买一罐沙丁
鱼，它们就是
在罐头里——难道不是吗？

女孩

当然。

流浪汉

那么它们有一只罐头？

女孩

自然！

流浪汉

你还想让我继续？

女孩

但是它没有意义。

流浪汉

（断然地）
诗歌为什么必须要有意义？
（激动地）
你难道没有意识到有一种东西叫诗歌特许？
（把他的手搭在她的腰上）

女孩

我开始相信有这回事。
（尽力挣脱）
但你不是诗人，我也没给你特许。

流浪汉

不，不，不——不要！
我们做的事情比我们自己要大得多。
（低声地）
在这个时刻，我开始领会生活的意义。
（向她挤了挤眼）
噢！多么有活力的腰【原文如此】！
什么是这种无限的冲动？什么使永恒继续？

女孩

（被他的情绪感染）
你是对的。我们想要什么？我们在寻找什么？

流浪汉

无论它是什么，你不会在我的口袋里找到；
因此伸出你的手。

女孩

（吃惊地）
它怎么到了那里？

（探戈的音乐响起——
两个人随着音乐跳了起来）

女孩

为什么你对我有敌意？

流浪汉

我们一定要很严肃吗？

女孩

你让我很难了解你。

流浪汉

你必须读一下我的自传……

刊登在警察公报上。

女孩

你是个有趣的人。

流浪汉

为什么？

女孩

你谈论沙丁鱼的方式。

流浪汉

昨天我做梦爱上了一条沙丁鱼。

女孩

（怀疑地）

爱上了一条沙丁鱼？

流浪汉

为什么不？

女孩

我从不知道沙丁鱼能爱。

流浪汉

即使是小小的苍蝇也做爱。

女孩

真的吗？

流浪汉

嗯，当然，你难道没有看见他们

从马厩飞到桌子……

在糖块上互相追逐……在黄油里约会？……

你一定读过

梅特林克的《蜜蜂的生活》？

女孩

不，我没有。

流浪汉

好吧，蜂巢里的蜜蜂让人惊叹！

（打了个喷嚏，把女孩肩膀上的白粉末吹落。）

女孩

长命百岁！

流浪汉

像是的。

女孩

你在说什么？

流浪汉

裙子。

女孩

裙子？

流浪汉

太紧了。

女孩

噢！

（他又打了个喷嚏。从她肩上落下更多的粉末。

他从口袋里拿出一个羽毛掸帮她掸了掸肩膀。）

流浪汉

对不起，但是今晚你满身都是灰尘。

他们把你放在哪儿了——橱柜的架子上吗？

女孩

我喜欢你。你有感情。

很少有人拥有感受的能力。

流浪汉

或者机会。

（他跳到她身上，他的腿攀住她的腰，

想要咬她但没有成功。）

女孩

我想你是对的。所有的生命都源自爱。

流浪汉

除了人类。

女孩

你的意思是我们没有能力爱？

流浪汉

我想是的。

女孩

不要告诉我这个！我无法继续生活，

如果我不相信爱

——如果爱不统治这个世界！

流浪汉

它统治这个世界。

但不是你想的那样，它是可怕的、

卑鄙的、邪恶的、遭人批评的……

但它是神奇的。

（他跳到她身上，企图咬她的脖子。

当他这么做的时候，一粒纽扣掉了，

他的吊裤带断了。）

女孩

天哪！你做了什么？

流浪汉

没什么。我刚才掉了一粒纽扣……

它对我来说是好事。

我感觉太轻松了，太兴奋了！

（探戈的乐声越来越强烈，他们的舞蹈也越来越激烈，直到节奏变成疯狂的拍子，接近高潮的时候，他突然掉下了沙发，发现自己在地板上醒了）

虽然卡尔费罗起得很早，特丽却醒得更早。

“你睡得怎么样？”

“噢，很好……喝了鸡汤以后，我什么都想不起来了。”

“不错。你感觉怎么样？”

“好多了，”她说，“但是我的腿——它们似乎更糟糕了。”

“你的意思是？”

“我站不起来了。”

“很自然，在你经历了这么多之后，它们会变得虚弱，”他边说边准备早餐，“我向你保证这只是暂时的。无论如何，你必须告诉医生。”

“噢，我相信它会变好的。但是您，您在哪里睡的？”

“沙发上。”

“把您的床占了我很过意不去。”

“不用担心。我曾睡过更糟的地方。唯一的问题是，我整晚都做梦。”

“哦？”

“但这不是新鲜事。最近我一直做梦。都是关于剧院的。”

“这很有趣。”

“我恨它。”

“剧院？”

“对。”

“为什么？”

“这是对生活虚假的理解……不……它是一项悲哀的工作……假装很好笑，其实根本没有什么好笑的。”

“奇怪，您那么成功，却还这么说。”她评论道。

“与其说我恨剧院，不如说我更恨观众。”

“观众？……为什么恨他们？”

他惆怅地笑了笑，“因为我老了喜欢怨恨别人，我猜。”

她摇了摇头，目光没有离开他，“您不老，并且我相信，您不是怨恨，您是太爱他们了。”

“对于个人，是的，”他回答，“每个人都有他的伟大之处。但是观众，他们就是那样，一群各怀鬼胎的乌合之众。一位伟大的演员曾经……被嘘下台，接着我意识到，这种事也会发生在我身上。你知道，当一位喜剧演员因为变老而失去他的光芒，他不得不思索自己的工作，那就是，他是否愿意继续他的搞笑事业……以及观众，接着我开始害怕他们……无情的、无法预测的……就像一个没有脑袋的魔鬼，你永远不知道它会转向哪里……它会戳向任何一个方向。这就是我必须喝酒才能面对他们的原因。每一场表演都令我痛苦。我从来都没真正喜欢过喝酒，但是没有它我滑稽不起来，我便喝得越来越多，”他耸耸肩，“……哎，这成为一个可怕的循环。”

“发生什么了？”

“精神崩溃，我几乎死了。”

“您现在还喝酒？”

“偶尔，在我想事情的时候。”他笑着说，“错误的事情，我想。我已经说了太多的自己了。你早餐想吃什么？”

“使人发笑是一件多么令人伤心的事情。”她沉思着说。

饭桌已经摆好，他准备做早餐。他站了一会儿，陷入思索。“但是它也有补偿……听到一个观众哈哈大笑是非常令人兴奋的事。现在让我想想，”他一边说一边打开食品橱，“我们有鸡蛋、三文鱼、沙丁鱼……”他打了个响指，“这打断了我的梦。我梦见我们一起表演！这就是问题所在，我在梦里有很好的想法，但是我醒来就忘记了。今天早上，我发现自己笑得前仰后合。我马上起床冲到书桌旁写了精彩的五页内容。接着我醒了，发现自己并没有写任何东西。”

“真令人沮丧！”

“是的，我可以东山再起，如果我能想起我的梦。我必须工作，不仅仅是为了钱，它对我的灵魂也是有好处的。”

“但愿我能帮您。”

“我知道我很搞笑，”他强调说，“但是经理们却认为我玩完了……一个过时货。上帝！要是能让他们后悔说那种话就好了。这就是我为什么痛恨变老，他们对你表示轻蔑和冷漠。他们觉得我是无用的……一个过时货。要是能东山再起的话就太妙了！我的意思是一定会轰动的！像以前那样用欢笑声震撼他们……听到喧闹声升腾起来……一阵阵的笑声涌向你，使你飘飘然起来……这真是让人振奋！你想要跟着他们笑，但是你得忍住在心里面笑……上帝，没有什么可与之媲美！”他停顿了一下，“我恨这些讨厌鬼，但我同样喜欢听他们笑！”

她也被他的兴奋所感染。“当您喜欢那样的感觉时，您怎么能恨一个观众？您说的话就像情侣在吵架。”

他耸耸肩，“可能是的。然而，对于这个游戏的舞台，如果我能够做其他的事情的话，我就彻底放弃它。”

她自信地笑着，“您永远都不会那样做的。”

“好吧，我不知道……在我脑子后头的某个地方一直有个想法：一座小小的农舍，有书和一些鲜花。在我年轻一点的时候，那幅图画里还有一个女人和一两个孩子……我可以看见自己四处闲逛……搭建一堵墙或者篱笆……乐在其中！好笑……我这辈子一直都是用我的情绪工作，但是我总想着要用双手来做些事情。”

门口有人敲门。“进来。”卡尔费罗说。

“一份电报。”女仆说。

“谢谢。”卡尔费罗说。在女仆离开后，他把电报撕开读了，一言不发，坐在了椅子上，并且遮住了自己的眼睛。

“有什么问题吗？”

“我无法相信。他真的想见我……”

“谁？”

“雷德芬，我的经纪人。我昨天跟他有个约会，他没有来。现在，他想在三点跟我见面。”他大声读着电报，“对不起，我没能去‘女王的头’赴约。今天下午三点在我的办公室碰面。”

“我怀疑他是不是又要耍我？他已经第二次爽约了。”

“他发电报来的话就不会了。”特丽说。

他耸耸肩。“无论如何，我必须收起我的骄傲。”他充满热忱地转向她，“你知道吗，我想这是一个转折点，我的霉运到头了！他们一直在抵制我，想要挫一下我的锐气。但是现在，这些经理人需要我。他们必须要找真正的天才——明星。现在他们需要我！现在我会让他们尝尝苦头！”他想了一想，“不，我会变得重要，我会变得谦和，对！我会变得朴素而谦和。那会给我更多的尊严。”接着他变得有条不紊，“我会在三点去见雷德芬。如果医生来时我不在，不要忘了告诉医生你的腿的伤势。”

萨姆·雷德芬的办公室[8]在一间书店上方，在河岸街附近的小路上，离考文特花园很近。等候室里有三扇大玻璃窗，有二十到三十名男女演员聚在一起吹牛皮。有些人看上去意气风发，但是其他人，虽然也力争如此，却经不起仔细观察。偶尔，一名办事员从里面的办公室出来，谈话立刻终止。就像收割者，他会破灭很多人的希望，他大步走到他们中间，一边用手指四处点着，一边很快地说：“你没戏……还有你……你……你……”

房间慢慢变空了，只剩下卡尔费罗和其他两位。二十分钟以前，他报上了自己的姓名，接待员漫不经心地传达进去，他被告知需要等待。现在雷德芬的办公室打开了，旋即爆发出一阵刺耳的笑声，这来自一个得意、傲慢的男人。

“好的，明天一点钟在特罗卡德罗吃午饭，那时我会告诉您那个喝醉的水手的故事。”他的喊声从大门外传来。

卡尔费罗鄙视地看着那个男人一路笑着走出去。

萨姆·雷德芬清理着自己的办公桌，伸展腿脚，打了个哈欠，接着问办事员：“还有人等着吗？”

“卡尔费罗。”办事员回答。

“还有没有重要的人物？”

“没有。”

“那让他进来吧。”

萨姆·雷德芬年近五十，很瘦，稀疏的棕色头发被精心梳到一边，掩盖他的秃顶。他的脸刮得很干净，轮廓分明的相貌显示他是一个精明、会算计的人。他理解演员，对他们有着真诚的热爱，知道他们的缺点和癖好。

“下午好，卡尔费罗。请坐。”雷德芬飞快地说，“昨天我很抱歉，但是我忙得走不开，关于剧院巡演的事。我今天邀请你过来，是想让你参加在米德尔塞克斯一个星期的表演。”

“以什么样的条件？”卡尔费罗冷冷地问。

“我还不知道。但如果我是你，我就不会在意。”他回答。

“好吧，如果你有的是钱，”卡尔费罗讥讽地说，“我想知道节目单上我排在哪里。”

“我也不会在意那个的。”雷德芬说着，越发恼火。

卡尔费罗大笑：“你的意思是我在米德尔塞克斯连主要名单都排不进去！我甚至都不愿往那个痰盂洞里吐口水！”

“我还不能确定那里是不是真能让你演出。”雷德芬冷冷地说。

“不管你们怎么做，你以为我会让他们把我的名字列在一群小鱼苗中间……仅仅是为了抬高他们？不，先生！卡尔费罗仍然是一个有影响力的名字！”

“今天那不值一提。”

“那么他们为什么需要我？”

“他们不需要你。”

“哈！他们是出于仁慈，我猜。”卡尔费罗说。

“是出于仁慈，如果你一定要知道的话，仅仅是帮我忙。”

“真是谢谢了，”卡尔费罗说，“但是我还没到这一步。”

“现在听着，”雷德芬说，他的耐心已经到了极点，“认清你自己！我做了能做的一切让你有个工作。没有一个经理愿意碰你。你的名字对他们来说是毒药！米德尔塞克斯是你唯一的机会！现在你知道了吧。”

一阵失望的痛苦涌上卡尔费罗心头。在雷德芬面前，他显得很苍老，说：“是的……现在我知道了。”

寂静。“对不起，”雷德芬说，变得柔和了一点，“但是你必须认清事实。”

“它们对我来说已经够清楚了。”卡尔费罗说。

“我只是想帮忙，就这样。”

“谢谢你。”

“我做你的经纪人二十年了，卡尔费罗，我

早期手稿上有很大改动的一页

with them, but you hold back and laugh inside. God! There's nothing like it." He paused. "Sometimes I hate ~~this business~~....but ~~I miss the laughter. I~~ shall always miss the laughter."

~~"You talk as though you'll never make them laugh again," said Terry, resentfully. "But you will. You must."~~

"I'm getting old," he said ~~wistfully.~~

"Nonsense. You're the youngest person I know," she replied.

~~"Ah...but I'm weary. It's a hard job making them laugh when you're weary.~~ That's what happens -- funny people get weary. Then they get afraid -- ~~afraid of themselves~~ -- ~~afraid of the public -- afraid they won't laugh any more.~~ Then bitterness worms in...~~you get jealous,~~ irritable, fretful... ~~afraid of the new ones coming up...because you haven't the strength to compete...~~."

"But you're not like that," said ~~Terry~~. ~~"You wouldn't say these things, if you were."~~

~~"Ah, but there's the jealous child in all of us, my dear,"~~ he ~~replied~~, then paused. "Sometimes I feel I'd like to give it all up."

"You could never do that," she said. "You're too much of an artist."

尽可能地为你做些什么，但你必须配合。”

卡尔费罗的情绪很低落。“好吧……你认为什么是最好的……我就去做。”

“那就对了，”雷德芬说，“合同还没敲定，但是只要好了，我就通知你，可能在一周之内。无论如何，”他说，把手放在卡尔费罗的肩膀上，“不要担心。”

卡尔费罗慢慢地走向门口，雷德芬跟着他，卡尔费罗转过身来，“嗯，如果我的名字没什么用……我，我不会用它……我会用另一个名字。”

“我想这是一个很好的主意。”雷德芬热情地说。

卡尔费罗到达家门口的时候，他的沮丧消退了。走进临街的门，他遇见了刚检查完特丽的医生。“她怎么样？”卡尔费罗问。

“很好。就中毒而言，她已经恢复了。但是又有了新麻烦。她正在失去她的腿部功能。”

“很严重吗？”

医生拉长了脸：“这是一种神经麻木症。”[9]

“那是什么？”卡尔费罗问。

“是一种癔病，它的特点是麻痹。它纯粹是心理上的。就像是连接大脑和腿部的神经出现了短路。这是自我强加的状态。有些人也说这是一种无意识的自杀。潜意识中她曾拒绝生命，因此她变成了一个瘸了。”

“这种状态会延续多久？”卡尔费罗问。

这位医生想了一会儿，“一生，如果不去改变的话……取决于她自己，她是否想让自己恢复。”

“我肯定她想要恢复。”

“表面上看，是的，”医生说，“但是从根本上，她已经放弃生活了，放弃了。现在她必须试着重新找回它。关键是她自己一定要帮助自己……你也可以帮忙。灌输她活下去的欲望，激发她的兴趣。她说她是个舞蹈演员。那么让她关注艺术，激发她的审美感觉，这是活下去非常重要的动机。”[10]

那天傍晚，特丽告诉了卡尔费罗她生活的大部分故事。她告诉他她的童年和她的姐姐，以及她对姐姐感到耻辱和不光彩。她告诉他自己对于作曲家的浪漫情愫以及后来发生的事情，导致了她企图自杀。

“从医院里出来之后，我又虚弱又沮丧。我看见一张海报——欧内斯特·内维尔的新交响乐将在皇家阿尔伯特音乐厅演出。我去了那里。他的音乐对我有一种奇特的影响。似乎解开了我生活的谜团。现在我需要孤独。它有着一种无法触摸的美，一种我从不知道的宁静。我在音乐会后看到过他，但这没有意义。我在精神上已经筋疲力尽了。我想睡觉……来忘记一切……一切。你知道后面发生的事了。”

“很明显你对姐姐有种内疚感。至于剩下的，那是青春期的悲观主义。但是你会克服它的。”

她沉思了一会儿，“我想……每隔一段时间情绪就会淹没我，觉得一切都是无意义的……我在花朵里看到它，我在音乐里听到它……生命就像是毫无意义的徒劳一场。”

“我不相信你。对你来说它意味着罪恶、羞愧和谦卑，以及所有的无足轻重的荒谬的念头，”他激烈地说，“生活的意义比你姐姐的德行要重要的多。它还意味着美！灵感！喜悦和幸福！它都藏在这个玩具里，”他说着，拍了拍自己的额头，“以及你怎样运用它……你真的想活下去，不是吗？”

“是的，当然。”

"你还想重新跳舞？"

"当然。"

"再次碰到那个作曲家？"

"当然——但是有什么理由？"

"哈！你瞧！……另一个心结！无论如何，你会再见到他的……我能预见它发生。你会在你事业的顶峰，"他异想天开地说，"首席舞蹈演员，住在梅费尔区。女佣将会呈上他的名片，你会忘了他是谁。"

"我当然会认出他来。"

"不，他会留胡子。"

"胡子？"

"所有的音乐家都留胡子。无论如何，"他继续道，"他会告诉你在你的伦敦首演后他在某某公爵夫人的晚宴上碰到过你，他已经为你谱写了一曲芭蕾舞曲。接着你会想起他是谁。而你也会提醒他你是谁。"

"那天晚上你们会在俯瞰泰晤士河的阳台上吃晚餐……那会是在夏天，你会穿着粉色的真丝裙子，他会嗅到它的芬芳。伦敦的一切都会变得梦幻和美丽。"

"你们将会面对面坐在一张小桌子旁，会有音乐，他的音乐，从餐厅里轻轻地传来。一阵微风吹来，桌上的灯光跃动，你的眼神也跟着跳跃，你会回忆并且告诉他：到店里来的他看上去是多么苍白消瘦，你是如何帮助他并给了他额外的谱曲纸，以及你因为他的缘故而丢了工作。将会有颤抖的凝视，充满了意味。"

"在橘黄色的天空下，在黄昏优雅的忧郁中，他会告诉你他爱你。你会告诉他你一直爱他。在你们宁静的幸福交响乐中，你们会做梦——两个人一起。你们会一起做梦，未来的梦。"

他望向下面的后院。一条杂种狗循着气味一直跟到一堆四处乱溢的垃圾旁，围着它打转。

"是的，"他接着说，"生活是有各种可能的，如果你做梦，有时候梦想会成真。"

他从窗边转过身来，发现看不清屋里的东西，黄昏的光更暗了。特丽坐在床上抱着自己的膝盖，眼睛闪闪发亮。

他在一把旧的扶手椅上坐下，接着说："你有这方面的素养、灵感……我能从这里看出来，"他一边说一边用手指轻轻地摩擦自己的太阳穴，"你会成为一名伟大的明星……如果你想的话……世界的首席舞蹈演员！"

特丽突然呜咽起来，卡尔费罗转过身问："怎么了？"

"我永远都不能跳舞了。"她呜咽着。

"为什么？"他几乎大叫起来。

"我是个瘸子。"

"存粹的臆想。你使自己相信自己是个瘸子。"

"您怎么那么说。"她哭着说。

"你不想活着。因此为了逃避生活，你决定变成一个瘸子！"

"这不是真的！"

"这是真的。否则的话你就会去奋斗。"

"为了什么奋斗呢……"

"啊，你看！你不断地接受它！为了什么奋斗……一切！为了生活，生活本身！难道还不够？生活的神秘和美丽！……活过！痛苦过！享受过！勇气是对生活唯一的答案，以及你在里面投入的灵感！并且你，你有灵感……和可以奉献的东西，你可以跳舞。"

"但是没有腿你无法跳舞。"她断断续续地说。

"我认识一个男人，"他答道，"没有胳膊，

There was a sudden sob from Terry which made Calvero turn. "What's wrong?"

"I'm a cripple! I'll never dance again!" she sobbed. / Why? //

"Pure hysteria! ~~You don't want to face life, so~~ you've made yourself believe you're a cripple!"

"How can you say that!" she cried.

"You don't want to live! You were frustrated in your attempted suicide, so in order to escape from life, you decided to become a cripple."

"That isn't true!"

"It is! Otherwise you would fight!"

"What is there to fight for... everything!... Life, itself! the one great adventure, and ~~the part you play in it.~~ you're a part of it — isn't that enough! Beside ~~To face it, and not to run away from it."~~ you have something to give ... your own dance!

young

"Doctors! What do they know. They can cut out your kidneys and your gall bladder -- but they can't cut out your spirit! -- and that's what you dance with!"

可以用小提琴演奏诙谐曲，用的是他的脚趾。忘了你自己。用宇宙的方式来思考恐惧！你是它的一部分……宇宙的力量……转动地球……生长树木！……那力量在你的身体里！……但是你必须使用它！

那天晚上，坐在顶层楼座的位置上，卡尔费罗观看了《哈姆雷特》，他觉得表演一般，厌恶地离开了剧院。到家之后，他探头看了一下特丽的房间，看见她正坐在床上等他。“你还醒着！”

她笑了。“演出怎么样？”

“很好——直到幕布拉起。”

“哈姆雷特呢？”

“跟往常一样，特别复杂的表演，”他回答，“复杂得没人知道是什么使他苦恼。要是哈姆雷特没有演员演就好了。这是个优柔寡断的娘娘腔。他无法下定决心。观众也不能。他们深感迷惑。”他接着开始解释他的意思。

“生存还是毁灭。”他颤抖着说，凝视着他举在面前的一把叉子。

“究竟怎样更高贵，默然忍受命运的暴虐的毒箭，或是挺身反抗人世的无涯的苦难，通过斗争把它们扫清。死了，睡着了，什么都完了。”

他突然中断。“呸！没有道理！哈姆雷特疯了！充满着血腥的暴行，这个场景应该表现出焦躁和狂热！”他把桌子推到边上来演示他的意思，并且在房间里阔步走来走去，特丽看得入迷。

“生存还是毁灭……”他满含怒火，直到他背诵到这几行，“死了，睡着了；睡着了，”他一字一句地，“也许会做梦……”他停顿了一下，眼睛在眼窝里转动，“嗯，阻碍就在这儿；因为当我们摆脱了这一具朽腐的皮囊以后，在那死的睡眠里，究竟将要做些什么梦，那不能不使我们踟躇顾虑。”他冷笑着说。“就是这点儿顾虑使人忍受着终身的折磨，”他提高了声音并且说得很快，“谁会忍受时间的鞭打和嘲弄。”在说到“在烦劳的生命的压迫下呻吟流汗”时，他停了一下，神秘地压低声音……“倘不是因为惧怕不可知的死后，惧怕那从来不曾有一个旅人回来过的神秘之国，是它迷惑了我们的意志，使我们宁愿忍受目前的磨折，不敢向我们所不知道的痛苦飞去？这样，重重的顾虑使我们全变成了懦夫。”他轻蔑地大笑。

早期书稿有很大改动的一页

尽管他无需鼓励，特丽真诚的欣赏还是鼓舞他表演了一段又一段的独白，他的声音回荡在房子里。但是到了无赖和奴才，即演讲的高潮时，“……奸诈的、好色的、无情的恶棍”，突然传来一阵敲门声，艾尔索普夫人粗鲁地打断他：“不要吵了，卡尔费罗先生……邻居们都抱怨了。”演出就这样中断了。卡尔费罗便铺好他的沙发，聆听着街角酒吧那个流浪三人组的音乐而进入梦乡。

突然，音乐变成一段生动的前奏，卡尔费罗扮演喜剧里的驯兽师，跳到舞台上，开始唱歌：

我是驯兽师
马戏团的表演者。
我驯服了无数的动物：
狮子老虎和野猪。
在我疯狂的生涯里，
我赚过钱财又失去。
有人说是因为女人；
有人说是因为酒，有人说是因为酒。
接着我一贫如洗，
丢了我的动物园。

我却没有绝望，
我有个聪明的想法，
我在我的内衣里摸索，
一个想法蹦了出来，
我厌倦了驯大象，
我为什么不驯跳蚤？
我为什么要猎捕动物，
在丛林里徘徊？
而那么多本地的天才，
就在家里等待。
（挠手臂下的痒痒）
而那么多本地的天才，
就在家里等待。
（挠全身的痒痒）
我找到一只，但不想说它在哪儿，
精心培育他，
教会他生活的奥秘。
接着他找了一位妻子，
他找了一位妻子。
我提供他们免费的食宿
每天晚上咬我一口。
他们不吃鱼子酱或蛋糕，
但是喜欢臀部的肉块
在我的身上，在我的身上，
在我的身上，在我的身上。
自从在我身上安家，
这是种奇怪的感觉。
每天晚上他们散步，
在老农场的周围。
我却欣喜若狂，
教了他们很多把戏，
现在他们在供养我，
现在他们在供养我。
所以——
来吧，来吧，
我有世界上最伟大的演出。
来吧，来吧，
不让你的钱白白花掉。
看看菲丽丝和亨利，
受过教育的跳蚤，
翻腾和旋转
在高空秋千上。
如果你感到一阵瘙痒，
不要抓挠或大惊小怪，
你不知道，那样也许会毁灭
某个崭露头角的天才。

当管弦乐团轻柔地重复上述旋律时，卡尔费罗煞有介事地表演起来，打开一张折叠桌，前方垂着一面旗子，写着“卡尔费罗的表演跳蚤”。接着从马甲口袋里拿出一只小药箱，打开盖子，抽响鞭子。什么都没发生，他看了看箱子里头，顿时感到震怒，他又抽响鞭子。

“亨利！菲丽丝！停！你们两个！听到没有？你们真该为自己的行为感到羞耻！亨利！你听到我说的吗？让她去吧！吵什么吵！亨利！——准备。来吧！空中飞人！”

他抽响了鞭子，亨利从箱子里高高跃起，跳到他右手的手背上。他又抽响了鞭子，亨利跳到空中，又一次落到了他的手背上，卡尔费罗的眼睛一路盯着他。鞭子又响了！这一次，亨利跳得很高并且翻了个筋斗，卡尔费罗紧紧盯着每个动作，亨利又落到了卡尔费罗的手背上。看着亨利划过弧状的轨迹，从一只手跳到另一只手，来回翻双筋斗的时候，他的眼睛因为骄傲而闪闪发亮。

现在卡尔费罗就像一位“底座”杂技演员一

样稳定自己的身体，支撑自己的双脚，左手紧紧抓住药箱。亨利也在调整自己。这是扣人心弦的时刻。鼓声震天。“空中飞人！”亨利在空中跳得很高，接着旋转，一个！两个！翻了三个筋斗！！在这之后，他稳稳地落在了药箱的中间。

带着极大的热情，卡尔费罗冲着观众笑，悄悄地把手背上跳蚤不小心留下的印记擦掉。

接着他抽响鞭子呼唤菲丽丝，她非常活泼，从箱子里跃起，跳到空中，接着掉进了他的眼窝里。

“菲丽丝！不要这样！给我老实点！”他把菲丽丝放回到箱子里，接着又抽响了鞭子。“菲丽丝！”

这次，不服约束的菲丽丝又跳了出来，落在他鼻子上。他不耐烦地又抽响鞭子，菲丽丝却跳进了他的领子，滑下他的脖子。“菲丽丝——不要这样！”

现在她从一个地方跳到另一个地方，最终落到他的肚子上。他解开马甲的纽扣看下去。“你这小疯子，你……来上面。”他变得警觉。“菲丽丝！到这里来！马上！”他正打算解开裤子，但马上改变了主意。现在菲丽丝跳上了他的肋骨，并且藏在他的胳肢窝里。“你这个小贱人！你想让我挠你吗？你马上到这里来！”

他再一次抽响了鞭子。“菲丽丝！到这里来！”他想要诱骗她，从他的袖口跟她悄悄地说：“菲丽丝——快点来……做个好姑娘！亨利需要你。”但是菲丽丝不受控制，旋即跳到了他的臀部。卡尔费罗扭动了一下，接着跳了起来，好像被咬了。

“菲丽丝——不要！”他转过头想要看看后面，“菲丽丝！你听到吗？不要在那里玩了！你太过分了！从那里上来——马上！”

但是菲丽丝不愿意。她又咬了一下，卡尔费罗又跳了一下。“菲丽丝不要！”但是她又咬了，卡尔费罗又跳了一下。“你听到我的话了吗？你想要我挠你吗？”他再次想要看看后面。菲丽丝继续咬。在狂怒中，他在舞台上四处乱跳。他的忍耐到达了极点，他把手伸进裤子里。最后，他抓住了她。他抓住了她。他用大拇指和食指抓住她，拿到眼前看了一下。“现在不是开玩笑的时候，菲丽丝。”卡尔费罗说。接着一阵恐惧爬上了他的脸。“我的天哪！不是菲丽丝！你是谁？”

当卡尔费罗醒来的时候，天色还早。他坐起身，一脸茫然，开始挠痒痒。这个动作似乎提醒了他。他猛地清醒了。他跳下床，走到书桌前。但是当他坐下，拿起笔和纸，脸上却浮起茫然的神情。他厌恶地扔下了笔，又回去睡觉了。

三天过去了，此刻，特丽坐在床上吃早饭。她的身体结实多了，慢慢自信起来，尽管还不能用双脚站立。

卡尔费罗坐在小桌子旁。他吃完了早饭，现在靠在椅子上。“今天感觉腿怎么样？”

“嗯——您看我端了您的早饭。”特丽回答。

“是的，靠扶着这些家具！我帮你把餐盘拿走。”

她笑着说：“那样的话您就不能吃早饭了。”

“奇怪，我怎么没有收到雷德芬的信。”卡尔费罗若有所思地说。

“从您去见他才过了三天。”她说。

他没有回答。“唔，我必须马上工作。”他说，站起身，走到另一个房间。他坐在书桌旁，开始翻看他的笔记。特丽浏览着报纸。

“有什么新闻？”他喊道。

“战争和政治——欧洲各国正在竞相扩充武器装备。”特丽说。

“有什么有趣的吗？”

“有很多关于赞奇格先生和夫人的新闻。”

“读心术吗？”

“是的。他们说他们很棒。”“我知道他们，”他说，看着自己的笔记，“几年前我跟他们一起表演。这是种古老的密码戏法。”

“那不是真的吗？”

“当然不是。”他回答。

“这里说他们的大脑是如此协调，他们能够传递彼此的想法。”

“无稽之谈！”卡尔费罗说。

“那么他们怎么做到的呢？”她问。

“我不知道。但那不是思维传递，因为有一次我看到他给妻子发电报。”

特丽几乎被她的咖啡呛住了。卡尔费罗放下了他正在研究的笔记，忽然站起来走到特丽的房间。他站在她面前，好像要开始发表长篇大论。

“你认为这是什么——哲学家伯格森说过，笑的心理机制跟羊群效应有关。本质上，笑是一群人的欢呼。换句话说，笑是可以传染的。这就是我所想要达到的效果——让观众沸腾的主意。从我开始。我对自己的笑话发笑。我笑得越多，他们也会跟着我笑得越起劲。”他热切地说。接着他好像在舞台上表演一样开始咯咯地笑，当他所谓的幽默对话不断推进的时候，他的笑慢慢变成一种大笑了。

“我有一次坠入爱河。（轻笑）事实上我喝醉时会坠入很多东西里。”（轻笑）“有一次我经过一家理发店，它在一家牙医门诊边上，我想我得进去……修个面。但是我掉进了错的门……我的意思是……我走错了门。那是牙医的……当然那时我没有意识到，所以我坐在椅子上睡着了。当我醒来时，一个可爱的身影，浑身都是白色的，正弯腰看着我，轻拍我的脸颊。”（轻笑）

“我能为您做什么？”她说。

我说：“给我全部修一下。”（又一次轻笑）

“很好，张开你的嘴。”她说。

我说：“不，你张开你的。”（轻笑）

她说：“不，张开您的。我想要检查一下您的咬合。”

“因此我咬了一口。”（大笑）“就在脖子那里。她咬了回来。”（笑得厉害）“好吧……在一段时间里，这是一场势均力敌的较量。”（笑得厉害）“期间，牙医过来了，她的丈夫。”（大笑）

他说：“发生什么了？”

她说：“他需要牙箍。”（笑得厉害）

我说：“一条带子能支撑它们直到我回家。”

“所以他给了我一条带子！就在脸上！”（自己大笑）“当我苏醒时，我嘴里装了最漂亮的齿桥。他为我加班工作！”他说：“请付一百五十元。”（笑）

我说：“别傻了。”

他说：“如果你不付，你就是傻子。”（自己大笑）

“好吧……我没有付……从此以后我就是个傻子！”（大笑）

特丽的手臂抱着膝盖，静静地坐着。她非常感动，虽然没有表现出来，并且告诉他她好几次想要笑出来。但对卡尔费罗来说，她的反应令人失望，尽管她解释说虽然她没怎么笑出来，但是她心里非常喜欢。卡尔费罗相当赞同。“好吧，”他说，“让我们来做练习。”

他伸出手，扶着特丽在房间里走动。在这个过程中，两人都会温和地打趣对方或者说些俏皮话。偶尔地，他会放开手，她赶紧扶住家具。就在他们沉浸在练习里的时候，楼下有人敲门，接着门铃响了。

“是谁？”特丽问。

“邮差，”卡尔费罗说，“可能是雷德芬有消息了。”他匆忙跑下楼梯。

在门厅的地垫上，他发现了一封信，赶紧撕开：

> 亲爱的卡尔费罗：
>
> 你在米德尔塞克斯的演出日期已经确定，23号，星期一晚上，工资是三英镑。明天到我的办公室里来签合同。
>
> 萨姆·雷德芬

卡尔费罗三步并作两步地跳上楼梯。他想马上告诉特丽这个好消息。但是仔细想了一想，等待演出的紧张和兴奋可能会引起她不必要的担心，会影响她的健康。因此，在她问的时候，他撒谎了。

“好消息？”她在卡尔费罗进门的时候问。

“不。是给房东的。”他说，掩饰着他的兴奋。

在米德尔塞克斯剧场，观众觉得有趣，气氛却是冷淡的。这里或那里偶尔有尴尬的笑声。他倾尽全力但效果不好。过去的卡尔费罗已不复存在。原因可能是因为他换了名字。他不能确定。但是他明白他的精神已经不在了。演出之前，他很愚蠢地没有喝酒，因为他想证明没有酒也一样搞笑。但是他不能。他很气愤[11]。他越是努力，观众越是冷淡。

接着糟糕的事情发生了……一个人站了起来……又一个站了起来，直到观众大批离去。一个声音从正厅后排不无幽默地喊道：“可以了，老男孩，回家去吧！”

卡尔费罗喊了回去：“这是个很好的主意，晚安！”接着走下了舞台。这是他唯一一次真正的笑。引来嘘声和鼓掌，有人大喊“回来”，卡尔费罗已经走了。

他径直走进他的化妆间，那里还有两个演员没有结束化妆。卡尔费罗走进去的时候，没有一个人说话或评论。但是他知道他们知道发生了什么。他们很是尴尬。

一个人开始轻轻地吹着口哨，说他的鞋子太挤了。这个人的声音很尖，令卡尔费罗觉得紧张。他的梳子掉在了地上，其中一个人捡了起来。但是卡尔费罗没有注意到。他说的唯一一句话就是回应他们离开化妆间时跟他说的晚安。“晚安。”他说。

雷德芬说演出结束后会过来。但是他没有。卡尔费罗放心了。他不想见任何一个人。

他迅速离开了剧院。这种可怕的折磨彻底击败了他。他的自信和自尊已经不复存在。经历恐怖的登台表演，一切都不复存在。他想要忘了剧院和与之相关的一切。他想忘了他自己。

他漫无目的地走在街上，看着商店的窗户，哼着《泽姆帕》序曲。这是他今天晚上在化妆间隐约听到的。不用他哼，这个曲调就在他脑子里不停地嗡嗡。

他发现自己走上威斯敏斯特大桥，走到一半的时候停了下来，把手臂搭在护栏上，疲倦地凝视着若隐若现的河流，如幽灵一般流淌，河面波光粼粼，裹着点点月光和堤坝上的灯光，对他露出恶魔般的微笑。他探出身子，注视着黑色丝绸般的流水围绕着桥的基柱打转，在继续流淌之前形成一个个小漩涡。

Calvero ~~[illegible]~~ [left] the theatre early that evening because he had been on early. He hadn't waited for any comment from the management. He didn't want to hear any; ~~not that he was afraid, but~~ he was too weak ~~to confront anybody~~. The terrible ordeal, had ~~for the moment~~, lowered his resistance. Gone was his confidence, ~~his interest, his desire, his~~ [and] self-respect, ~~his personality~~.

Gone was everything but a frightened animalistic sense of survival. He felt empty, ~~He felt~~ bowed, as though ~~[illegible]~~ looking at the world from beneath [some-]things. He couldn't face anybody. ~~Everybody hurt~~. Everything ~~around~~ [about] the theatre hurt. He wanted to get away from it ~~as quickly as possible~~.

He intended ~~to stay out that night and walk the streets~~, to get as far as possible away from his own familiar surroundings. ~~He found himself~~ [He walked aimlessly in a numbed despair,] looking abstractly into shop windows and humming ~~a tune, [illegible]~~ the Zampa Overture[, the orchestra had played that eve…] which he had faintly heard ~~that evening at the theatre~~ [from in his dressing room,] [and when he had …] ~~As he looked into the windows, he repeated~~ [numbedly into shops, It kept drumming] it over and over again [in his mind] ~~without being aware of it~~.

Before long he found himself walking over Westminster Bridge, [not quite …] [half way]. He paused. It was so quiet...

还没到十二点，他像走迷宫一样从米德尔塞克斯一直走到这里。在绝望的空虚中他感到彻底放松。现在，他的思绪转向了特丽。她应该在等他。他感到一阵沮丧。他甚至有点儿恨她，因为她挡着道——干涉他的不幸。他想一个人躲在深渊里，并且待在那里。

慢慢地，他又恢复了理智。感觉就像重生，又像一个没有过去和未来的人，却想活着。他不知道为了什么，但是他知道他永远都不会自杀。他机械地转过身，折回原来的路。

他回到家，特丽正在等他，为他准备了炖蔬菜汤。[12] 但是卡尔费罗不想吃。他闷闷不乐地走到窗口，看着窗外，说今晚夜色非常清澈。他的声音很空洞，特丽立刻感觉到了。几分钟后，他坐到椅子上，用手指静静地叩打桌子，陷入了冥想。接着他抬起头，与她的目光交汇。她笑着，尽可能地看上去很淡然。

“我希望您能吃点儿什么。”她说。

“为什么？”他唐突地问。

“您看上去很累。”

“我不想吃任何东西。”

“还热着。”她近乎胆怯地说。

他没有回答。

“您出去的时候邮递员来过了。可能有一封来自雷德芬的信。可能在艾尔索普夫人那儿。”

卡尔费罗没有说话。

“您看到她了吗？”

“没有。”他回答。

“我希望能帮助您。”

“没有人能帮！我没戏了！我完蛋了！”

“您什么意思？”

“一切都已结束了……”

“什么？”

“就是今天晚上的事。”

“您的意思是您——为什么不告诉我？”

“我不想让你提心吊胆。”

“但是发生了什么？”

他摇了摇头：“他们不想听。”

一阵安静，接着特丽开口了。她语气平静，希望鼓励他：“米德尔塞克斯……那里的观众不属于你。”

“不，不……有些东西已经不在了。”

“当然没有。”

“我已经丧失了信心。我害怕他们。就像站在行刑队面前一样！真是可怕……那种安静，然后是嘘声！”他的喉咙哽咽，“我从来都没有这样过！以前我在那儿很受欢迎——听到他们——”他无法继续下去。

“但是他们不知道是您！”

他摇了摇头。一阵安静。“我失去了一些东西。我太老了。我不再像从前那样幽默了。”

他趴在桌子上，用手臂掩住了脸。

“你还记得你告诉我的话吗，黄昏时站在窗户旁说的……你还记得你说的吗，关于能让地球运转、让树木生长的力量！……那个力量就在你的身上，只要你有勇气去利用它。”

她从椅子上站了起来，走向他。“现在是实践您的教导的时候了，去利用这种力量，去奋斗——”她停了下来，她忽然意识到……“卡尔费罗！”她尖叫，“看！看我做了什么！我能走了！——走了！”

“我能走了！”当他们走在伦敦空寂的街道上，她不停地说着。他们来到了泰晤士河河边，

《卡尔费罗的故事》手稿的开头，由卓别林反复修改

大本钟正要报三刻钟。

卡尔费罗疲惫地坐在长椅上。特丽坐在他身旁。蜷缩在长椅另一端的是一个流浪汉，呆呆地盯着自己的鞋子。

“你知不知道现在就快五点钟了？”卡尔费罗说。

“是的，我知道，”她回答，“但是我就是想要到外面来透透气。”

“我也睡不着。”他说。

一阵冷风吹来，她转过身。“看……黎明就快来了。这是个好兆头。”

卡尔费罗笑着：“我们不可能运气更坏了。”

“噢，卡尔费罗，我们是幸运的！现在我可以帮忙了，直到您东山再起。”

他嘲讽地笑着：“直到我东山再起……”

“哎呀，当然！”她愤愤地喊。

他想了一会儿。“我们可以一起表演。”

“当然可以！”她说着，觉得这是好主意。

“一个流浪汉和一个芭蕾舞演员……我一直都在考虑这个。”

“我想这是个奇妙的主意！”她兴奋地说。

“当然，”他变得热情，“我可以立刻写出来。一个演喜剧的流浪汉……睡着了……梦见一个可爱的芭蕾舞演员……”

“不错！”

“噢，我有无数个好点子！”他说。

“不错！不错！”她重复着。她很兴奋。“同时，我会去找份工作。我会重回帝国剧院。他们还不知道我已经恢复了。”

位于莱斯特广场的帝国剧院是来伦敦游玩的欧洲人和亚洲人的聚集地。廊厅坠着水晶吊灯，铺着柔软的地毯，包着粉色头巾的王公、穿着笔挺军服的外国军人正在漫步；其他人在装饰华丽、镶着镜子的吧台前呷着香槟，向美丽的“贵妇”频送秋波，跟她们约定演出后一起离开。穿着晚礼服的老人向衣服镶着金边的特使打听某位女士是否愿意和他一起喝一杯伯瑞香槟。特使心照不宣地眨了眨眼睛，走向那位女士并把她带到了他身边。所有这一切都发生在晚上的表演期间。

那些正儿八经的客人坐在预留的座位上欣赏表演，现在，接近芭蕾舞的尾声。它正随着红色长毛绒幕布的缓缓拉上而结束。幕布后面的特丽，热得大汗淋漓，跟团里的其他成员一起返回化妆间。

特丽的预言成真了。她在剧院周报《舞台》上看到招人启事后，向帝国剧院提出申请，被舞蹈总监博达林克先生聘用了。他还记得她，很高兴能再次见到她。她已在剧院跳了三个月的舞。

自从那晚特丽发现自己能走路后，她在舞蹈方面取得了很大的进步，因为她每天早上都勤于练习。博达林克先生把她视为自己的徒弟，并许诺在新的芭蕾舞中让她试跳主角。

至于卡尔费罗，自从他在米德尔塞克斯失败后，他陷入了忧伤和沉思，早已放弃了一切雄心。他又开始酗酒，人也变得衰老，看上去又瘦又憔悴。特丽很担心他，因为医生告诉她酗酒正在毁坏他的身体。但是无论喝醉还是清醒，他对她的态度都是温柔的。

特丽经过铁门时，她停下来看了看通告栏，上面通知第二天早上十点排练新的芭蕾舞。在她站着看通告的时候，博达林克先生出现了。

“我刚刚在你的化妆间留了一张纸条，关于卡尔费罗先生。”他告诉她，“让他在排练之前到我的办公室来——九点三十分。也为他留了个角色。”

“太好了！”她说。

那天晚上，特丽匆匆赶回家，想把这个好消息告诉卡尔费罗。走到家门口时，她的心都要跳到喉咙口了，因为有几个人影站在街对面，抬头看着卡尔费罗的房间。发生什么了？她赶紧进了屋子。在她爬楼梯的时候，一阵音乐声从卡尔费罗的房间里传来，她又吓了一跳，但是总算放心了。一走进房间，她顿时愣住，不敢相信眼前的景象：卡尔费罗正拉着小提琴，还有三个经常在街角演出的流浪音乐家正和他一起演奏音乐。

没有人注意到她，他们继续着他们的演奏。卡尔费罗拉着小提琴，刚好转过身来，才发现特丽。他停止拉琴，并示意其他人也停下来。很明显，他们都喝酒了。

“特丽，你什么时候回来的？”卡尔费罗大声叫道。

“刚回来。”特丽回答。

“我没听见你。请允许我介绍我的朋友……”他犹豫着。

“费利克斯·赫罗梅。”盲人打断道。

“马蒂·奥斯瓦尔德。”单簧管演奏者说。

“塞西尔·利思。”小提琴演奏者补充。

“西西尔·司立夫，”卡尔费罗重复道，接着更正自己，“无论如何，他们都是我的朋友……”

特丽稍稍鞠了下躬：“你们好。”

接着她恳求地看着卡尔费罗：“很晚了。”

“再来一首序曲，”卡尔费罗说，“然后我们就结束。”他转向音乐家们，一副醉醺醺的模样，用手遮住了自己的脸。“来一首漂亮的。”他激动地说。

“您想要演奏什么都可以，卡尔费罗先生。”盲人说。

“好，贝多芬的第五交响乐……但是要演奏得甜美而富有感情。”

盲人耸耸肩。“贝多芬的第五交响乐。”他说，这三人乐队开始按照吩咐，缓缓地、富有感情地演奏，有一种吉卜赛的味道在里头。

特丽努力提高声音：“你们不觉得现在演奏太晚了吗——在这个时候？”

卡尔费罗显得感伤：“他们是艺术家。这是他们唯一的机会，可以按照自己的喜好演奏。”

“但是太晚了。另外，艾尔索普夫人会怎么说？”

特丽话还没说完，门就打开了，艾尔索普夫人进来了。她也是醉醺醺的，手里拿着三个空啤酒瓶。

“真不错！”她说，“我从楼上走到楼下，又从楼下走到楼上，什么也没有，就找到三个空啤酒瓶。”

“我下去看看。”卡尔费罗说。

“没有用，”艾尔索普夫人说，“下面已经没有了。”她转过身看见特丽，“你好，亲爱的，演出结束啦？我不知道已经这么晚了。”

“很晚了。”特丽回答。

“我们最好走吧。”盲人说。

音乐家们开始收拾自己的乐器，艾尔索普夫人跟特丽说话。“不碍事，”她说，“……小小的庆祝一下，卡尔费罗一下子喝了不少，我也跟着喝点儿……”

音乐家们打算离开了。“晚安。”盲人说。其他人也跟着道晚安。

“等一下，”艾尔索普夫人说，“楼梯很陡。让我先走，给你们带路。晚安，卡尔费罗先生、太太。”她一边说，一边关上门。

迷迷糊糊地，卡尔费罗坐在了一把椅子上，

两个胳膊肘都支在桌子上，手插进头发里。“对不起，我喝醉了。”

特丽温柔地把手放在他的头上。“我是担心你的身体。你出院只有两个星期[13]，并且你也知道医生怎么说的。”

“是的，我不应该喝酒。我应该清醒些，将来我就是在济贫院生活……也有可能晚上睡在河边，和头发花白的妖精和年老的彼得·潘们一样。但是我不愿意清醒。”

“只要我活着，就决不让你那样。”她说。

他变得烦躁。“哎呀，我忘了给你准备晚饭。我是个混蛋。真是没用！”

她笑了。“胡说。我等下再吃。我先把你弄到床上去。”她拿下他的领子和领带，接着弯下腰，开始解开他的鞋带。

“但是你没有东西可吃。”

“你吃过药了吗？”她问。

“什么药？”

“你没有吃。开胃的药。”

“我已经恢复了胃口。”

“你还会生病的。你必须吃。”

“不，我宁肯喝酒。一个男人的真性情在喝醉之后就显露出来了。至于我，我会更加搞笑……真后悔在米德尔塞克斯那晚我没有喝酒。”

“我有好消息告诉你，”她一边说一边为他解开鞋带，“博达林克先生明天早上十点三十分【原文如此】想在他的办公室见你。”

“谁是博达林克？”

“他就是我一直跟你说的，我们的舞蹈总监。”

“他想干什么？”

“他想你在我们的新芭蕾舞里担任角色。”

“我不想走进剧院，你知道的。”

她不理他。“我听说里面有个小丑的角色，我就向他提起你。他非常感兴趣，想见你。”

“但是我不感兴趣。我的演出生涯已经结束。我想远离那个有人盯着我看的‘女王的头’……还说我过气了！……不！还有，我也再不好笑了！我是个退休的滑稽演员。”

她微笑着，帮他脱完了鞋子。“明天早上你就会感觉不一样的。”

特丽说得没错。卡尔费罗起得早，而且很开心，跟她一起去了剧院。

卡尔费罗去了博达林克先生的办公室，特丽穿着练习服，在舞台上一个人跳舞，其他演员还没来。她穿着蓝色短裙，在昏暗的舞台上做单脚原地旋转和阿拉贝斯克动作，长长的衣袖在风中闪烁。舞台被清理干净，只剩下一台巨大的钢琴放在最左端，边上有一把扶手椅和几把普通的椅子。特丽突然停了下来。“卡尔费罗！”她说，看见他穿过铁门。

他身上有着一股克制的兴奋。“都定下来了。”他说。

她平静地握着他的手。“到这里来，告诉我一切。”她把他引上舞台，来到一个放着她外衣的行李箱旁。卡尔费罗拿起衣服，把它披在特丽身上，二人都坐在了行李箱上。

“报酬不高。”他说，竖起了三根手指。

特丽也很意外，“三个英镑？”

卡尔费罗耸耸肩。

“这已经是一只脚踏进门了。当然我告诉他我不会用我的名字，他也同意了。这个博达林克是个好人。”他停了下来，充满怜爱地看着特丽，“他说你是一个不错的舞蹈演员。”

她笑着。“如果你没有对走进剧院感到恐惧

的话，你可能早就知道了。”

他振奋地看着她。“你为什么不告诉我你早上试演？”

“我想给你一个惊喜。另外，我不能确定结果。这取决于波斯坦特先生。”

“波斯坦特！”

“他是剧院的拥有者。”

“我知道波斯坦特，”卡尔费罗说，“但是我以为他退休了。”

“他是退休了。他又重新回来做生意了。”

“哼……”他看看舞台四周，“我上次为他表演的时候，我是这里的头条。”

“你会再次成为头条的！就像你刚才说的，这是一只脚踏进了门。噢，卡尔费罗，我们的好运来了。它在空气中！我知道！我能感受得到！”

波斯坦特先生是帝国剧院的拥有者和管理者。他七十岁，身材魁梧，一头白发，面色红润，快乐而豪爽。他已经退休六年了，一直在法国南部生活。他把帝国卖给了一个公司，自从那个公司接手后一直亏钱。现在，他们又把帝国剧院按照原先付的三分之一的价格卖给了他。他是个精明的经营者，非常自负，却善良。

每天晚上他都穿着晚礼服，很少错过一场表演。他总是坐在前排，响亮的笑声穿透整个大厅。他的品位很极端，喜欢最经典的芭蕾，也热爱最质朴的喜剧。

今天早上，波斯坦特来到舞台的时候，演员们已经聚集在一起了。他由博达林克和另一个人陪着。对于那个人，特丽感到很眼熟。

“女士们先生们，”博达林克说，“这是欧内斯特·内维尔先生，我们新芭蕾舞的曲作者。”

“我没时间看彩排，我只想看看你的徒弟。”

“特蕾莎！请！”博达林克喊道，接着转向波斯坦特，“你想要让她跳内维尔的音乐，还是她自己的？”

“内维尔的。”

“但是你知道那没有固定的舞蹈编排。会是纯粹的即兴表演。”

“这是我判断一个舞蹈演员的标准。”波斯坦特说，并且向后靠，让自己变得舒服些。

特丽走上前来，把自己的外套放在钢琴上。她被介绍给波斯坦特，接着是内维尔。

“这是安布罗斯小姐。”博达林克说。

内维尔马上露出认得她的表情。他慢慢地站起来，鞠了个躬，他的眼睛一直没有离开她。

“我相信我们以前见过。”他说。

特丽紧张地笑了：“是吗？”

他犹豫着，有点儿困惑地坐下了。

“波斯坦特先生想让你表达内维尔先生的音乐，”博达林克说，“你觉得可以吗？”

“我试试。”特丽说。

“很好！那么我建议你先听一听他的音乐。”

特丽站在钢琴边上，看着漆黑的剧院。内维尔偶尔看她一眼。在他演奏的时候，她又回到了那些站在门口听他演奏的伤感晚上……接着有了抽象的念头——对比变形，明显的宽慰，柔和的色彩在深紫色的衬托下……接着转向童年的记忆。虽然他的音乐很明快，特丽知道它的灵感是渴望和孤独，她当然可以和着它跳……

感到放松，她立地旋转，显示出耀眼的舞台魅力。她是灵巧的……瞬息万变……光芒四射。旋转的戴安娜，美丽的戴安娜。她就是青春，是希望的体现，轻轻越过绝望。在台下昏暗的角落，卡尔费罗在哭泣。

她跳完了，响起热烈的掌声，波斯坦特到前台来祝贺她。博达林克站在一旁，无比振奋。内维尔仍然坐在钢琴旁，看着一切。毋庸置疑！她就是那个在萨尔杜文具店里工作的女孩！但是她怎么会在那个文具店里呢？

波斯坦特先生是话少的人，但是在走之前，他转向博达林克：“她会表现出色的。等下跟我在办公室碰头，我们要确定一下她的合同。”

他走了以后，博达林克转向特丽：“瞧，你听到了他说的话吗？”

特丽笑了。她正大口喘气，大汗淋漓。

“你有没有外套？”博达林克问。

“有，我放在钢琴上了。”

“那就穿上，别感冒了。”

特丽走向钢琴，注意到内维尔正在看着她。

“请允许我，”他说着，把她的外套拿过来披在她肩上，“向您表示祝贺。”

“谢谢您！”她回答，走开去找卡尔费罗。她发现他还坐在箱子上。“我不会待很久的，”她说，“但是不要坐在那里。去外面晒晒太阳吧。”

当她回来的时候，舞台变得漆黑，空荡荡的。“卡尔费罗？”她喊道。

一阵沉寂，接着从黑暗中传来卡尔费罗的回答：“我在这里。”

“我在外面找你。为什么你坐在暗地里？”

“因为我在亮地里看上去很荒唐。”他说，一边还用他的手帕擦着眼睛，“看着我，我知道自己不知羞，可我还是想说，你的舞跳得太美了！”

“卡尔费罗。”她温柔地说，握住他的双手。

“我的孩子，我从来不知道你是这样一位艺术家。我……我……”他无法继续。

她轻轻地把他的手拉向自己的脸。“这就是我要的时刻，”她激动地说。他们身处暗处，唯一的光线是从她进来的铁门那里射进来的。“我爱你，卡尔费罗。我现在可以说了，自从你给了我一点儿自信。我从你认为我有病……是个站街女人时就爱上你了……你照顾我……是你的善良让我想活下来，让我想证明你这么做是值得的……不是你救了我的命，而是你激励了它。”

“你在胡说什么？”卡尔费罗说。

“这不是胡话。卡尔费罗，我深深地爱着你。”

“不，不，我的孩子。我是一个老男人……”

“我不管你是什么！我只知道我爱你。关键是我爱你。”

跟德国的战争已经持续三个月了[14]，英国那“无足轻重”的十万军队刚刚抵达法国，准备和她的盟军一起在凡尔登进行一次历史性的抵抗。每个人都相信胜利将在三个月内获得，基奇纳勋爵说至少要花四年才能取得胜利，他的预言无人相信。

开始征兵了，公共场合开始出现穿着军装的男人。有一两个出现在皮卡迪利街角咖啡馆，现在正是人多的时候。午饭时间，很多人正在等桌子，其中也包括特丽。

排练已经进行两周了，今天她独自一人，卡尔费罗趁着午饭时间去看一下新的公寓。

她站着等待，转过身时发现内维尔站在不远处。他笑了，感到很意外。“你好。”

特丽吓了一跳。“噢，我很好。”她说。

“排练得怎么样了？”他问。

“很好。您没看过吗？”

“已经一个星期没看了。我出门了。但是我今天会过来拜访。”

“您一定会感到惊喜的。”

这时，领班过来跟内维尔打招呼：“两个人

吗？”

他询问地看着特丽，特丽犹豫着，“噢……呃……那好……”她说。

在沉默中，他们跟着领班走到一张桌子旁，他们静静地坐下，感到有点儿尴尬。领班走了之后，内维尔打破了沉默。

“我希望我没有打扰你。”

“没有。”特丽严肃地说。

另一个服务员过来，打破了僵局，递给每人一份菜单。内维尔看着菜单，好一会儿才意识到自己拿反了，笑着把它倒过来，点了培根和鸡蛋，还有吐司和茶。

“我也一样。”特丽说。

“这永远是没错的。”他在服务员走了之后补充说。

“是的。”她回答。

他的脑中一片空白，他交叉着胳膊，把身子靠在椅子上，装做饶有兴趣地打量周围。

最终他们对上了目光。内维尔笑了，特丽也是。过了一会儿，内维尔说话了。

“在这么美好的天气里排练真是太糟糕了。”

“是的，美好的一天。”她回答。

“报纸却预报有雨。”

“噢！”特丽说。

“是的。”他又停住，接着笑了。

“您为什么笑？”她问。

“我在想这场景可笑……一个关键的时刻来临，我却无话可说。”

“什么都比不上沉默更动人心弦。”她回答。

“谢谢。我想我还是挪到另一张桌子坐吧。”他幽默地说。

她笑了。“我不会吃人。”

“我不知道。自从见到你试跳，我们认识以后，我就有点儿怕你。”

她大笑。“为什么？”

“嗯……在那个场合，你的反应很冷淡。”

“对不起。”

“当然我非常冒失，假定我认识你。”

“您认识我？”

“好吧……那是……原谅我……我确定我们以前见过。”

“是吗？”

他做了一个无助的手势。“这让我为难。你说‘是吗’，如果我们真的没有见过的话，你一定有个分身。”

“我有吗？”

“是的。”

“她是谁？”

“你真的想知道吗？”他挑战性地问。

“是的。”

“好吧。她是一个在一家文具店工作的女孩，我在那里买过我的谱曲纸。”

“噢，我明白了。”

他停下来看看她的反应，接着继续说下去。

“一个迷人的女孩，很害羞……讽刺的是，我也很害羞，这是我们两个人之间的纽带。但是她的微笑很温暖，令人心动……我从里面读到了很多东西。她曾经给我多余的谱曲纸……”他停顿了，“偶尔还有多余的零钱……真是雪中送炭……饥饿面前没有道德……我该继续吗？”

“是的……继续。”

“她来听我的首场交响乐。我在之后见过她一会儿。我想跟她说话，但是我没有机会。第二天我去店里找她，但是他们说她三个月之前就离开了。太糟糕了……我真想再见她……”

“好吧，您见过……”她说，脸色变得苍白。

他久久地看着她。“我知道我见过。”

“但是那时候她很年轻，而且很不开心。”特丽说。

“现在呢？”

“她老了很多。”

他笑了。“老了两岁。”

“现在特别开心。”她若有所思地说。

“是吗？”

“是的。她正打算结婚。”

“噢——真的……祝贺你。”

“谢谢你！”她看着钟。

“我希望服务员能快点儿。我必须在十五分钟内赶回去排练。”

“波斯坦特先生的芭蕾舞—滑稽表演，作曲欧内斯特·内维尔，舞蹈总监博达林克；哈勒奎由亚尔迪尼扮演，傻老头由梅迪亚扮演，小丑老乔伊由‘卡弗’扮演，科伦拜恩由特蕾莎小姐扮演。”节目单上这么写着，“一部严肃喜剧，讲述了科伦拜恩的死。科伦拜恩是傻老头的女儿，哈勒奎的心上人，他有了面具，可以随意出现或消失。”

在一间简陋的阁楼里，科伦拜恩已经奄奄一息，滑稽表演的其他成员都围着她，站着哭泣。她让人把窗户打开，拉开窗帘让阳光进来。

她让他们把她抬到窗口，这样她就能最后一次看一下伦敦的屋顶。

他们把她抬到床上，他们哭了，她因此责备他们，指着他们的戏服说：它们不是用来悲伤的，而是用来取乐的，是要让她忘记痛苦的。他们必须尽到自己的职责——让人发笑！带来香肠、猪下水和猪油！

小丑们表演的时候，科伦拜恩的笑变得跟降落的雪花一样安静。她的父亲，傻老头，尖叫起来，倒在了她的床边。滑稽剧停止。面具滑落，其他人慢慢地移向那张死亡之床。

她被埋葬在乡下的一片教堂墓地里，石板上刻着一个名字：科伦拜恩。

哈勒奎一个人静静地坐在墓地里，在月光下哭泣。突然他站起来，就像有人在启示他似的，他指着自己的五彩斑斓的服装——红色，象征爱情；黄色，羡慕；绿色，妒忌。接着指着黑色……是死亡！……这时他拧了响指。他在绿色的夜幕下旋转、扭动，用他的魔杖触到了坟墓。他能！……他会！……唤醒魔力！——让科伦拜恩复活！他试了一次又一次，但是他失败了。他所有的努力都是戏法！徒劳的戏法。绝望中，音乐声不断上扬，膨胀成一个渐强段落，就像是在说生命本身就是一个戏法，一件充满魔力的事情。

随着渐强段落的消失，小提琴轻飘的乐声响了起来，把科伦拜恩送回了舞台。

但是在特丽上台之前，发生了一件差点儿酿成悲剧的事。傻老头和小丑已经下台，剩下哈勒奎一个人独舞，这样就给了特丽时间，换上薄绸芭蕾裙。她从化妆间出来，发出银色的光泽，头发上戴着闪闪发光的蓝色星星。她的眼睛涂了睫毛膏，显得更大；鼻孔显出微微的红晕、白色皮肤映衬下的鲜红色嘴唇使她看上去异常迷人。她走向舞台侧翼。在她站着等待的时候，卡尔费罗走到她身边。

“为我祈祷。”她悄声说，把她的手放在他的手里。

“自助者天助之。”他回答。

她把手慢慢地抽回，望向舞台。突然她又转过头来看着他，脸上一副痛苦的表情，她的手紧紧抓住墙边。“我不能——不能跳了！”她喊道。

“什么？！”

“是我的腿！它们麻木了。”

“你的腿没问题，是神经。来……四处走走。”他拉着她的胳膊给她带路，但是她不动。

“不，不……我走不动！”

“听着！”他嘶哑地悄声说，“你想让这种癔症毁坏你的身体——你的未来吗？这不过是癔症！忘掉它！你听到了吗？”他的声音被前奏掩盖了。“这是给你的提示！你听见了吗？上台去！”

“不，不，我要倒下了……拿把椅子！”

卡尔费罗忽然用力抽她的脸。她捂住脸，眼泪涌了出来，她痛得踉跄着往后退。

“看！”卡尔费罗指着她的脚，“你的腿没事！”

平静后，特丽哭着跑上了舞台。卡尔费罗转身走开了。他非常担心，走到后台，悄悄地躲在一面道具后面。他跪下来祈祷，喃喃地说：“无论你是谁，无论什么事，不要让她倒下。”一个舞台管理员茫然地看着他，仿佛他是一个幽灵。卡尔费罗开始四下寻找。“我掉了一粒纽扣。”他说。

“一粒纽扣？”

“随它去吧。”卡尔费罗说，站起来走开了。

还没有掌声。为什么他们不鼓掌？时间好像凝固了。他能听到的只有音乐和偶尔撞击地板的声音。他想知道发生了什么，但是他不敢看！他在舞台的后部，来来回回地走，就像一只困在笼子里的狮子。周围的一切都像张着血盆大口般令人紧张，墙壁、布景，一切的一切。甚至是那些舞台管理，从侧翼看过来，好像一座座雕像一样站在那里，一动不动。他忍不住了，终于踮起脚尖，到前面看看。

他看到的场景如此奇怪，和做梦一样。特丽在金色的灯光下看上去闪闪发光，时而单足旋转，时而在地上滑步，冲着四周微笑。卡尔费罗转过头，因为她好像要倒下了。但是这只不过是屈膝动作——正如她稍后解释的。

他爬上了通往吊景区的梯子。音乐增强了。从他的眼角，他看见白炽灯追着一个不断旋转的白色人影。他没有勇气逗留。现在他站在布景里。穿过一扇铁门，他发现自己站在上层化妆间的平台处。在过道的尽头是另一个房间。意识到这是他所需要的，他快步走了过去。

一个化了一半喜剧流浪汉妆的男人，穿着漂亮的紫袍，从更衣室出来，想从卡尔费罗经过的铁门穿过。他笃定地转了一下把手，发现它被锁住了，因此他又折回自己的房间。

不一会儿，卡尔费罗出现了，走到了铁门旁。能够听到雷鸣般的掌声。他赶紧打开门，从吊景区往下看。特丽和哈勒奎鞠了躬，跳跃着走下舞台。他们又跳上舞台，再跳下舞台，伴随着热烈的掌声。现在特丽独自一人走上舞台。观众疯狂了……雷鸣般的跺脚声，伴随着长长的喊叫：“好啊！！！”

卡尔费罗想冲回平台，走到下面的舞台。但是另一个想法阻止了他，让他折回到刚才的“房间”。

穿着紫袍的男人又一次出来，又一次失望地回到了房间。

后来，卡尔费罗出来了，走下楼梯；那个男人又出现了，这次他成功了。

卡尔费罗来到舞台时，观众还在鼓掌，呼喊着她的名字，特丽不得不一次又一次地谢幕。一大束玫瑰送到了舞台上。特丽、导演和内维尔一起谢幕，接着特丽一个人谢幕。

最后幕布降下来了，人们从四面八方涌向特丽，包围着她，包括博达林克、内维尔、芭蕾舞团的成员、穿着晚礼服的陌生人，都在祝贺她。卡尔费罗站在一边看着他们，感觉到晕眩的喜悦。

接着他听到他的名字，是特丽在叫。“卡尔费罗！卡尔费罗！你在哪里？”人群分开，特丽出现了，看见他站在那里。她很热，浑身是汗，她的头发被汗水打湿。

她毫不犹豫地跑向他，一把搂住他，把脸埋在他的肩头。

“卡尔费罗！卡尔费罗！噢，卡尔费罗！”她哭泣着，卡尔费罗尴尬地笑着。

“好啦，好啦……”他回答，“不要感冒了。你湿透了……你浑身湿透了。”

演出结束后，波斯坦特邀请所有的人参加晚宴聚会。卡尔费罗让催场员传话，说他会在那里跟她会面。但是他不想去，因为他不想见到波斯坦特，过去他为他演出时还是明星。

时间到了，每个人都准备坐下来吃晚餐，特丽感到担心，她问博达林克她是否可以离席，她想去找卡尔费罗。博达林克让她不要担心，他会派人去找他，可能他在“女王的头”或“罗素阿姆斯”。

波斯坦特坚持让特丽坐在他的身边。他对晚上的演出很满意，看来他一回归剧院就迎来了特丽的爆炸性成功。

吃饭时，她发现内维尔坐在她的右边。

“命运一定是一个领班。”他说。

她笑了。“为什么？”

“她又把我俩安排在一起。”

“我想说这是她对您的惩罚。”特丽回答。

“这样的话我很乐意接受我的命运。”

“我想我会幸存下来。”她笑盈盈地说。

“无论如何，”内维尔说，“不管沉默是不是雄辩，我都要真诚地说一句……你今天晚上很棒，祝贺你。”

“谢谢您。”

她似乎在担心什么，心不在焉的，内维尔想。他温柔地把自己的手放在她的手上面，她的手这会儿正放在桌上。“好吧，这就是我想说的一切。从现在开始我会一直说下去[15]。”

特丽微笑着，转过身去听波斯坦特说话，他正在阐述好的杂耍表演应该是什么样。“一个艺术家也许懂得表演的质量，但是一个杂耍演员需要懂得它的价值。”波斯坦特转向内维尔，“据我了解他们不断纠缠你。”

“谁？”内维尔说。

“军队。我听说你被征兵了。”

“没错。”内维尔回答。

特丽望着内维尔。“哎呀，这很糟糕。”她说。

“我也这样想，”他幽默地回答，“战线拉得太长了。”乐声响起，有几对人站了起来。“这却给了我机会，利用你的爱国精神。能跟我跳一首吗？你不能拒绝一个士兵。”

她笑了，两个人离开了桌子。

跳舞的时候，两人都没有说话，但是特丽的心跳得很厉害。

博达林克这个时候有机会跟波斯坦特说话。“您对今晚的表演怎么看，老板？”

“很好！精彩！特蕾莎真是不可思议！但

是，还是要重新排练一下。”

“怎么了？”

“到我的办公室里讨论。除了特蕾莎让其他演员都来，后天十点钟。”

博达林克是对的，他知道去哪里能找到卡尔费罗，他正在“女王的头”里手舞足蹈，放声说笑，怎么劝都不肯回来。他告诉传话的人，叫她不用担心，他累了，会径直回家上床休息的。

跳舞结束后，特丽找到博达林克，他转达了卡尔费罗的口信。

“我最好马上就走。”她说。

“我会叫辆车送你回家。”内维尔说。

在这个温暖的秋夜，他们静静地坐在车上。空寂无人的皮卡第利大街犹如舞台布景。就像是空荡荡的舞台。工人正在用水冲洗排水沟，为第二天的演出做准备。商店的窗户黑了，它们光滑的窗帘拉下来，就像闭上的眼皮。

沿着牛津街，[16] 几个幽灵似的影子还在人行道上慢慢踱步。特丽想起了自己的姐姐，想她现在怎么样了。

他们到了，内维尔遣走了车子，想走着回家。

特丽抬头看了看卡尔费罗的窗户，黑漆漆的一片。

“他一定是睡了，”她说，“可怜的人，他有点儿兴奋过度了。”

内维尔沉默着。

她疲倦地叹了口气。“我开始感到紧张了。”

“我会和你在一起的。”他说。

“我想我们能在你去兵营前见到你。”

“不，我今天早上就要出发了。”

“噢……”她很拘谨，说不出话来了。毕竟，也没什么可说了。

“再见了。”他说，伸出他的手。她伸出了她的手。

他轻轻地把她拉向自己。她抗拒。

“不要……不要……”她喊着。

“说你爱我。”他恳求道，把她搂住，“……就一点点……”

“请不要这样！真是疯了！”

“我爱你！我想努力克制，但是我不能！我一直爱着你！”[17]

卡尔费罗醒了。他不知道自己身在何处。楼梯的轮廓在大厅昏暗的光线下逐渐清晰起来。他依稀记得自己关上了临街的大门，滑倒在门后……失去了知觉。他渐渐地感到很不舒服，便让自己坐了起来，把头靠在门上的信箱上。他听到门外面有人讲话。是特丽。他想站起来，但是一动不能动。

“看在上帝的分上，放开我！”特丽喊道。

“我爱你……你也爱我！……”他激动地说，“你跟我一样的无助！……你知道的！……你不能否认它！”

“我从没说过我爱你。”她悄声说。

“你爱我……我知道……无论发生了什么！……无论是否有卡尔费罗！……我们互相爱慕！……”

“不！不！走开！你怎么敢怎么说！我恨你！……放开我！”她一边哭泣一边喊。

“我要走了……”他伤心地说，“我仅仅想听到真话……但是问你是件很傻的事……我知道……能听你亲口说出来就太好了……听你说……这样的话我死了都没关系。”

她闭上了眼睛。“你为什么要这么折磨我！”

他温柔地抱住了她。“特丽……我亲爱的特丽……你可以否定你的快乐，但是你无法否定事实真相！”

卡尔费罗慢慢地站了起来，沿着走廊慢慢地走，一步一步地爬上楼梯。尽管他的步伐踉踉跄跄，他的脑子却很清醒。他听到的一切让他深感绝望，因为与他的判断力相左，他已经爱上了特丽。但是现在，她的青春正在召唤她。

他并不感到意外。在他爬楼梯的时候，他严肃地笑了一下，感觉自己就像是因为如此愚蠢而受到了神惩戒似的。

“卡尔费罗！”她慢慢地从内维尔的怀里挣脱出来，喃喃地说，“不……不……真相是我真的爱他。”

“你同情他。”

“你错了。”她坚定地说。

“这是同情。你知道的！”

“不。不止这些，比这要深厚，我已渐渐进入——与之共存……他的灵魂、他的甜蜜……他的忧伤。没有什么东西能使我与之分开。”

内维尔把头转向一边，陷入深深的思考，在这沉默中，特丽哭泣着。后来，他转向她，伸出自己的手。“晚安，特丽。”他静静地说，接着又加了一句，“再见。”他很快走下台阶，消失在夜色中。

她偷看了一眼卡尔费罗的房间，他已经装作睡着了。他半眯着眼，看见她把一壶水和一只杯子放在他的床边，悄悄地关上了门。

早饭时，卡尔费罗看了一下评论。对特丽一致好评，说她是一颗新星。但是她自己没有被冲昏头脑，这态度令卡尔费罗感到有趣。

“你看，”他说，“你这么成功，你却对此漠不关心。”

她虚弱地笑了笑，接着耸了耸肩，似乎陷入了沉思。突然她转向他。“噢，卡尔费罗，让我们离开吧……让我们去乡下，找一个安宁和有一丝快乐的地方。”

“快乐……这是我第一次听你说这个词。”他热切地看着她，“你难道不快乐？”

她摇摇头，双眼噙满泪水。“当然不开心。你是知道的。”

“不，这是个只有自己的心知道的秘密。”

“我爱你。这是我知道的一切。”她回答。

他严肃地笑了笑。“……浪费在一个老人身上了。”

“爱从来都不是浪费的。”

“你很奇怪。”

“为什么？”她问。

“你的这种付出——就像是一个修女，把其他所有的东西都关在你的生命之外。嗯……”他笑了，“我们是一对奇怪的组合，一个修女和一个小丑。”

“你不是小丑。”

“我们都是小丑。”他停了一下，一动不动地看着她，“你为什么要把自己关起来，把你的青春浪费在一个垂暮的老人身上？”

“卡尔费罗，你的脑子里在想什么？”

“我不能不说，”他激动地说，“你以这样的方式亵渎你的青春！你年轻、可爱又美丽……你值得拥有更多。”

“卡尔费罗！”

“让我走……”

“卡尔费罗，不要！”

“如果我真的有勇气离开……但是我待在这里，伤害你也折磨我自己。这是不对的！在我余下的生命里，我想找到真相……我欠生命的尊严和生活欠我的。”

她一时说不出话来。“如果你离开我，我就自杀！”她不顾一切地说，“你难道不知道吗——我爱你！”

“你迫使自己爱我，但是你爱的是内维尔，我无权责怪你。”

“这不是真的。”

一阵静默。“他是你在萨尔杜文具店里认识的音乐家……”

“是的，”她结结巴巴地回答，“我没有告诉你是因为我怕它会……”

“……可是我察觉到了这个事实。”他打断道。

“但是我不爱他！”

“你们看上去是那么般配……”

“我告诉你我不爱他！我从来没有！是他的音乐、他的艺术……他代表着一个曾否认我的世界。我从来没有以其他的方式考虑过他。请相信我！你必须相信！”她满含泪水。

“我当然相信。”

“噢，卡尔费罗！”她喊道，“没有你我活不下去——我不想！我恨生活！……生活的磨难、残忍和野蛮。没有你我活不下去！你难道不明白吗？”

排练前，波斯坦特坐在自己的办公室里，跟博达林克重新审读他记录的要点。“舞蹈是完美的，”他说，“但是滑稽部分——你从哪里找来的那个小丑？你必须剔除他。”

“我们只给他三英镑。”博达林克抱歉地说。

“这不是难演的角色。”

“只有三英镑。”

“我并不期望他演得像卡尔费罗那么好。”

“这就是他。”博达林克打断道。

“什么？”波斯坦特难以置信。

“卡尔费罗。”博达林克回答。

“为什么他的名字没有在节目单上？”

“他用的是另一个名字。他没有用他的真名。”

“他想到了这手。”（波斯坦特停顿了一会儿），“他没来参加晚宴吗？”

“他没有来，这令特蕾莎很不安。”

“特蕾莎？她跟这又有什么关系？”

博达林克笑了，接着耸耸肩。“你相信吗，她正打算跟他结婚。”

“什么？那个老恶棍！”波斯坦特说。

博达林克再一次耸耸肩。“没人知道。”

“上帝保佑，那么就有希望了！”他看着自己的手表，“我们最好下去排练了！”

演员集中到了一起，卡尔费罗和特丽一起坐在舞台上。

“我希望你不要担心。”特丽悄声说。

“但是我想知道博达林克怎么想。他还没说过一句话，我演得是好是坏，还是一般般。”卡尔费罗说。

“他太忙了。”特丽回答。

“你有没有机会跟他聊聊？”

“还没有。”

“你聊过！只是不想告诉我。”

“噢，卡尔费罗，我希望你别这样逼迫自己。”

“大家早上好，首先祝贺大家，”波斯坦特说，

“表演精彩极了！但是，还是有一两处需要再商榷一下，我们从小丑们开始。”

“好，”博达林克喊道，“小丑们出来！”卡尔费罗和其他小丑站了出来。

当波斯坦特看到他时，假装很吃惊，“上帝保佑！你怎么样？”

“还不错，波斯坦特先生，”卡尔费罗回答，“您好吗？”

波斯坦特变得有点儿不自然。“跟往常一样，”他拍了拍自己的肚子回答，“这是我退休的原因！但是，我现在回来了，又开始忙碌了。你看上去倒很健康。”

“我感觉好多了。我一直生病，您知道。”

波斯坦特打量着他。“我听说了。但是你现在看上去很不错。”

卡尔费罗的眼睛亮了。“谢谢您，当然，我已经有点儿生锈了。”

“生锈了？”

“我是指一部分。”卡尔费罗说。

“啊对，很好，很好——”波斯坦特挺直了身板，有点儿尴尬。

“您喜欢吗？”卡尔费罗急切地问。

波斯坦特落入了圈套。“啊对，很好。”他冷静地说，咬掉了雪茄的头，把它猛地吐到了一边。他转向博达林克.“好吧，如果你想找我的话，我就在办公室。”

博达林克吃惊地看着他：“您不走吗？”

“我还有些公务要处理。”波斯坦特说。

“您不打算在这里看排练了吗？”

“你不需要我在这里。”他说，接着离开了舞台。

“哎，老板，等一下，”博达林克说，在他穿过铁门的时候追上了他，他压低了声音，“卡尔费罗怎么办？”

“他也许会演好的。”波斯坦特说。

“如果他演不好呢？”

波斯坦特想了一会儿。“好吧，他演不好的话，就让他到我的办公室里来，如果你应付不了的话。”

当博达林克面对演员的时候，他显得心事重重。“好，”他说，变得和老板一样兴致昂扬，“开始排练。”

波斯坦特的办公室。传来一阵敲门声。

“进来。”

卡尔费罗进来了。“博达林克先生说您想见我。”

“坐下，卡尔费罗。雪茄？”

“不，谢谢您。”

“排练得怎么样了？”

卡尔费罗耸耸肩。“我搞糊涂了。我不是很清楚博达林克的意图。”

波斯坦特看着他，目光含着批评。“面对吧，卡尔费罗，”他的手臂轻蔑地一挥，“你不能指望帕格尼尼在交响乐团里当副手。这是你应该做的。”

卡尔费罗严肃地笑了：“如果我能赚到钱，我吹六孔哨都行。”

“神人——你曾是这里最受人欢迎的……看看你现在落魄的样子，拿着一把长手杖。发生什么了……”

“时间和境遇一定会接受我的道歉。”

“还在喝酒？”

卡尔费罗（犹豫着）：“偶尔。”

波斯坦特耸耸肩：“这就是问题所在。”

“噢，是的——”卡尔费罗讽刺地说。

“这一直以来都是你的问题，卡尔费罗。”

“是的，他们现在正在报复我。”

“我们不能怪观众，卡尔费罗。”波斯坦特简短地说。

“我不是责怪他们。他们就是那样。”

“他们是小白鼠，”波斯坦特说，“他们仅对你灌输给他们的作出反应。”

“我们都是这样的。”卡尔费罗说。

“给他们正确的东西，他们就会恰当地作出回应，”波斯坦特说，“清醒起来吧，投入工作。”

“但是我不喝酒，至少在工作的时候不喝。”

“你的表演不是很令人满意。”波斯坦特坦率地说。

卡尔费罗脸色很苍白。“我明白了……然后呢？……”

波斯坦特耸了耸肩。“坦诚地讲，我宁可付你三个英镑让你什么事都不做，也不愿意看到你这么一位艺术家糟蹋自己。”

卡尔费罗若有所思地点点头，接着站起身来，看都没有看一眼波斯坦特，慢慢地走向门。“谢谢您。”在他把门关上之前，他说。

他感觉眩晕，从前门出去避免碰到特丽。他没有勇气去面对她并且告诉她这个消息。他步伐机械地地走到“女王的头”。还很早，店里几乎没有人。他点了白兰地和苏打水。

排练结束半个小时后，特丽决心弄明白卡尔费罗到底发生了什么。波斯坦特说他一个多小时以前就离开他的办公室了，可能这会儿正在家里等她。虽然特丽觉得他不告而别很奇怪，她并不感到担心，即使回家后她没有见到他。但是到了要去参加晚上的演出的时候，她开始担心起来。

在这期间，卡尔费罗去了很多酒吧。他记不得在哪里碰到了那个流浪三人组，他们陪着他，从一个酒吧到另一个酒吧。

他又唱又跳，在他们的伴奏下表演。无论他去哪里，他都带着他们，他们一起创造了一种志趣相投的氛围。卡尔费罗从没有这么好笑过。他唱着歌，顾客和他们一起高唱。

“那是伟大的卡尔费罗，”一个客人说，“他又恢复了状态。”

“他是了不起的！”另一个说，“没有人比他更好了。”

“他跟从前一样出色了。”又有人说，在卡尔费罗一次即兴表演过后，擦拭着因欢笑而流下的泪水。确实是这样，因为他是真正地好笑，他自己知道。

对于音乐家们也是一样，这次冒险活动是最开心、最赚钱的，一有机会他们就把帽子伸出来。顾客们给得很大方。卡尔费罗却没有注意到这一点。酒精激发了他的幽默感。他完全是自发地喷涌灵感。他时而扮演小丑，时而扮演傻子，时而又做出各种模仿动作，演了各种能在酒吧里演的闹剧。顾客们都捧腹大笑。

毫无疑问，在这种狂热的状态下，一定会出乱子。仅在几个月前，医生已经警告过他过度饮酒会威胁他的生命。此刻已经十一点钟，在布里克斯顿的白马酒吧，他正表演得兴起时，卡尔费罗突然晕倒，失去了知觉，被送往圣托马斯医院。

那天晚上，流浪音乐家们在剧院后门等待特丽，通知她这个消息。

在医院里，卡尔费罗非常虚弱，他恢复得很慢。他变得沉默，郁郁寡欢。特丽很为他担心，他已经住院快一个月了。医生告诉她，他正在经历衰退，对生活逐渐失去了兴趣。尽管她不断地想让他高兴起来，他还是没有康复的迹象。不管怎样，卡尔费罗还是很感谢特丽所做的一切，因为她会尽可能地陪伴在他身边。

同时，特丽把医生的话转告给波斯坦特。

“他没有活下去的欲望，”她说，“他的情况似乎恶化得越来越快。”

“真是对不起，我也有一定的责任。”波斯坦特说。

“噢，别这么说。”她回答。

“我忍不住。我必须告诉他他演得不好。”

“您没必要跟他说, 他自己知道。”特丽回答。

“我知道他自己知道，”波斯坦特回答，“你骗不了卡尔费罗。”

“我知道。噢，波斯坦特先生，如果您能给他一个机会就好了！除了您没有其他人可以了！”

“什么意思？”

“他想工作，回归从前！他仍然是一个伟大的艺术家……如果您能给他一个星期，在这里，在帝国剧院，在这里他曾经是个伟大的明星。他会引起轰动的。我知道他会的！”

“我不能这么做。”波斯坦特说。

“为什么？”她恳求地说。

“坦白地说，特丽，他已经完了。他根本就不在状态了。”

“他在的！”她激动地喊，“我知道他在的！”

波斯坦特摇了摇头。“我是个娱乐经理, 特丽, 我也要为这个剧院的声誉着想。”

特丽用手掩住脸。“他会死的，”她抽泣着，“我知道他会的。”

“不要担心，我有一个更好的想法。我们会给他一个义演机会。”

“但是他不需要慈善。他需要工作。”

“这不是慈善。是为了纪念伟大的卡尔费罗。这个圈子里的每一位艺术家都会到场。嘿，这是个好主意！”他说，突然热情高涨，“我会使这个成为今年戏剧界最伟大的事件。”

“那卡尔费罗会来吗？”

“他当然会来！他自己的义演——为什么不呢？”

当特丽来到医院把这个好消息告诉卡尔费罗时，看见内维尔坐在卡尔费罗的床边，她感到非常震惊。他穿着军服，看上去非常英俊，站起来和她打招呼。卡尔费罗意识到这个场面的滑稽，在为他们互相介绍时，内维尔是最尴尬的。

“你肯定认识内维尔。”

“嗯，是的。”特丽回答，低垂着眼睛。

内维尔重复着：“噢，是的。”一片沉默。接着他转向卡尔费罗：“好吧，我要走了。”

“你什么时候回军营？”卡尔费罗问。

“我今天就走了。”他回答。

“这么快。”卡尔费罗说。

“每个月我们都有一次周末假期。”

“那么我们很快就能再见到你。”卡尔费罗说。

“我希望如此。”他伸出手，“再见。”

“再见，内维尔。”卡尔费罗说。

内维尔转身看着特丽，有那么一刻，他们的目光相遇。“再见特丽，很高兴再次见到你。”

“再见。”她说。

他离开了病房，特丽坐在了内维尔刚才坐的椅子上。两个人都静静地听着内维尔的脚步声消失在走廊上。卡尔费罗转过身来对着特丽笑着。“你们看上去真的是很般配。”他惆怅地说。

这一页很显然源自《脚灯》的最后版本。卓别林做的所有标记似乎都是在为《舞台春秋》的脚本做准备

"I couldn't help it. I had to tell him he wasn't good in the part."

"~~You didn't have to tell him.~~ He knew it," Terry replied.

"~~I knew he knew~~," Postant answered. "You can't fool Calvero."

"I know it. Oh Mr. Postant, if only you'd give him a chance! Nobody else will!"

"What do you mean?"

"He wants to work...to make a comeback! He's still a great artist... and ~~he's [illegible]~~! If only you'd give him a week, here--at the Empire, where he was a great star... He'd be a sensation! I know he would!"

"I can hardly do that," said Postant.

"Why?" she said imploringly.

"Let's be frank, Terry, he's through. He's not there any more."

"But he is!" she cried passionately. "I know he is!"

Postant shook his head. "I'm a showman, Terry, and I have the reputation of this theatre to consider."

"喂……"她略带责备地说，"你不应该这么说。"

他摇了摇头，眼神空洞地盯着天花板。他的嘴唇微微颤抖，泪水涌进了他的眼睛。

她温柔地握住他的手。"你在想什么？"

"真相……以及它是如何悄悄地来到我们身边的。"他再一次陷入沉思。

"你笑什么？"

"我不知道。"他忧伤地喃喃低语。

"我有好消息告诉你，"她说，"波斯坦特打算给你一次义演的机会。"

"我为什么要义演？"

"这会是一次令人瞩目的事件，你会出现在里面。"她继续道。

他的眼睛焕发了神采。"在哪里？在帝国剧院吗？"他问。

"是在帝国……"她说，"一切都已经安排好了，所以赶紧好起来吧。"

卡尔费罗疗养了两周多的时间，现在出院了。他安静地生活，逐渐恢复元气。医生警告说他不能再过度兴奋，并且要戒酒。特丽负责监督他。义演的日期定在一个月之后。

与此同时，特丽取得了卓越的成绩。她是自格妮特之后最成功的舞蹈演员。所有的文具店和小装饰店都在卖印有她照片的明信片。甚至是萨尔杜文具店那摆满货品的窗口也摆着她的明信片。有一天，特丽和卡尔费罗顺便进去买一些明信片，萨尔杜先生认出了她，但不知道她就是著名演员特蕾莎。他非常热情地跟她打招呼，显然他已经忘记过去的事了。特丽注意到顶替她工作的是一个会阿谀奉承的老姑娘。

特丽买了半打印有自己各种舞姿的明信片，这令萨尔杜先生很吃惊。"我明白你为什么喜欢这些图片，"他说，"因为看上去跟你很像。"

"她们就是我。"她甜甜地回答。

他哈哈大笑，接着控制住自己。"你是在开玩笑吧？"

"不，"她认真地回答，"这是我。"

"这就是我。"卡尔费罗幽默地打断。

萨尔杜先生再一次盯着那些明信片看，好像那是从图坦卡蒙的坟墓里拿出来的东西。老姑娘竟然也走了过来，越过他的肩膀，盯着明信片看。

"是的！确实是！好吧，我会……"他收敛情绪，回头看看老姑娘，"好吧，我……"他读着图片下端的字：帝国芭蕾舞团的特蕾莎小姐。

"当然……特蕾莎是你的名字。哎哟，你是个舞蹈演员，我居然都不知道！好的，好的，看见你这么棒我很高兴。"萨尔杜先生继续说。

卡尔费罗夸张地笑着。

"谢谢你，"特丽说，打开她的钱包，准备付明信片的钱。她犹豫了一下。"这么久了，我一直想告诉您，我还欠您八个先令，我从钱匣里借的……"

"不，不。你已经全部还清了。"

"我很幸运，您算错了。我还欠您八个先令。"

"哎呀……忘了那些吧！"他手臂一挥。

但是特丽坚持在柜台上放下半个英镑的金币。

"欢迎再来。"萨尔杜先生说。

"你应该接受他的慷慨，"出来后，卡尔费罗说，"把钱拿着。"

特丽笑了笑。"如果在我需要的时候他这么慷慨就好了。"她回答。

"亲爱的，那是成功开的一个小玩笑。"

卡尔费罗现在很乐观。自从出院以后，他一直努力排练自己的演出，现在他已经准备就绪。

一个星期以来，各大报纸都在争相报道他从前是多么辉煌，称这次义演将是他最后一次也是唯一一次登台。

卡尔费罗春风得意。他看上去好多了，感觉也好多了，但是有时候也会感到忧郁，当他想到那句：伟大的卡尔费罗最后一次、唯一一次登台亮相。

四周回荡着锤打声、喊叫和舞台上各种物品的碰撞声，交响乐队打的灯光映照着卡尔费罗。他的脚轻拍节奏，为自己的义演排练配乐。他轻轻地抚摸着一只黑色的猫，这是他从一个德国老杂技演员的脚下救出的。他走过舞台的门时刚好踩到了它，惹得他发火。卡尔费罗把它放下，向指挥解释说他需要在鼓的边上空出位置，可以藏一张桌子和让他在结尾的时候可以跳到上面的保护垫。排练结束后，保罗·钦卡瓦莱[18]，数一数二的杂耍演员，过来跟他打招呼。

卡尔费罗妒忌保罗，因为他英俊，充满智慧，一个四十岁的坚定的单身汉，他的生活与他的杂耍一样严谨自律。每天早上他都练到午饭时间，然后去看看风景或者买点东西；到下午四点三十分，他一定会回家睡一觉。睡醒后，他写信写到晚饭时间，晚饭准时在六点钟开始。之后，他静坐或阅读，直到该去剧院了。这种日常作息一成不变。他的生活像时钟一样规律。

七年来，保罗练习一种台球杂耍，每天练习四个小时。他用下巴顶着台球杆，抛出一只台球，用球杆尖接住它，然后抛另一只球，要把它平衡在第一只球上。距离卡尔费罗最后一次碰到保罗已经过去五年。

“今天晚上我要表演我的新杂耍，以示对您的敬意。”保罗说。

“什么杂耍？”卡尔费罗问。

“台球杂耍。”他回答，很惊讶。

“上帝！你还没有演过？”卡尔费罗问。

“还没。”保罗笑了。

“我们上次在一起工作的时候你正在练习这个。”

“是的，”保罗回答，“我每天练四个小时，练习七年了。”

“再多练一会儿你就完美了。”卡尔费罗说。

现在轮到保罗排练他的音乐。

波斯坦特先生结束了跟售票处的谈话，他发现卡尔费罗义演的门票都卖出去了。他心满意足地靠在座位上，凝视着窗外莱斯特广场对面的电子广告，来回闪烁着“特蕾莎——帝国剧院”。他这样沉思的时候，传来一阵敲门声。

“进来。”波斯坦特叫道。

是特丽。“您很忙吗？”她问道。

“没有。请坐，特蕾莎……我不能叫你特丽，”他拿起一只糖果盒，“吃巧克力吗？”

“不，谢谢。”

“你在想些什么？”

“关于卡尔费罗……”

“什么，又是他？”他幽默地说。

“不好意思打搅您，但是我很担心他。您知道，这场表演对他来说太重要了。他太想获得成功了。”

“这是毋庸置疑的，观众也会深表同情。”波斯坦特说。

“但是他不需要同情。他想要让他们笑——真正的笑。”

“呵唷，”波斯坦特迟疑地说，“我们无法保证这个。”

“但是我们可以帮忙，”特丽打断道，“我的意思是我们可以使用捧场的人。不仅仅拍手，还要大笑……这会带动其余的人一起笑——他需要那样的鼓励。”

“现在让我来理解一下，”波斯坦特说，“你想要捧场的人在听到他的笑话时大笑。”

“当然，”她恳求道，“这是秘密。我不想让卡尔费罗知道。我想与捧场的人谈五分钟，告诉他们在什么时候笑。这些是提示，我都记了下来。”

“但是你不觉得在剧院的一个角落听到笑声而其他地方没有很奇怪吗？”波斯坦特说。

“嗯，但是我能确保不会这样的！”她坚定地说，“他会取得巨大的成功，我知道！”

“好吧，按照你说的去做吧。我会让男孩们七点三十分在这里等你。”

“谢谢您，波斯坦特先生。”

那天晚上，帝国剧院门口挤得水泄不通，人们等待入场。从早上就开始等待的长队一直延伸到考文垂大街。现在，前奏响起，成百的人被拒之门外。

卡尔费罗坐着，妆才化了一半，审视镜中的自己。这是一张苍老的、不开心的脸。他抬高眉毛，做了个鬼脸。他还没有化过这样的喜剧妆。“嗯……我不需要继续化了。”他对自己说。

在独自的沉思中，他两次被叫童打断。叫童就像一个死亡看护敲门。“还有二十分钟，卡尔费罗先生……十分钟，卡尔费罗先生……”会有乳白色的光照在他的肚子上。

表演开始了，几个节目已经演过。此刻，他的朋友保罗也在化妆。几份拆开的电报放在化妆桌上，其中一份是来自在苏格兰巡回演出的克劳迪乌斯。这时传来敲门声，波斯坦特进来了。

“他们聚集在门廊下，我们还在回绝他们。真是不寻常的夜晚！在演艺界还没有出现过这样的盛况，”他以一种洋洋得意、心满意足的口气说，“欧洲所有的人物都来了——国王、王后、老J。看看这些节目！这里，”他说着，递给卡尔费罗，“看看这些名字！现在你感觉怎么样？”

“紧张——跟在这么多有才能的人后面。”

“胡说！走到舞台上，把你从前的样子露出来，在你面前他们就像门外汉。”

“我们都是门外汉，”卡尔费罗说，“没有人能活过这个阶段。”

“好吧，那么我这个老门外汉祝你好运！”波斯坦特说。

“谢谢您。”卡尔费罗说道，在他们握手的时候笑了。

波斯坦特走后不久，保罗·钦科瓦莱进来了，裹着白色晨衣。他大口喘着气。

“进行得怎么样？”卡尔费罗问道，从镜子里看着他。

“噢，非常好。”他回答。

“新杂耍怎么样？”

“很好，”保罗回答，穿上他的外套，用毛巾裹好自己的喉咙，另一家剧院有演出，他立刻要走了。

“那会引发震动的。”

“哦，那倒也没有。”

“没有？”卡尔费罗难以置信。

“问题在于，它看上去太简单了。”保罗说。

“漏接一次或两次。”

“我还要多练练。”

卡尔费罗哈哈大笑。“嘿，我想那要再花七年时间，学会漏接。”

有人敲门。“卡尔费罗先生，请上场……”

卡尔费罗做了个鬼脸，把手放在自己的肚子上。

“怎么了？”保罗询问道。

"我有一些白光不停地闪烁。"

保罗笑了。"祝您好运。"他说。

"谢谢。"卡尔费罗回答，关上了门。

在通道上，特丽正在等着他，她已经穿上了她的芭蕾舞服。她因为害怕和激动而变得非常紧张，但她不想让卡尔费罗发现。他化着古怪的妆，她几乎认不出来。"你看上去很滑稽。"她紧张地笑着说。

"外表是很肤浅的东西，亲爱的。"

特丽笑了。"我有最强烈的信心！"

叫童却过来了，拿来了溴化钾镇静剂。"给您，女士，药剂师说这是缓解精神紧张最好的药。说明书在里头。"

"谢谢。"

"你的自信让你紧张。"卡尔费罗评论道。

他们现在身处后台，在右边的角落里单独待着。大多数的工作人员都在侧翼看表演，三个杂技演员随着施特劳斯的华尔兹做着高难度的平衡动作。

"你还有很多时间，还有四分钟。"特丽说。

卡尔费罗沉默着。

"不要担心了，"她恳求道，"今天晚上对你来说将会是伟大的胜利。"

"让我们拭目以待。"

"我知道！"她热切地说，"但是无论发生什么我们都在一起。"

他惆怅地看着她："真的吗？"

"永远。"她答道。

"永远……"他喃喃自语，突然变得不安。"我最好过去了。差不多时间了。"走到半途，他突然停了下来。"我忘了件事。"他说，迅速穿过铁门，走到他的化妆间。发现里面空无一人，他把手伸到镜子后头拿出一瓶白兰地和一只杯子。他迅速倒满了杯子并把它一口吞下，又倒了半杯，喝完了酒。

他回到舞台，特丽用一种不安的微笑跟他打招呼。她心里暗自怀疑发生了什么，但是她什么都没说。现在节目结束了，幕布拉上了。他站在侧翼，特丽站在他边上。她注意到他出乎意料地放松，注意力集中。他冲她微微笑了一下，她也紧张地冲他笑了一下。

"今天晚上的观众很棒。"她鼓励地说。

"不用担心，"他的语气很自信，"我会征服他们的。"

管弦乐团开始演奏生动的二步舞曲。这是他的前奏。

"祝你好运！"她喊道。

当卡尔费罗出场的时候，观众爆发热烈的掌声，但是特丽不想待在这里。她回到自己的化妆间，合掌闭目，似乎祈祷了一阵。她在房间里走来走去，然后站着听。她听不到任何声音。她打开门，又走进通道。她可以模糊地听到卡尔费罗的声音，但听不太清楚。它被一阵阵放声大笑给打断了。那不是捧场的笑，所有观众都在笑。奇特的事情发生了。

开始时，卡尔费罗紧张。捧场人根据提示大笑，过了一会儿，他们没想到，在没有提示的地方也出现笑声，这是他们事先不知道的。

即使是对演出司空见惯的女人也停止拉客，来看看发生什么了。波斯坦特一会儿忙着用手帕擦拭笑出来的泪水，一会儿又用它掩住一阵阵的咳嗽。

毫无疑问，义演很成功，而且卡尔费罗是其中最抢眼的人物。

特丽还在通道里踱来踱去。她无法忍受。她

必须知道发生什么了。她打开铁门。一阵大笑像雪崩一样冲她砸来，接着又是一阵。她踉跄着好像要跌倒，要不是舞台经理过来扶住她，并给她找了把椅子，她本就跌倒了。

挤在入口处的工作人员和其他人都笑得前仰后合。

“您想看吗？”舞台经理问。在她回答之前，他拨开人群。“让一下。”

但是特丽重重地摇了摇头。“不，不！谢谢你，我只是想——”她的话还没说完就被一阵大笑打断了。她的眼里露出狂喜的光芒。“我还是回我的化妆间吧。”她说。她到了那里就喜极而泣，睫毛膏哭花了，令她的眼睛很疼，她必须重新化妆。

高潮的时候，卡尔费罗跳到了管弦乐队的池子里，被一只破鼓抬着送上舞台，这个结尾又引起一阵大笑和掌声。但是当幕布落下时，卡尔费罗并没有走出来，这令舞台经理意识到一定是出了问题。

“怎么了？”他问。

“是我的背，”卡尔费罗说，“肯定是扭伤了。”

“我想我们还是叫个医生吧。”舞台经理说。

“不，不，没那么严重。”卡尔费罗说。

舞台经理不管他怎么说，仍让叫童去给医生打电话。接着几个男人把他抬到了道具间。

“我一定是伤了脊椎，”他说，“我的背和胸口都痛。”

“我们最好把你送到化妆间去。”舞台经理说。但是卡尔费罗无法忍受疼痛，抬也不能抬，他们决定还是让他待在原来的位置等医生来。

叫童已给医生打了电话，他敲了特丽的门，并告诉她发生了什么。

她赶紧搭了一条围巾跑出来。走进门，看见卡尔费罗躺在一张睡椅上，头下垫着枕头。他虚弱地朝她笑着。她平静地跪在他身边，尽可能地控制情绪。他想要说话，但是她阻止了他。“节省你的力气，亲爱的，”她说，“医生很快就来了。”

“对不起，你一定会责怪我喝那点儿酒。”

“当然不会。”

“我必须那么做。我不能心存侥幸。”

“是的。”

“我是个可怜的赌徒。”

外面观众还在鼓掌。“那是什么声音？”他问。

“他们还在为你鼓掌。”特丽说。

他的脸扭曲着，他的嘴唇紧闭着。

“我最好告诉他们出了小事故。”舞台经理说。

“不要这么做！”卡尔费罗说，“来，把我放进那只鼓里。我有个主意。”

舞台经理疑惑地看着他，“你难道认为我不该告诉他们——”

“不，不，不！把我抬上去吧。”

舞台经理耸了耸肩。看样子只能照办。在他们把他抬回鼓里的时候，卡尔费罗疼得脸都扭曲了。他的出现引发了一阵喧哗。观众安静下来后，他开始说话：“请原谅我这么不正式，但是舞台经理掉了鞋拔。无论如何我都会感谢你们带来这样美好的一晚……以及我给大家带来的欢笑……和你们给我带来的快乐。这是互相的。我想要继续，但是我卡住了！”

他们把他抬下舞台，医生正在等待。“你们最好把他的化妆卸掉，”他说，接着又加了一句，“他的化妆间有长沙发椅吗？”

“没有。”舞台经理回答。

“那么把他抬回到沙发上，”医生说，“他在那里会更舒服一点。”

在医生给他检查的时候，每个人都被告知在外面等候。波斯坦特和内维尔也来了，想要祝贺卡尔费罗，特丽告诉他们发生了什么，他们震惊了。

医生一脸严肃地走出来。“我要立刻叫救护车。”

“怎么了，医生？”特丽问。

“这不是背的问题，”他回答，“他得了中风，而且很严重。”

“你确定——？”她没有说完话就径直进入道具间。“卡尔费罗……”她跪在他身边低声说。

卡尔费罗觉得有什么不对。“医生跟你说了什么吗？”

她摇了摇头，强忍住自己的泪水。

“不要担心。我就像一棵老杂草。我会重新长出来的。”

内维尔、波斯坦特和医生现在也进来了，站在他身旁。卡尔费罗抬头惆怅地看着内维尔，看到他站在特丽边上笑了。“将会在橘黄色的天空下，在俯瞰泰晤士河的阳台上共进晚餐……在忧郁的黄昏中，你会告诉他你爱他——”他看着特丽，伸出他的手，特丽抓住他的手，贴到自己的脸颊上。

“卡尔费罗，请不要说了！”

他看了看她，又转头看了看他。“……你们看上去非常般配……”

“我爱的是你……只有你。”她静静地说，抚摸着他的头。

他捏了捏她的手作为回应，喃喃地说：“……心灵和思想……真是迷……”他转过头看见波斯坦特，“今天的表演怎么样？”

“了不起。”波斯坦特沙哑地说。

卡尔费罗转向特丽。“你听到了吗？”

她笑了笑，转过头掩藏自己的泪水。

叫童轻轻地走了进来。“都准备好了，特蕾莎小姐。”

“不！不！”她歇斯底里地喊着，“我不能离开！”

“去吧，”卡尔费罗说，“你不能错过。”

她犹豫着，然后温柔地抱住他的头。“你会没事吧？”

“当然。”卡尔费罗回答。

“我不会耽搁很久，亲爱的。”她赶紧跑上舞台，正好赶上出场的时间。

在她走后，卡尔费罗叹了口气。“我想我要死了，”他疲惫地喃喃自语，“但是我不确定……我已经死过好多回。”

“你还疼吗？”医生问他。

“不疼了。”卡尔费罗说。他想要转头。“她在哪儿？我看不见她……我想看她跳舞……”

“把椅子转过来，”波斯坦特说，又想了想，“……还是把它搬到舞台上吧。”

卡尔费罗被轻轻地抬到侧翼边上，这样他就可以看到特丽了。内维尔站在他的边上。卡尔费罗用他疲惫、呆滞的眼睛凝视着她。“她太美了。”他默默地说。接着他的头一低，眼睛闭上了。一滴眼泪流了出来，顺着脸颊滑下。

内维尔看见卡尔费罗一动不动。他转身去找医生，医生走了过来，两个刚刚赶到的救护人员也来了。内维尔说明情况，医生摸了摸他的脉搏，解开他的衬衫，用听诊器听了听他的心脏。已经没有用了。过了一会儿，他把卡尔费罗的手合在胸口，从救护人员那里拿过一条床单，盖住卡尔费罗。与此同时，特丽在舞台上做着脚尖立地旋转。她就是光！……瞬息万变！蓬勃绽放！旋转间散播着美的女神。

（徐玉虹／译）

In his youth he yearned to be a musician but could ~~never~~ not afford any kind of an instrument upon which to learn; Another ~~dream~~ longing was to be a romantic actor, but he was too small and his diction too uncultured. Nevertheless, emotionally, he believed himself to be the greatest actor living. Necessity made him turn to comedy, which ~~and~~ he loathed ~~it~~, because it demanded of him ~~a conviviality~~, an intimacy with his audience which he did not feel and which never came natural to him.

Calvero ~~fundamentally~~ was not gregarious. He was shy and reserved and difficult to know. At times ~~he was~~ strange, melancholy and austere ~~and would avoid people~~.

He was never comfortable in the company of ~~the~~ philistines, no matter how much ~~they~~ he was flattered and praised ~~him,~~ he knew they could never fundamentally understand [illegible]. And although he had many acquaintances ~~among them~~, and made extensive efforts to reciprocate their regard ~~superficially as it was, he knew they never understood him and never could. Not one could be counted on as a friend~~ for his part he knew he could not count on [illegible] of them as friends -- nor did he want ~~them as friends~~.

He was always uneasy in their company, because he never wanted to measure up to the nomes and demands of their society.

That's why he would have to get half drunk before he could face an audience. Each night, an hour

卡尔费罗的故事

重印的这份打字稿包含在《脚灯》的最初数个草稿中，只是没有单独命名。为了便于阅读，特增补了故事名称。

在他年轻的时候，他渴望成为一名音乐家，但是买不起任何一种想学的乐器。他另一个愿望是当一个浪漫派演员，但是他长得不高，说话口音也显得缺少教养。然而，他相信自己是这世上最伟大的演员。迫于需要，他转向喜剧发展，这令他厌恶，因为需要他和自己的观众保持亲密的联系，他感到很不自然，也永远都不会让他感到自然。

卡尔费罗不是个爱交际的人。他害羞、保守，想要了解他很困难。有时候又有些古怪、忧郁和严肃。

他在不喜欢艺术的人面前从来都没有觉得自在，无论别人是如何地奉承和赞扬他，他知道他们都不曾彻底地了解他。虽然他有很多熟人，他们都尽最大的努力来表达对他的敬意，他却知道无法把他们任何人当做真正的朋友——他也不愿意。[1]

他在他们面前总是觉得不安，因为他不想按照他们的标准和要求做。

这就是为什么他在面对观众的时候必须喝得半醉。每天晚上，在出场演出前一个小时，他会故意喝醉。在他的化妆间，化妆的时候，他通常会叫三份加倍的白兰地，才会给足他面对观众的勇气。随着时间的推移，他喝的白兰地越来越多。医生说这是在自杀，但是他从来没有停止过，因为他害怕他会失去对观众的掌控力。他跟伊娃·莫顿结婚四年了，他的酒量稳定了。伊娃·莫顿是他的一个老情人的女儿，那个老情人让年轻的他饱尝暗恋的痛苦。她最终跟他的情敌跑了，跟他结了婚，在南非的开普敦定居下来。伊娃是他们的女儿。她比卡尔费罗小二十五岁。她跟一个在南非旅巡演的演员私奔，跟着他一起去了英国。不久他们分手了，她困在了苏格兰的格拉斯哥。

伊娃经常听她母亲说起她和伟大的卡尔费罗的浪漫故事，因此她发了封电报给他，告诉他她是谁，以及她现在的困境。

卡尔费罗寄给她钱，让她来伦敦，约在帕丁顿车站见面。[2] 她得戴上一朵康乃馨，他也戴上一朵作为标记。但是这不必要，因为他们都立刻认出了对方。伊娃跟她的母亲很像。她非常迷人，深棕色的头发，深蓝色的眼睛，调皮地眨着。她有一张性感的嘴，嘴角上翘，嘴唇丰满，两颗稍稍不整齐的门牙间或露出来。卡尔费罗对她的性格知道的很少。她对他很坦诚，告诉他她曾是那个年轻演员的情妇，但是她已经意识到她的错误。尽管他发誓要跟她结婚，她拒绝了他，因为她发现她并不爱他，整个事情只是她一时昏了头。

卡尔费罗打算立刻让她返回南非，但是伊娃并

《卡尔费罗的故事》某草稿的一页，其中有卓别林的修改

不听从。她用她的道理和热忱不断恳求，用她所有的温柔和魅力说服他让她待在伦敦。最后她赢了。

他为她在阿德菲旅馆订了房间，跟她约定如果一个月之内她找不到工作，她必须回开普敦。然而，在两周内她成了他的情妇。那发生在一个星期六下午，伊娃打电话给他，说如果他有空的话，她想明天去泰晤士河畔的亨利镇玩玩，当然希望天公作美。第二天天气晴朗，到处是鲜艳的色彩，白色的法兰绒衣服和艳丽的太阳伞；整篮整篮的草莓、明黄色梨子和蓝色大葡萄；有柠檬和粉色冰块，以及长颈瓶子里的冷饮；美妙的音乐终日响着：偶尔的吉他声、平底船和划艇在水面划过的潺潺声。

卡尔费罗和伊娃度过了那个周末。从亨利镇回来的路上，他们在一家小旅馆吃了晚饭并在那里过夜。卡尔费罗退掉了在贝尔格莱维亚的房间，搬到了离牛津街不远的公寓，他和伊娃以夫妇名义居住在那里，不到三个月，他们就结婚了。

起初，他们生活得快乐。后来有些事引起了卡尔费罗的怀疑。他发现他们一起参加晚会的时候，她总是对某个人很关注，自然是一位迷人的男士；如果没有这样的男人，她就会忽视所有人，并且会感到厌烦。

在这之后，当他们单独在一起的时候，他会责备她，伊娃从来不对他的指责进行驳斥或者为此感到烦恼，因为她本性诚实，尤其是当她感觉安全或掌控局面的时候。她会以难以理解的方式冲着卡尔费罗笑，要么无辜，要么放荡，或者看当时的心情，饶有兴致地笑着，就好像她第一次听他说这些。结婚六个月后，她对卡尔费罗很有把握，她知道他一心一意地爱着她，这给了她信心，也给了她想要的掌控男人的力量。她理解她自己对他的爱，它在她的心里占据一个位置，但不是全部，任何一个男人都不可以。[3] 这种保留在她的本性里深深扎根。这最终导致了她悲剧性的滥交。她知道自己有一种病态的贪欲，在知道它的弊端后却更加变本加厉。这最终令她和她的生活与卡尔费罗渐行渐远。

她像猫一样的直觉知道卡尔费罗了解她的秘密，而且她也知道他没有勇气面对她或他自己。她知道他选择无视她的不忠，因为他深深爱着她。在她看来，她爱他是因为他代表了温柔、保护和理解。因为这个原因，当他以半是哀怨的口气温和地责备她时，她从不回应他。

卡尔费罗不巧拆开了一封寄给伊娃·卡尔费罗的信，尽管没有明显的轻率话，这封信还是引起了他的怀疑。他对她说："你从来都不回答我。"这是一封收件人仅为伊娃·卡尔费罗的信。信里的内容是：星期四有下午场。觉得你肯定能脱身。2:30 在标准剧院等你。在那里等你半个小时，E。

"谁是'E'？"

"我的一个朋友。"

"男的还是女的？"

"这有什么区别呢？"

"那么你去见的肯定是个男的！"他激动地说。伊娃会含糊其辞，找一些听上去很荒谬的理由，令人恼怒。他会生好几天的气，那就给了她机会做自己想做的事。她会整天待在外面，不回家吃晚饭，两个人的距离会越来越大。他会竭力控制情绪，用自己的想象折磨自己。接着就会和解，两个人平静地生活一段时间，至少是一个星期左右，直到她为另一个人着迷。

卡尔费罗之所以痛苦是因为他不能断定她是否对他不忠。他也不会蠢到相信她的忠诚。不过他要是知道她混乱到了何种程度，他的态度可能会完全不一样。他可能会把她保护起来，就像对待一个生病的小孩；因为她确实病得不轻，眷顾她、照看她，确保她得到治疗。事实上，他感到苦涩、愤恨，希望他有足够的力量和勇气离开她。现在她就像一种瘾。他狂热地爱着她。他完全被她那难以捉摸的个性迷住了。她身上有一种跟他一样的匪气。她是离经叛道的，一个反叛者，一个对所有社会习俗都说不的人。这些是吸引他的品质，让他着迷，因为也是他所具有的。另一方面，他并不认可。虽然他知道，那会导致灾难性的后果，不仅仅是对她自己，更是对在她周围的和喜欢她的人。

她从来都不能忍受她身边隐约显现的巨大的歧视。这是她为什么需要他的同情……这是他爱她的原因。

在和解的融洽氛围里，他会把自己的心掏给她看。“如果我能信任你，伊娃，我们就会有美妙的生活。”他惆怅地说，也并非没有一丝幽默。

伊娃的眼神冷峻。她慢慢地摇了摇头。“你不了解我……我希望你能够。”她停顿了一下说。

“对于你，我太了解了——”

“那么你应该知道我爱你，其他人并不重要，无论你怎么想。无论你相不相信我。我爱你……我会一直爱你，但是……”她似乎有什么东西想说，但这是难以描述的，她说不出来。

卡尔费罗认为他知道她想说什么，但是他害怕听到它，他害怕是她承认对他的不忠，但是他不能确定，同时，这也是他不能容忍的，即使那是真的，因为他以某种不可思议的方式爱着她。

但是不忠是真的。她想告诉他。她讨厌欺骗，因为她对他有着深深的崇拜，也知道她正在伤害他。她想要敞开胸怀，告诉他这是她的本性，她是不会对任何一个男人忠诚的。她离开他，他会感到痛苦；她继续和他生活，又令他忍受精神折磨，她就在中间摇摆不决……后来她意识到他并不想知道真相。

这样持续了三年。在这期间，卡尔费罗饱受折磨，他无法确定事实真相，又觉得她终能改变，对一起幸福地生活充满期待。如果他早知道她放荡到何种程度，他可能早就厌恶地离开了。幸运的是，他并不知情。当然，他是别人的谈资，他是最后一个知道她的事情的人。她的情人众多，甚至有跟他同场演出的人。现在又与一个在慈善宴会上碰到的年轻制造商勾搭在一起。

一开始，卡尔费罗天真地以为他才是阿丁顿先生交往的人。他倾向于这么认为，也是在这种假象下，阿丁顿先生跟着卡尔费罗夫妇从一个城市去另一个，尽管他偶尔假装回到曼彻斯特去处理业务。伊娃和制造商经常被看到一起出现在剧院的包厢里，看卡尔费罗表演。带着一丝怀疑，卡尔费罗会在帷幕后面观察他们。

他们表面上是好朋友，但是卡尔费罗心里是妒忌阿丁顿的，并且知道他们之间早晚会爆发公开的冲突。那发生在特鲁里巷剧院的圣诞童话剧节期间。卡尔费罗是剧院的当红明星。

那是星期六的下午场，剧院里满是小孩子和他们的父母，不管是真的还是假装，他们都用一阵阵的哈哈大笑来回应卡尔费罗。

在隐蔽的第二个包厢，坐着伊娃和埃里克·阿丁顿。后台的卡尔费罗化着他的小丑妆，从幕布中间的一个小孔里密切地注视着他们。当开场音乐结束的时候，他来到了舞台侧翼。

哑剧表演的开场是芭蕾，卡尔费罗紧接其后，表演的是滑稽模仿。在芭蕾舞表演的时候，他站在那里，心事重重。突然，他走向通往观众席的铁门，打开它，跳上一段通往私人包厢的狭窄楼梯。没人注意，他悄悄地来到了第二包厢，小心

Unobserved, he crept along to the second box. The curtains were closed. Cautiously he parted them and peered in. Eva was in profile watching the ballet; ~~[illegible]~~ Addington had his back turned completely to Calvero. A golden glow emanat~~ed~~ing from the stage ~~and~~ silhouetted them both as they watched the performance. Then Eva turned slightly, and without taking her eyes off the ballet, slipped her hand into Addington's and their fingers intertwined and became locked in a tender clasp.

Calvero saw it and paled under his makeup. He grew weak, yet he felt neither outrage nor despair. As a matter of fact, he felt a tinge of relief. He could act with decision now -- could part from her ruthlessly. Still, a sudden emptiness possessed him. The pity of it all; those tender years together, cleaved off! ...discounted.. a total loss.

Slowly he went down the narrow stairs through the iron door onto the stage again. He moved mechanically to the side of the wings. ~~He was conscious of activity~~, ballerinas mere rushing and brushing by him, getting on and off the stage, excusing, smiling and apologizing. The music, the dancing, and the hustle and bustle of it all had ~~no reality~~. a neglection of reality part of the audience,

As he stood in the wings, he could see a triangle of static humanity sitting stiff ~~and~~ silent, watching ~~the dancers~~ the audience and the artist perfo[rmance]. To Calvero, the ~~activity that was taking place~~

翼翼地稍稍拉开遮住入口的门帘看进去。伊娃，他的妻子，正侧着脸看芭蕾舞表演，埃里克 · 阿丁顿完全背对卡尔费罗。在他们观看表演的时候，一束金色的光从舞台上射过来，把他们的身体勾勒出金色的轮廓。接着，伊娃微微转过身，眼睛始终没有离开舞台，她把自己的手递给阿丁顿，他们十指相扣，紧紧握成一团。

卡尔费罗看到这一切，虽然化着妆，他的脸依然变得非常苍白。他变得虚弱，而不是愤怒。事实上，他感到一丝胜利，一种解脱，他已经找到了答案。他现在可以下定决心采取行动了，可以跟她无情地分手，不用再深陷悲悯中。但是他仍然无法从痛苦中解脱，孤独和空洞的绝望突然淹没了他。对所有一切的遗憾，这些年温柔的相处，一切都将戛然而止。……大打折扣 ……彻头彻尾地失去 …… 但是他决心已下。他将与她面对一切，他们会分开。

慢地走下狭窄的楼梯，穿过铁门，重新登上舞台，机械地走到侧翼边上。他意识清晰，芭蕾舞演员们匆匆忙忙从他的身边经过，走上走下舞台。在她们经过的时候，不断的打招呼、微笑和道歉。现在，舞台经理托尼正跟他说话，无非是些客套话。卡尔费罗根本没有听到他在说什么，敷衍地回答着。托尼怀疑地看着他。这种匆忙、这种兴奋、每个人热切工作的劲头，在卡尔费罗的脑子里无处可寻。这对他来说不是真实的。音乐、舞蹈、匆忙的演员以及在侧翼进行的一切活动，一切的一切都像是在沸锅中煮着的无谓。他站在侧翼，能看见一部分的观众，清晰的角落里静止的人，僵直地坐着，很安静。这跟舞台上的疯狂行为形成了奇怪的对比。这跟行星永恒不变的旋转运动一样没有意义；跟对空间和时间的思考一样令人害怕。

《卡尔费罗的故事》某草稿的一页，其中有卓别林的修改

卡尔费罗感到一阵紧张。每个人似乎都在朝他的方向看，有人正在戳他的背。是托尼，睁大着眼睛看着他。“轮到你了！轮到你了！他们在等了！”

卡尔费罗突然回过神来。他的沉思、他的绝望、他的孤独和他的烦恼都统统消失了。这个时候，他是小丑卡尔费罗，是能让观众尖声大笑的；是能影响观众的；是能掌控他们的喜剧演员。在他出现的时候，有雷鸣般的掌声欢迎他。他走到舞台中央，观众已经开始笑了，虽然他并没有说一句话或者做一件事情，仅仅是看着他们。但是这个下午，不知道为什么，他越是看着他们，他们就越哈哈大笑。他的化妆很夸张：小小的牙刷式胡须、小小的圆礼帽，紧身燕尾服、宽松裤和一双大大的旧鞋子。

每一次他试着说话，观众就会大笑。一开始，他看上去很拘束，后来神情严肃，接着试图看上去有趣，又变成冷漠，这时观众爆发出新的笑声；他显出不耐烦的表情，接着是严峻，接着他露出在主日学校宣告前的微笑，接着是愤怒，最终他放声大哭，拿出他的手帕，手帕里藏着一块注满水的海绵。他擦拭着眼睛，接着拧了一下海绵，结果水流了下来。他抖了抖手帕，又拧了一下，更多的水流了下来。事实上，它就像是条无尽的水流。他越是拧手帕，水流得越多！他把手帕放在自己的裤袋里，正想说话，但是他感到情况不妙，因为他的手帕往他的裤子里注水，他开始晃动裤子。最后，他不得不离开舞台，去脱掉自己的裤子。

他回来时穿着新裤子。当观众最终安静下来后，他用一种嘲弄的表情看着他们，接着问：

“你们有没有爱过？ …… 至少你们的父母

爱过……我希望。你们有没有去过剧院，坐在包厢里，和对方十指紧扣？……噢，那种激动！那种亲密，她的手指扣住你的手指！你有那么一种安全感，尤其是那个女孩正好是扒手。你这么做的话，她啥也做不了。”他说，把他蜷起的手指伸给观众看。接着他抬头看着伊娃和阿丁顿坐着的那个包厢。

“有时要试一下。”

伊娃脸色煞白【当意识到】他指的是她，他可能知道了；如果这是个巧合的话，那也未免太令人不可思议了。

“他知道了！”她对阿丁顿说。

“他怎么知道的？”他回答，“另外，我不相信他是在看着我们。”

“这是个巧合。不可能，”伊娃断定，“但是，我们在中场休息的时候出去转转。”

因此他们一起去了。卡尔费罗表面上看很幽默。他意识到伊娃在试探他，她想套他的话，看他究竟知道多少。卡尔费罗让他们猜了很久。他的化妆间里只有他们三人。他的服装师被他支开跑腿去了。阿丁顿感觉到了乞求的味道，慢慢地他变得严肃。伊娃问的每一个问题，卡尔费罗都敷衍着回答，但都说到了点子上；尽管他的反驳意味着他知道些什么，但这些还不足以证明。

“我们在想今晚如果你不太累的话，就在演出结束后一起去伯吉斯家，他要为埃里克举行一场晚会。”伊娃说。

“是的，可能很有趣……”他停了一下，接着补充，“……对于你和……埃里克。”

接着又是一次停顿，他们都盯着他看；这时，他对着镜子里的自己挑剔地审视着，下巴高高抬起，做出一个鬼脸。接着伊娃说：

“为什么？……你是什么意思？”她勉强地笑着。

“阿丁顿，”他说，不理他的妻子，“你爱上了伊娃吗？”[4]

“呵唷，当然没有。”

“好吧，那就很不幸。”

“卡尔费罗，你疯了吗？”他的妻子打断道。

“我从来都没有这么清醒和现实。如果你没有爱上我的妻子，你为什么一直追求她？你为什么想毁掉她的生活？”

“我不能理解的是……你可以得到任何一个像伊娃一样的女人——光明正大地。你有钱，又是单身……”他对着阿丁顿说，“你却选择和一位已婚女人纠缠不清。如果说你爱她又不一样，但是你不爱，”卡尔费罗迅速又坚定地说，“……因此我不得不——不，不会杀你，但是我会让你彻底完蛋，会在你的——皮夹子上动手。我会起诉你很多钱，你拥有的每一分钱。我不是一个不值一提的傻瓜。你必须偿还我。我不是空口无凭。我一直在收集证据。是的。当我在努力工作的时候，你却在玩弄我的妻子；把她带到你的公寓、旅馆……我都知道它们的名字……噢，不，你不会逍遥法外的，像你这样毁坏别人的生活和家庭的人。但是，如果你爱她的话，如果在她离婚后你打算娶她的话，我会祝福你们两个。那就不要你一分钱。”

这个时候，叫童敲了敲门。“幕布拉起来了。”

“那么，”卡尔费罗带着讽刺的神情说，“幕布拉起来了。可不要错过下半场。它比上半场有趣得多。快点儿，手拉手一起跑吧。”

他正说着，服装师进来了。他们除了离开没有其他事情可做。临别时，卡尔费罗补充道：“……阿丁顿！仔细想想。”

伊娃和阿丁顿当然没有回包厢。伊娃也没有

回卡尔费罗的寓所。显然阿丁顿经过仔细思考，认定他爱伊娃。

他们后来又碰过两次面，那是在律师的办公室里办理离婚事宜。

从那以后，卡尔费罗开始不断地喝酒。

打字稿《卡尔费罗的故事》到此结束。但是在《脚灯》标注着“老构思”的某早期版本【卓别林档案目录编号 ECCI00312563】包括这一文本，而且出现在卡尔费罗去酒吧、遇到克劳迪乌斯那个“无臂奇人”这一场景之前。在这个版本里，故事又继续了一页，叙述的时间来到《舞台春秋》开始时。

从那以后，卡尔费罗开始不断地喝酒，不仅仅是因为他跟伊娃的分离，更是深层次的心理需求。当然，伊娃令他神经衰弱，卡尔费罗也在走向衰老。他的服装师，一个过去非常有名的小丑，曾在表演结束后告诉他，他最近太“紧张”，工作太辛苦了。“看见你流汗，他们却坐着休息。他们总是坐在椅子里，”他说，“让他们去干活，你休息。”他还告诉他两件事情会毁掉一个小丑：女人和内省。“你想得越多，就会变得越不好笑，”他说。“我的问题是，”他继续道，“……我从不思考。是女人毁了我的喜剧。但是你——你思考，你很严肃。”

服装师是对的。卡尔费罗出于本能地分析和自省。他必须了解大众，了解他们的错处和弱点。这是他成就他特殊喜剧的方法。他越是了解大众，他就越是了解自己。这是一种对自己没有阿谀奉承的正确评价，结果导致了他的局促不安，在他上舞台之前非得把自己灌得半醉。

不可避免的，工作压力会导致崩溃。最后它终于出现了。他的脑子错乱了。他迷失了自己，几个星期都没有出现。当他们找到他的时候，他们发现他得了健忘症。

三年里，卡尔费罗都待在一家疗养院里。出来后，他完全变了一个人。他苍老了很多。他的钱也花了不少。无论如何，他有足够的钱，可以节省地生活一段时间，至少在他回归之前。这一次他决定不要白兰地的刺激。但是在他回归舞台的那天晚上，卡尔费罗屈服了。他不得不喝上一杯。再一次面对观众的恐惧压垮了他。但是这没有用。卡尔费罗知道的，他幽默的精神没有了，他的机智和趣味也消失了。他开始加快速度，但还是不够快，观众开始在他表演的时候离场。

这就是卡尔费罗如何逐渐失去他的领地。他的合同越来越少了，与此同时，他要的薪水也越来越少了，直到歌舞杂耍表演合同彻底没了。

自从他在霍尔本帝国剧院试图回归舞台已经过去五年。接着，他靠在特鲁里巷圣诞童话剧节维持生计，他签了长达十二周的合同，不过是和众多小丑一起打杂。

他断断续续地在各家剧院做着卑微的工作，拿着他的众所周知的手杖。他是多么瞧不起那些他帮着烘托喜剧氛围的演员。他多么希望能够演他们的角色。当然，在做这些杂活的时候，他从来都不用自己的真名。他宁愿默默无闻。他确实做到了。但是在“女王的头”里，他却是赫赫有名的。在那里，他跟知道他过去的人混在一起，那些杂耍演员、电影演员、经纪人、评论家、赛马骑师和提供赛马内幕消息的人。

这里连接“女王的头”那一场，同时也引出了克劳迪乌斯。

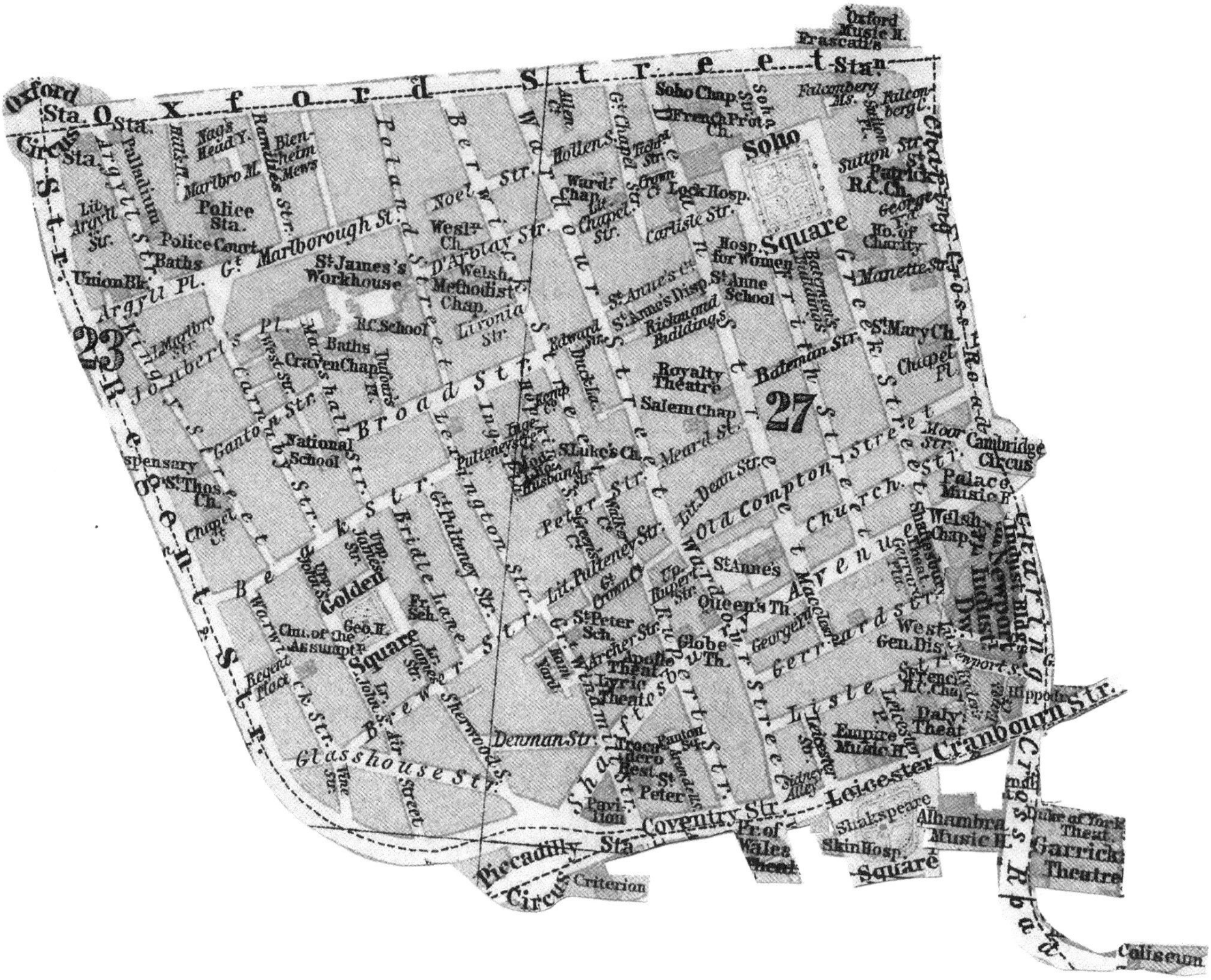

1914年的索霍区。《舞台春秋》发生在索霍区不到四分之一平方英里的区域，那里有十家剧院和杂耍场，在紧挨边界的地方还有六家（索霍区的准确边界以虚线为标志）。卓别林在“兰开夏郡八童伶”剧团期间，常在牛津杂耍剧院（上方右侧）演出；11岁时，在大马戏杂耍场（右侧较下方，克兰博恩街）演出，扮演一只猫。16岁时，在约克公爵剧院（右侧底部，马丁街）《夏洛克·福尔摩斯》中扮演比利。后随卡尔诺剧团在科利瑟姆剧院（右侧最底部）演出。而《舞台春秋》聚焦于莱斯特广场（底部）的两大杂耍剧场，帝国剧院和阿尔罕布拉剧院，彼时的卓别林甚至没有想过有朝一日能在那里演出。电影中提到的其他标志性建筑仍然存在，包括丹曼街（皮卡迪利广场正北方）的“女王的头”酒吧、时髦饭店弗拉斯卡蒂、标准剧院和特罗卡德罗剧院被标记出；莱昂饭店在鲁伯特街和考文垂街交界处。卡尔费罗为特丽找医生，可能是去离迪恩街不远的圣安妮药房（索霍区没有诊所），这也暗示了艾尔索普夫人的寄宿公寓在那附近。至于当铺，他要走得更远些，走到克兰博恩街7号的哈沃斯父子典当铺。

——根据贝戴克一战前的伦敦指南撰写

戴维·罗宾森

《舞台春秋》的诞生

在派拉蒙片场的纽约红砖建筑街道布景“索霍区”

摇动大树

卓别林在《我的自传》中写道：“《舞台春秋》需要十八个月来准备。”他的记忆捉弄了我们。实际上，从一九四八年九月十三日他正式开始口述到一九五一年十一月开始拍摄，已经超过了三年。就时间而言，它比《城市之光》的总创作时间更长，可以说是他耗时最长、最为费心的作品。

尽管卓别林的工作方式在转向有声电影以及战后制片厂预算更为严苛的情况下，已发生了革命性变化，从根本上说，创作过程依然如故。一九三六年，他告诉让·科克托，一部电影就像一棵树：你摇动它，所有松散和不必要的东西都会掉下来，留下来的就只有最基本的形状。不过对卓别林而言，这棵树总是一开始就生长过猛，十分巨大。在他无声电影的岁月里，树的生长和摇动的双重过程完全是在制片厂里，而且很大程度上是在摄影机前完成的。每部电影都是“实地”（当时其他好莱坞喜剧制片厂也会这样做）构筑。每个拍摄单元都是单独构建和剪辑，完成后才会进行下一组，它们之于整个结构的功能还有待最终确定。这个过程始于卓别林和他最为信任的同事之间漫长而轻松的会议，在讨论中，诙谐的点子会生发，被秘书匆忙记录下来。

间歇期间，卓别林会把演员和工作人员召集起来，在镜头前试拍那些最重要的想法，一次次地拍摄、改进和精炼；观看尚未剪辑的影片，然后重新开始。这个过程会一直重复下去，直到卓别林满意为止——哪怕他很可能之后又会回来重塑某特定的单元。卓别林在家时，工作往往会被打断，他会私下琢磨出一些新想法。毕竟没有任何压力：这个制片厂是他自己的，永远有人给他做事，电影胶片也很廉价。《淘金热》实际拍了一百七十天，但整个过程历时四百零五天；《城市之光》实际拍了一百七十九天，但整个过程历时六百八十三天。

然而第二次世界大战之后，成本上升，又有愈发严密且不可逃避的工会约束，不可能再保留永久的制片基地：在拍电影的间隙，空着的制片厂必须租给其他公司。在新形势下，《凡尔杜先生》只拍了八十天，《舞台春秋》只拍了五十九天，最初的计划时间表甚至比这还少十九天。

尽管有了极大改变，但是树的生长和摇动原则依然存在，尽管现在它只是抽象地在纸面上实现，而非具体体现在电影上，卓别林通过漫长艰苦的写作过程来发展、提炼和记录自己的想法。实际上，这涉及长时间的秘书听写，接着是卓别林的手稿和/或对打字稿进行口头回复，再更正新的打字稿。这个过程是不懈的：卓别林很难满意——尤其是他自己的工作。即使冗长的修改过程和对秘书的折磨已人尽皆知：

> 有这样一件事，为卓别林印剧本的印刷公司最终绝望地放弃。“我们不印他的剧本，

“特丽的童年”，由尤金·卢里耶设计的安布罗斯家内景，这一段后来被删除

也不要他的钱。”关系决裂的声明这样写道。卓别林的家中发生的一幕，可以绝好地告诉你《舞台春秋》的剧本到底经历了什么。

终稿刚刚到达，由热心的秘书李·科宾交给卓别林，这是一条漫长而艰难之路的终点。所有的I都被打了点，T都被划掉了，终于快结束了。卓别林收下剧本，微笑着翻了几页。当然，他烂熟于心。科宾女士看着，他大声朗读了一些熟悉的句子。接着，他兀自嘟囔起来。他用拇指一页页翻着，这时一切都还太平。“卡尔费罗说……”突然，一片阴影掠过他的脸，科宾女士心里一沉。“那是什么？那是怎么出现的？卡尔费罗……嗯，嗯，这没有意义。嗯，嗯……不，该死。不。”他用厌恶的手势拿起一支铅笔。“我们来看看。”科宾女士跑去拿本子，准备好听写。“现在……”他慢慢地说。“嗯……”他终于生气了。“出去！”他从剧本中撕掉了那页。不久之后，秘书已团团转，更多页纸飞落到地板上。当这一切结束、恢复平静时，终稿已被弄得乱七八糟。“这必须重新弄。”

“好的，卓别林先生。”[1]

“特丽的童年”，其中一场被删除的戏，芭芭拉·科宾饰演特丽，多丽丝·劳埃德饰演安布罗斯夫人

从一九四八年九月十三日到一九五一年九月十日那周，卓别林专门雇她来协助自己。她从未被当作工作人员，而是按照小时支付报酬，一般每周工作四天：如果可能的话，周五卓别林会乘自己的船“灵丹”号去度周末。[2]

如果说卓别林的口述更正过程是对秘书和誊写版印刷工的一种考验，对历史学者来说也是一个挑战。卓别林档案保存了科宾女士超过四千页的打字稿。其中，有些是一幕幕的场景、想法和修改痕迹的大杂烩，可能是卓别林在亢奋状态时“飞落到地板上”的那些页，匆匆被捡回来，草草地捆好。在分页和内容中第一眼看起来完全相同的更正式的剧本，具体到文本却十分不同，并无太多线索去考证它们的先后顺序。很多页都有手写的修改，准备在下次听写时更正：一些是卓别林写的，另一些则是科宾女士写的，有时使用缩略的写法。

但是，从最早的草稿直到最终完成的电影，故事的某些基本元素没变：卡尔费罗挽救企图自杀的特丽；在特丽满怀热忱地帮助卡尔费罗时，也发现了自己能再次走路的力量，这是他们命运的转折点；五月到十二月，他们之间萌发柏拉图

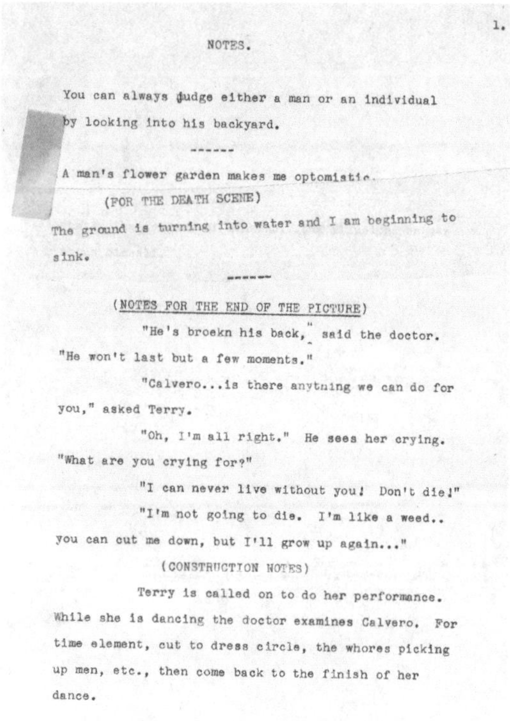
1.

NOTES.

You can always judge either a man or an individual by looking into his backyard.

A man's flower garden makes me optomistic.

(FOR THE DEATH SCENE)

The ground is turning into water and I am beginning to sink.

(NOTES FOR THE END OF THE PICTURE)

"He's broekn his back," said the doctor. "He won't last but a few moments."

"Calvero...is there anytning we can do for you," asked Terry.

"Oh, I'm all right." He sees her crying. "What are you crying for?"

"I can never live without you! Don't die!"

"I'm not going to die. I'm like a weed.. you can cut me down, but I'll grow up again..."

(CONSTRUCTION NOTES)

Terry is called on to do her performance. While she is dancing the doctor examines Calvero. For time element, cut to dress circle, the whores picking up men, etc., then come back to the finish of her dance.

对话的早期笔记

式的爱情关系；卡尔费罗首先恢复了特丽对她自己的信任，她反过来帮助他找回自己的才能和自尊心，他们之间的关系发生逆转；特丽以对卡尔费罗的爱，拼命克制自己被年轻人欧内斯特·内维尔吸引。从一开始，就很明确会有一场芭蕾舞，会有个卡尔费罗演的角色；还有，他用一记猛烈的耳光消除特丽歇斯底里的舞台恐惧，他激励她登台跳舞，成为明星。尽管影片结局的结构历经诸多变化，卓别林从一开始就确定了卡尔费罗的最后一幕——无论以何种形式展现——是从舞台摔下，掉在乐队的鼓上，在舞台侧翼死去。

个人的措辞和事件在整个故事发展过程中很固定，剧本指示的最后一句台词——也出现在了这部影片的其他地方——一直没变："她就是光！……瞬息万变！蓬勃绽放！旋转间散播着美的女神。"同样地，尽管卡尔费罗和特丽对于人生、死亡、爱情、艺术、剧场和观众的长长对白，在长短和位置上总是变来变去，但许多的句子还是谨慎地保留。卓别林从不掩饰他对美妙用词的喜爱，尤其是出自他自己的手笔。

对于小说《脚灯》何时转变成电影《舞台春秋》，我们没有证据可以明确证实，但是肯定远远早于一九五〇年夏季。八月三十日星期三，卓别林在联艺公司的代表亚瑟·凯利收到一封信，要求他注册名称"The Limelight"。紧接着，九月二日来了一份电报，又要求他注册名称"Limelight"。同一星期，制片厂的日志是这样记录的："李·科宾在贝弗利打《舞台春秋》（先前叫作"脚灯"）的剧本。"九月十一日星期一，尽管科宾女士仍在打字，日志却这样记录："将《舞台春秋》的剧本以查理·卓别林的名义寄到劳埃德·赖特的办公室，以便在华盛顿特区的国会图书馆登记版权。"这份保留在档的副本有一百四十八页，卓别林在对话部分有一两处小改动。誊写版印刷出的文本标题依然为"脚灯"。

这一版剧本估计有一百八十五页，和一个内容不连贯的修订版（保存的仅有八十页）。考虑到卓别林与秘书工作的准确性与速度，电影剧本的改编工作似从一九四九年末的某个时间点就已开展。不考虑次要改动和一部分更正性打字，可以说存世的剧本体现了如下五个演变阶段：

（1）一九四九年末，第一稿，一百八十五页；

（2）修订版，只有部分得以保存；

（3）一九五〇年九月十一日，报送版权的一百四十八页版；[3]

（4）一百六十六页的分镜头剧本，据推测

为一九五一年九月十日那周（这是此项目进行了三年后，李·科宾在卓别林家工作的最后日子）完成，并于九月十九日寄往劳埃德·赖特办公室报送版权；[4]

（5）一百四十三页的后期制作剧本，可能是最终把影片加入音轨之前完成的，因为与成片相比有一两处声效不同。这份剧本依然有克劳迪乌斯在“女王的头”酒吧里的一场戏，它的前一场戏发生在艾尔索普夫人公寓的门厅，在英国、法国、美国的首映式后被剪去。

小说改编成剧本的过程蕴含了许多变化。《脚灯》中有些篇章纯粹是对话，其中大多数在实际变成剧本以及搬上银幕时也并未改动。卓别林的歌曲和舞台伶俐话——包括与特丽的梦中公演——从一开始就写下来了：在漫长的写作过程中，几乎没有一个字有过改动，而我们有理由推测，他在启动《脚灯》的辛勤工作之前，脑中已涌出了这些老杂耍剧场打油诗般的曲子，带给他许多欢乐。

我在我的内衣里摸索，
一个想法蹦了出来，
我厌倦了驯大象，
我为什么不驯跳蚤？
我为什么要猎捕动物，
在丛林里徘徊？
而那么多本地的天才，
就在家里等待。

然而，小说的另外一些部分，尤其是“特丽·安布罗斯的童年”那部分，有大段大段的描写，需要重塑，将之变成对话和影像。在《脚灯》中，特丽的童年以及导致她企图自杀的事件——故事的开场——实际上是以倒序 / 序幕的形式出现，占旁白总量的六分之一。这在最开始从《脚灯》改编成《舞台春秋》剧本时有大量删减，包括省略了特丽的父亲、她母亲生病住院的过程、特丽去帝国剧院芭蕾舞团跳舞、她因风湿热住院、她在腌菜厂上班、芭蕾舞大师约翰先生如何慷慨、她去皇家阿尔伯特音乐厅听内维尔的交响乐。所有这些事件——除了约翰先生是完完全全被遗漏之外——还是留在了剧本中，只是篇幅寥寥无几，仅在对话中略微带过。和内维尔在萨尔杜文具店的戏，在剧本里也保留了下来，不过是以倒叙的形式呈现。

除了这些被删减的成分，特丽的很多童年描写还是出现在了最后的分镜头剧本中。在影片的开场，特丽躺在床上，不省人事，这时童年经历以倒叙的形式呈现。先是特丽灵魂出窍，换上衣服，跳《仙女们》。[5]之后，是来自“特丽·安布罗斯的童年”中的两段较长的镜头，间或画面闪回到不省人事的特丽：

镜头 1

在他们破旧的公寓，母亲在缝纫机前劳作着，叫特丽给她送一件衣服。

特丽将衣服送到斯黛拉·拉斯卡尔太太手中，她是风尘女，拉斯卡尔太太让她去买一瓶杜松子酒。

特丽回到家中，因为接触了风尘女，她感觉自己的双手被玷污了。露易丝早早地回到家中，她向特丽诉说自己丢了工作。房东太太告诉姑娘们，她们的妈妈病了。

（上图和下图）尤金·卢里耶设计的萨尔杜文具店，和拍摄出来的场景

（右图）为与特丽一起学习舞蹈的伙伴设计服装的笔记

镜头2

露易丝穿衣服时，特丽坐在那里，手臂戴着黑色绉纱，为死去的母亲哀悼。露易丝和女佣催她跟朋友们出去。露易丝说，等她有能力了，就会为特丽支付舞蹈课的学费。

我们看到特丽在一堂舞蹈课上。

下课后，她的朋友们邀她一起参加她们的橱窗购物。在皮卡迪利大道上，她们不禁总去打量站街拉客的风尘女。

在这些女人中，特丽认出了露易丝，这组镜头以特丽“哭着跑了”的特写镜头收尾，然后化成特丽仰面躺在枕头上的画面，小声叫着“露易丝……露易丝”，这个无声的画面，就是我们现在看到的电影开场。

所有这些戏实际上都拍了，而只有在剪辑室里，我们才终于知道“特丽·安布罗斯的童年”是一个假开始，拖延了剧情，大部分内容后来都变成“摇动大树”时被摇下来的部分。[6]

从这一观点来看，从《脚灯》转变成《舞台春秋》的过程，其实改动颇少。对话变得更加精致，并且得到扩展，包括中间穿插的对于“特丽·安布罗斯的童年”中弃用部分的涉及。还有几场戏的位置略微作了调整。

有一场戏（或许幸好没写在剧本里），卡尔费罗从阿波罗剧场观看《哈姆雷特》回来，为特丽表演他所理解的“生存还是毁灭”那段独白。最终的分镜头剧本也省略了卡尔费罗向特丽陈述伯格森关于欢笑理论的戏。[7]他痛苦地讲了分不清牙医诊所和理发店的老段子，一边讲一边大笑。特丽“面无表情地”听他说，随后，她礼貌地致歉，并解释“虽然她没怎么笑出来，但是她心里非常喜欢”。

这部影片最后部分的情节演变，从芭蕾舞到卡尔费罗的死，从《脚灯》到《舞台春秋》，是历经诸多变化的。从一开始就很肯定的是，芭蕾舞结束后，卡尔费罗将意识到特丽和内维尔之间互相吸引，而自己会是阻碍，所以他要远离她的生活。随后，她又将找到他，通过帝国剧院老板

Sc - 3-7-12 Terry (as a child) Barbara Cobin

Int - Living Room -
Chg #1 aft - Delivering Package -
Buying Gin -

Tan & Red Stripe Check gingham dress
Black Button High shoes.
Tan. cotton stockings

No Ribbons nothing in Hair
no Hat - Bag - Coat.

Chg #2 - Piccadilly St

Black High Button shoes.
Tan cotton stockings
Black Coat. Black Braid Trimmed
Tan & Red Stripe Plaid cotton dress (Chg #1) (Without Coat)
orange Ribbon bows on Hair

Chg #3 - Int Dancing Classroom -

“特丽的童年”，被删除的戏：特丽和她舞蹈学校的伙伴盯着皮卡迪利大街的风尘女看

波斯坦特的帮助，卡尔费罗在一场义演中回到舞台，重新感到成功的滋味，然后死去。而这两件事之间怎样衔接，让卓别林十分耗费心力，需要修整“大树”。

在《脚灯》中，波斯坦特和博达林克都觉得卡尔费罗饰演小丑的表演是不尽人意的。波斯坦特在自己的办公室面试他，和他严肃地谈话，说他宁愿白白支付他一周三英镑，也不愿意看他自贬身份。卡尔费罗跑到外面，喝得醉醺醺，然后开始表演——所有的喜剧才能又恢复如初，他和三个街头音乐家一起表演，这三个人的角色贯穿故事的始终。但是，酗酒就要付出代价，他体力不支，倒在布里克斯顿的白马酒吧，被送往圣托马斯医院。内维尔和特丽都去看望了他，他们担心他每况愈下的健康状况，请求波斯坦特（他觉得卡尔费罗状况这样糟自己需要负责）给他一份在帝国剧院演出的合约。波斯坦特不会去冒这个险，但是他想了个主意，即给他办一场义演。[8]

在最早的、报送版权之前的《舞台春秋》剧本中，波斯坦特表示他对芭蕾舞中的小丑很满意，但是当他知道那是卡尔费罗时，他非常惊讶。于是，他想到一个点子，要给他办一场义演：“告诉他这是他的结婚礼物，他必须出演。”然而，当卡尔费罗无意中听到内维尔对特丽爱的告白后，还没等人和他商量义演的事宜，他就离开了公寓，并且——就如同在完成版的电影中——后来，被人看见在酒吧里演出，先是被内维尔和波斯坦特发现，后来又被特丽看到。

在登记版权的剧本里，卓别林逃离了公寓，令特丽深陷痛苦，她病倒住院，不过之后又康复了，重新登台跳舞，在帝国剧院大放异彩。卡尔费罗还是被内维尔、波斯坦特和特丽看到在酒吧里表演，他们劝他接受义演的提议。

在连贯的剧本中，那场义演本身则显得概略、不完整。在剧本里，有化妆间的戏，但舞台上发生了什么，仅仅能从观众的反应推测，以及特丽听到给卡尔费罗的掌声越来越响。分镜头剧本给到音乐一幕的指示非常模糊，义演的计划在酝酿，卡尔费罗对特丽说出他的看法，音乐应在这之前响起：“我正在为一个想法紧锣密鼓地工作——一出喜剧，为我自己，也为我外面的朋友。他几乎什么也看不见，却是非常出色的钢琴师，而且特别诙谐。我们在一起能引爆全场，我就知道。”在分镜头剧本中，化妆间那场戏的指示注明，卡尔费罗会有一位搭档：“卡尔费罗的左侧坐着他的搭档，是位钢琴师，化着切斯特·康克林的妆。”我们会在下一章看到，这一场音乐表演是闹剧，也是卓别林和巴斯特·基顿唯一的一次合作，似乎是在拍摄的最后阶段才完成，一定程度上存在即兴的发挥。

在这过程中，原本设定在化妆间里的两个事件不见了。《脚灯》中的一些细节说到与著名杂耍艺人钦科瓦利的偶遇（在卓别林的故事中，叫钦卡瓦莱），未曾出现在任何剧本中。卓别林还有一个故事，是关于一个男孩杂技剧团和蛮不讲理的老板，他想继续利用这个故事，颇费苦功。在《脚灯》中，只有一处稍稍提及了卡尔费罗救了一只被德国杂技演员驱逐的猫。不过，在《舞台春秋》的每一个剧本里，卓别林都在特丽和波斯坦特谈论雇来的捧场人和化妆间那场戏之间插入了一场戏。德国杂技演员出现在台上：当他们的表演结束，老板因为最小的男孩出现失误，扇了他巴掌，而且不准他哭，因为演出还在进行。这场戏也确实拍了，但在最终剪辑时被剪掉。

有些松散或不连贯的口述笔记透露出其他问

杂技表演的戏，没有采用，汉斯·舒姆（左）、菲尔和多蒂·菲尔普斯、比利·艾豪（中）饰演受到虐待的男孩

题、应对措施和被否决的想法。在完成版的影片中，内维尔实际上是在他离开的前一晚，与特丽在门阶上对话后就结束了戏份，他在最后一场戏里出现就显得很难合乎情理：他仅仅是简单地出现，和其他人一起围着即将死去的卡尔费罗，待了四分钟，没有任何说明，也没有对话。过了一会儿，他和特丽被卡尔费罗打断（“在忧郁的黄昏中，他会对你说他爱你”），而当卡尔费罗停止呼吸，是内维尔跑去叫的医生。

然而，有一个阶段，卓别林设想过另外一个内维尔的结局，那个结局激进得多，那就是让他把对战争的看法表达出来。在等待义演的时候，卡尔费罗在“女王的头”酒吧撞见内维尔。此时内维尔失去了右臂，患上了战争休克症。他看起来消瘦，喝得酩酊大醉。卡尔费罗把他带回自己的公寓，特丽当时在剧院里。内维尔“详细而又激动地表达自己对卡尔费罗的憎恶，也同时表达对他的欣赏之情。他还诉说自己对生活和战争的怨恨与蔑视”。随后卡尔费罗被叫去剧院排练音乐剧。在他离开屋子之前，他回到客厅，发现内维尔在沙发上睡着了。他给内维尔披上一件长袍，踮着脚悄悄走出公寓，然后叫了一辆计程车前往帝国剧院。

特丽回家，吃惊地看着已经醒来的内维尔，内维尔解释他四月就回来了（我们推测那时已是一九一五年：战争是一九一四年八月爆发的）。他谢绝了等卡尔费罗回来的提议：“我发现我是喜爱他的。我也赞同你说的，他充满了激发忠诚与情感的能力，而我并不想屈服。”他继续说道：

> “未来是一场噩梦。在此刻，我会沉溺于想象，以为自己成了英雄……在时髦的女性俱乐部里受人庆祝。”
>
> “多可怕啊！”她捂起自己的眼睛。
>
> “一点儿也不，会见要人，喝最独特的苏格兰威士忌。战争才刚刚开始。此时此刻，我像是个新奇事物，”他一边理着自己空空的袖子一边说，“过段时间，就会有非常多的人入伍，我也会尽量及时行乐……一切不会再如往昔。有些东西不见了，我不喜欢这样。但我们必须继续向前走，我想是这样……”[9]

依照剧本，卓别林的三场舞台表演各自独立。事实上，在发给工作人员的分镜头剧本副本里，那三首歌的歌词和伶俐话都抹去了，可以说是无缘无故，除非我们揣测它们可能涉嫌抄袭。在那些最早版本的《脚灯》中，完整保存了那些歌曲，它们是在电影拍摄开始之前就录好的。一九五一年十月十八日，星期四，凯瑟琳·普赖尔记录“C.C在格兰·格兰恩唱片公司和钢琴师雷·拉施一起录制（他们录了三段演唱和两段钢琴协奏曲）”。一九五一年十一月六日，“C.C 在格兰·格兰恩唱片公司，录制他的歌曲的伴奏音乐——那些歌早在十月十八日就录好了”。想必那“伴奏音乐”说的是管弦乐队的伴奏，而原先那两个录音则被

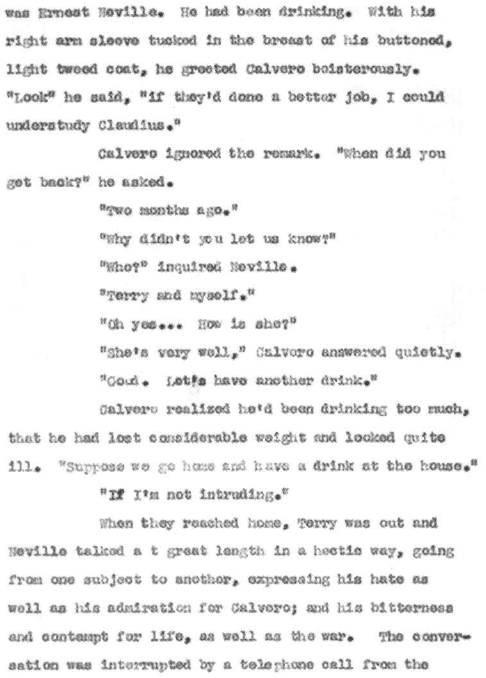

was Ernest Neville. He had been drinking. With his right arm sleeve tucked in the breast of his buttoned, light tweed coat, he greeted Calvero boisterously. "Look" he said, "if they'd done a better job, I could understudy Claudius."

Calvero ignored the remark. "When did you get back?" he asked.

"Two months ago."

"Why didn't you let us know?"

"Who?" inquired Neville.

"Terry and myself."

"Oh yes... How is she?"

"She's very well," Calvero answered quietly.

"Good. Let's have another drink."

Calvero realized he'd been drinking too much, that he had lost considerable weight and looked quite ill. "Suppose we go home and have a drink at the house."

"If I'm not intruding."

When they reached home, Terry was out and Neville talked a t great length in a hectic way, going from one subject to another, expressing his hate as well as his admiration for Calvero; and his bitterness and contempt for life, as well as the war. The conversation was interrupted by a telephone call from the

（上图）剧本一页，有关在战场上受伤的内维尔归来，这场戏卓别林考虑过，但最终弃用

（下图）影片中卡尔费罗与（未受伤的）士兵内维尔重逢

覆盖了，虽然在最终完成的电影里，有管弦乐队伴奏的人声录音中我们听不到钢琴伴奏。歌曲在录好两个月后在影片中回放，卓别林的口型对得完美。

那三首歌是《啊，一条沙丁鱼的生活》、《我是驯兽师（跳蚤之歌）》和《爱，爱，爱》。卓别林无法决定它们如何排序，直到剪辑阶段仍在斟酌。原始的版权剧本和分镜头剧本都有卡尔费罗的三场梦中表演：第一场是沙丁鱼之歌；第二场是春天之歌，《爱，爱，爱》，引出与特丽的双人表演；第三场是跳蚤的表演。沙丁鱼之歌（其中的伶俐话部分被狠狠地剪去），当时是出现在堪称灾难的米德尔塞克斯演出中。这三首歌都以剧本中分配的适当镜头数拍摄进了影片中。

但在剪辑时，卓别林又作了改动。在最终完成的电影里，第一场梦中表演是《跳蚤之歌》，第二场表演依然是《爱，爱，爱》，第三场被完全剪去。被大幅删减的《沙丁鱼之歌》现在用在了米德尔塞克斯演出中，这是恰当的，因为这首歌显然是三首歌里效果最弱的，显得冗长，伶俐话又颇为乏味。在没有写进剧本里的义演那场戏里，他提取了《沙丁鱼之歌》和《跳蚤之歌》的一部分再次表演。

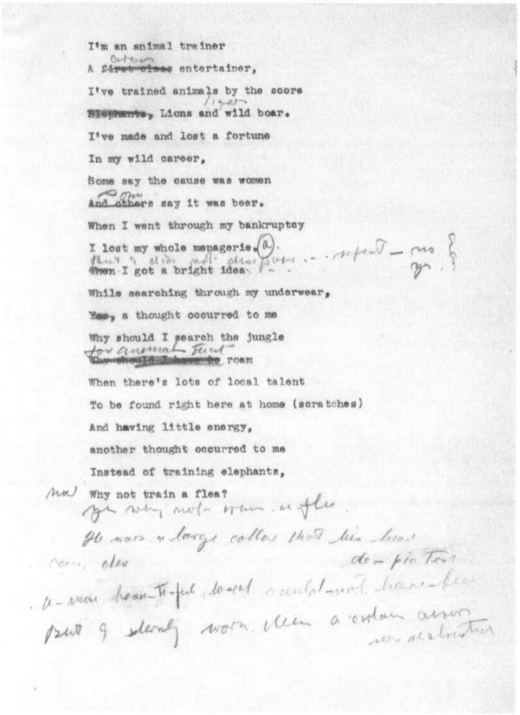

I'm an animal trainer
A ~~first class~~ entertainer,
I've trained animals by the score
~~Elephants~~, Lions and wild boar.
I've made and lost a fortune
In my wild career,
Some say the cause was women
~~And others~~ say it was beer.
When I went through my bankruptcy
I lost my whole menagerie.
~~Then~~ I got a bright idea
While searching through my underwear,
~~Yes~~, a thought occurred to me
Why should I search the jungle
~~Why should I have to~~ roam
When there's lots of local talent
To be found right here at home (scratches)
And having little energy,
another thought occurred to me
Instead of training elephants,
Why not train a flea?

（上图）很早的一张有关跳蚤马戏团之歌的草稿：看来卓别林的舞台歌曲在写作《脚灯》的初期便已完成

（下图）《驯兽师之歌》

一场弃用的即兴戏？这场戏（可能是新星特蕾莎离开她的公寓时被人团团围住）显然是拍了的，但是没有采用，《脚灯》或《舞台春秋》的草稿中也没有这段情节

准备拍摄芭蕾舞“科伦拜恩的死”一幕：克莱尔 · 布鲁姆穿着睡衣，惠勒 · 德莱顿穿着傻老头的衣服。他们身后的两个人可能是卡尔 · 施特鲁斯和剧本监督科拉 · 帕尔玛蒂尔

从剧本到银幕

卓别林需要一名制片经理。自一九一八年便担任此职务的阿尔夫·里夫斯尽忠职守，却在《凡尔杜先生》开始拍摄之前去世，接替他的是约翰·麦克法登，差点儿令影片夭折。为拍摄《舞台春秋》，卓别林聘用了隆尼·德奥尔萨（1897—1993）。德奥尔萨作风硬朗，经验也丰富，符合卓别林的风格：他参加过第一次世界大战，而后作为助理，与麦克·塞内特一同拍过电影，并创作、导演了一两部喜剧。之后，他在许多故事片里担任执行制片人，其中包括《金石盟》、《战地钟声》和《风尘双侠》。在《舞台春秋》之后，他成了一名电视导演，负责第一部长达七十五集的医疗题材肥皂剧《医师》（1954）。亨利·格里斯这样记录他与卓别林的关系，卓别林要求重拍：

> “重拍”，德奥尔萨严厉地回答，“需要花钱。”说到卓别林身边的人，他是唯一一个敢于直说的。只有他敢说出“他以为这是什么，游乐场吗”，故意让卓别林听见。他是卓别林这台工作机器上有力的制动装置，大家都承认，如果没了他，这台工作机器一定会脱轨，迷失方向，最后导致财政混乱。“重拍，”卓别林说，将他想象中的坚定融入尖锐的嗓音里，“有时候是必须的。每个人都会犯错。”“那行，”德奥尔萨说，“那你有什么要求呢？”卓别林的回答很模糊，但是德奥尔萨十分了解卓别林，“我会给你五天的时间。”他说，自己却心想其实一天也就够了。他是对的。大部分新拍的镜头再次作废，但是至少这用来向他证明，他早前拍的那些已经够好了。“我感谢上帝，”德奥尔萨后来和别人说，“克莱尔·布鲁姆回伦敦去了。要是她在旁边的话，这事儿就没完没了了。至少他不能重拍布鲁姆的戏。”[1]

然而德奥尔萨错了。一场重拍的戏会拍到特丽躺在床上的远景，乌娜·卓别林代替克莱尔·布鲁姆重拍了这一场。[2]

卓别林聘用拍摄过《大独裁者》的卡尔·施特鲁斯来担任本片的摄影师。这又一次显得对罗兰·托瑟罗有所怠慢，他自一九一六年起便在卓别林手下担任摄影师。托瑟罗比施特鲁斯小四岁，比卓别林小一岁，说卓别林觉得他年龄太大，这很难使人信服。这可能不是因为不满意托瑟罗的摄影（他被称为“摄影顾问”，在拍摄的第一周是唯一的摄影师，并始终监督卓别林的特写镜头），而是因为在竞争激烈的新好莱坞，卓别林需要一个有声望的名字，施特鲁斯正是这样的人。[3]奇怪的是，华莱士·丘宁是《凡尔杜先生》的摄影师，也是《舞台春秋》的摄影师，却没有出现在演职员表上。助理导演是罗伯特·奥尔德里奇，他在《舞台春秋》之后开始独立担任导演，成绩斐然。在他作为助理导演的十年中，最令人难忘的是罗伯

1952年5月8日，拍摄全部结束，剧组人员合影留念。最后拍摄的是芭蕾舞中的小丑戏份，涉及卓别林、小查理·卓别林以及惠勒·德莱顿，下午五点半拍摄结束。卓别林还化着小丑的妆。亨利·格里斯（出处同上）描述了这张合影的拍摄过程：

“工作都做完了，只剩下分别仪式上的些许感伤。‘就是这样。’内特·斯洛特说，‘小伙子们，完工了，结束。’一片沉默，每个人都觉得不自在

“随后，克罗克过来给大家解了围。‘我们来拍最后一张，我们所有人。来吧，大家都过来。’他们聚拢过来，排成惯常的两排，卓别林在前排。他仍然化着白色的小丑妆，穿着小丑服，外面套上了西装，令他的脸显得更加古怪。他抬头看看，又打量四周，点人数。‘卡尔在哪里？我们等等卡尔。’摄影师卡尔·施特鲁斯过来了。他们努力想要表现出欢乐。所有人都会在想，这张照片有一天会成为壁炉架上令人骄傲的纪念物……卓别林领会了他们的心思，用滑稽的嗓音大声问道：“那个白脸的家伙是谁啊，他为什么是查理·卓别林。”照相师的最后一个闪光灯泡爆了，他咕哝着这是第一次发生这样的事情。

“照片拍摄完毕，他们渐渐散开，每个人都想说点儿什么，卓别林试图忽略此时的惆怅。最后，只剩下三个人了，灯一一熄灭。‘生活好像从此空落落的，’我说，‘一切都做完了，你自己打算做什么？’‘我会开拍另一部片子。’卓别林哑着嗓子咯咯笑。”

遗憾的是，无法辨认每一个人，比如档案中没有隆尼·德奥尔萨的照片。小查理·卓别林和惠勒·德莱顿都缺席了，令人意外。

后排从左到右：？、？、？、哈利·克罗克、杰瑞·爱泼斯坦、西德尼·卓别林、罗兰·托瑟罗、？、？、？、？、？、？、？

前排从左到右：华莱士·丘宁、卡尔·施特鲁斯、？、卓别林、雷·拉施、基思·威廉姆斯、？

特·罗森的《出卖灵肉的人》以及亚伯拉罕·波隆斯基的《痛苦的报酬》。第二助理导演是同样经验丰富的杰克·伯恩，他被招纳进入大牌电影公司雷电华—百代，拍摄重磅的院线片。后人应该特别感谢剧本监督科拉·帕尔玛蒂尔[4]，她在两份分镜头剧本上用红铅笔做了细致的注解，可谓宝贵的记录。

助理制片人有卓别林同母异父的兄弟惠勒·德莱顿，还有杰瑞·爱泼斯坦，是西德尼·卓别林在好莱坞圆形剧院的合作者，因此和卓别林相识。爱泼斯坦成为了不可或缺的合作者，同时他也是卓别林家族的亲密朋友。

卓别林档案卷帙浩繁，却几乎没有文件记录各个剧情片的角色选择是如何进行的，当时卓别林不再像早期电影那样依赖小型专业剧团的演员。现在看来该过程非常随意，比如人们推荐演员，或者卓别林在某部电影中发现一张面孔，或者决定网球宾客可以客串角色。然而，在《舞台春秋》中，我们的确知道——依据片场记录和女演员的自述[5]——他对是否请克莱尔·布鲁姆出演特蕾莎这个重要角色考虑了很久。卓别林说，这位女演员需要“美貌、才华和丰富的情感表现”。行业杂志上似乎刊登过招聘广告，但并未指明是卓别林的电影。面试始于一九五一年二月，卓别林、西德尼·卓别林和李·科宾一起进行了初选。在此期间，亚瑟·劳伦茨引荐了二十岁的克莱尔·布鲁姆，他曾在伦敦看过她出演《环游月球》一剧，并打电话请她给卓别林寄去她的照片。她认为这个主意很不现实，并没有寄照片，直到几个星期后卓别林发电报过来索要她的照片。很快地，她需要离开剧院，在母亲的陪同下前往纽约，待上一个星期，进行电影试镜，杰瑞·爱泼斯坦担任助理。她一开始吓了一跳，但最终还是认同了卓别林独特的导演风格，卓别林会指导演员每一个动作或声音起伏的每一个细节。卓别林的反馈鼓励了她，她回到伦敦，以为她将在两个星期内收到正式录取的通知。事实上，四个月过去，卓别林那边杳无音信。在这期间，卓别林女儿维多利亚的出生，又大举改建自家房屋，忙着照顾家庭的同时继续为演员发愁，面试着其他候选人，拍摄试镜样片，也反复观看布鲁姆的试镜样片。他还花了十天时间，为纽约女演员琼·温斯萝试镜。不过最后，在一九五一年八月，他做出了决定，而且似乎一刻都没有后悔过。克莱尔·布鲁姆认为，她能有幸被挑中，是因为她与乌娜·卓别林如此相像，以至于两人有时甚至会被认错。

艾尔索普夫人，脾气暴躁，是卡尔费罗和特蕾莎的房东（公寓是剧情开展的主要场所），也是电影前面部分的关键人物。这个角色为玛乔丽·本尼特（1896—1982）开启了她的职业生涯，那时她已五十六岁。她来自澳大利亚，年轻时便和其姐妹二人来到好莱坞，希望实现电影梦。伊尼德（1893—1969）最为成功，她在无声电影中担任女二号，并与两位著名导演有着持久的婚姻，先是与弗雷德·尼勃罗，在他去世后，又和西德尼·富兰克林结为伉俪。凯瑟琳（1901—1978）有一段时期出演过无声喜剧，经常与蒙蒂·班克斯搭档。而玛乔丽在一九一七年至一九一八年出演四部电影后便淡出人们的视线。一九四六年，她才又在电影《夏洛克·福尔摩斯与密码》中饰演店员。可能正是因为看到这部电影，卓别林选她来演《凡尔杜先生》中的女仆。这又为她赢得了出演十七部电影的机会，均是扮演龙套角色。之后，卓别林再次选中她，饰演《舞台春秋》中的艾尔索普夫人。从此，作为性格演员，她受到连绵不绝的青睐，

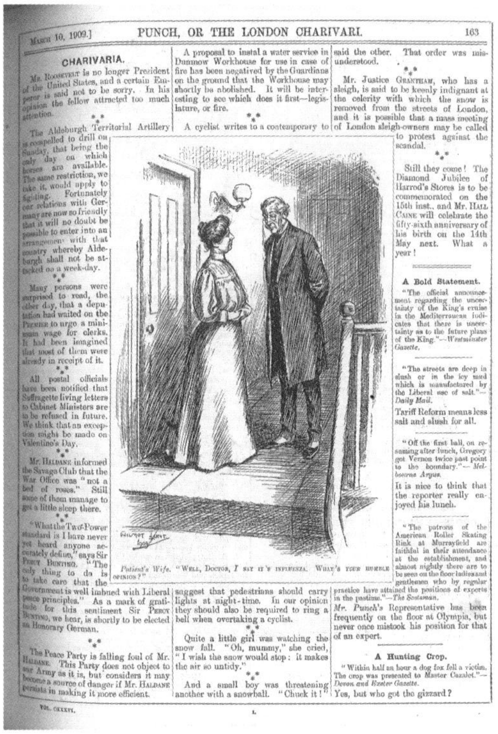

MARCH 10, 1909.] PUNCH, OR THE LONDON CHARIVARI. 163

CHARIVARIA.

MR. ROOSEVELT is no longer President of the United States, and a certain Emperor is said not to be sorry. In his opinion the fellow attracted too much attention.

* * *

The Aldeburgh Territorial Artillery is compelled to drill on Sunday, that being the only day on which horses are available. The same restriction, we take it, would apply to fighting. Fortunately our relations with Germany are now so friendly that it will no doubt be possible to enter into an arrangement with that country whereby Aldeburgh shall not be attacked on a week-day.

* * *

Many persons were surprised to read, the other day, that a deputation had waited on the PREMIER to urge a minimum wage for clerks. It had been imagined that most of them were already in receipt of it.

* * *

All postal officials have been notified that Suffragette living letters to Cabinet Ministers are to be refused in future. We think that an exception might be made on Valentine's Day.

* * *

MR. HALDANE informed the Savage Club that the War Office was "not a bed of roses." Still some of them manage to get a little sleep there.

* * *

"What the Two-Power standard is I have never yet heard anyone accurately define," says SIR PERCY BUNTING. "The only thing to do is to take care that the Government is well imbued with Liberal peace principles." As a mark of gratitude for this sentiment SIR PERCY BUNTING, we hear, is shortly to be elected an Honorary German.

* * *

The Peace Party is falling foul of MR. HALDANE. This Party does not object to our Army as it is, but considers it may become a source of danger if MR. HALDANE persists in making it more efficient.

A proposal to instal a water service in Dunmow Workhouse for use in case of fire has been negatived by the Guardians on the ground that the Workhouse may shortly be abolished. It will be interesting to see which does it first—legislature, or fire.

* * *

A cyclist writes to a contemporary to suggest that pedestrians should carry lights at night-time. In our opinion they should also be required to ring a bell when overtaking a cyclist.

* * *

Quite a little girl was watching the snow fall. "Oh, mummy," she cried, "I wish the snow would stop: it makes the air so untidy."

* * *

And a small boy was threatening another with a snowball. "Chuck it!" said the other. That order was misunderstood.

* * *

MR. JUSTICE GRANTHAM, who has a sleigh, is said to be keenly indignant at the celerity with which the snow is removed from the streets of London, and it is possible that a mass meeting of London sleigh-owners may be called to protest against the scandal.

* * *

Still they come! The Diamond Jubilee of Harrod's Stores is to be commemorated on the 15th inst., and MR. HALL CAINE will celebrate the fifty-sixth anniversary of his birth on the 14th May next. What a year!

A Bold Statement.

"The official announcement regarding the uncertainty of the King's cruise in the Mediterranean indicates that there is uncertainty as to the future plans of the King."—*Westminster Gazette*.

"The streets are deep in slush or in the icy mud which is manufactured by the Liberal use of salt."—*Daily Mail*.

Tariff Reform means less salt and slush for all.

"Off the first ball, on resuming after lunch, Gregory got Vernon twice past point to the boundary."—*Melbourne Argus*.

It is nice to think that the reporter really enjoyed his lunch.

"The patrons of the American Roller Skating Rink at Murrayfield are faithful in their attendance at the establishment, and almost nightly there are to be seen on the floor ladies and gentlemen who by regular practice have attained the positions of experts in the pastime."—*The Scotsman*.

Mr. Punch's Representative has been frequently on the floor at Olympia, but never once mistook his position for that of an expert.

A Hunting Crop.

"Within half an hour a dog fox fell a victim. The crop was presented to Master Cazalet."—*Devon and Exeter Gazette*.

Yes, but who got the gizzard?

VOL. CXXXVI. L

卓别林在他收集的《笨拙》和《河岸街》杂志上找到图片，给卢里耶参考，他希望拍出怎样的场景。在这里，我们可以将他选的一幅1909年3月6日《笨拙》上的漫画和卢里耶再现的艾尔索普夫人公寓内的楼梯对照看

在一九五二年至一九八〇年间出演了一百八十部电影，其中包括著名的《欢乐满人间》、《姐妹情仇》、《独行铁金刚》和《大盗查理》。

帝国剧院的所有者兼经理波斯坦特先生，卓别林让尼格尔·布鲁斯饰演。他饰演的华生医生让人印象深刻，与饰演夏洛克·福尔摩斯的罗勒·拉思伯恩搭档。作为一名真正的蓝血贵族，也是好莱坞聚集的英国电影人的核心人物，布鲁斯赋予了波斯坦特这一形象在和蔼中又有一丝微妙的狡诈。饰演帝国剧院舞蹈总监博达林克的诺曼·劳埃德，演艺生涯始于纽约，与奥逊·威尔斯和约翰·豪斯曼一起在他们的水星剧院工作。他前往好莱坞，在阿尔弗雷德·希区柯克的《海角擒凶》（1942）中饰演小角色，随后成为电视连续剧《希区柯克悬念故事集》的副制片人和导演。自一九四二年起，劳埃德一直仰慕卓别林，当时他目睹了卓别林在卡内基音乐厅举行的“艺术家阵线赢得战争”集会上的讲话。后来他写了一封信，结尾写道：

“这世上再没有别人能讲出您这样的演讲，我相信。

“‘一位伟人，要比他的作品更为广阔’，这就是在说您。您是移民，是朝圣者，是儿童的伙伴，也是任何人的伙伴。”

十年后，蒂姆·杜兰特把他带到卓别林家中打网球，卓别林发现他很会讲英式口音的英语，他也从此成了卓别林的朋友。二〇一四年，劳埃德一百岁的时候，仍对出演《舞台春秋》的经历侃侃而谈。

街头音乐家三人组，定是引起了卓别林别样的怀旧之情。斯纳布·波拉德[6]出生于澳大利亚，五十年的电影生涯始于在埃森内电影公司拍摄的两部喜剧，卓别林正好也在那里工作。洛亚尔·安德伍德在一九一六年加入卓别林的制片厂，从

《伯爵》之后，他参与了卓别林几乎所有由缪特尔电影公司和第一国家电影公司出品的电影。《舞台春秋》是他的名字唯一一次被署名出演有声电影中。年轻许多的朱利安·路德维希（1924—2007）显然是因机敏的头脑和悲哀的脸庞吸引了卓别林。他是圆形剧院的成员，也是西德尼·卓别林和杰瑞·爱泼斯坦的朋友，据他描述，他在旁边观看拍摄流浪音乐家三人组在公寓里醉醺醺地演奏那场戏，结果卓别林当场决定由他来演其中的一个。[7]

卓别林还选中了自己的儿子西德尼，这是他首部参演的电影，这并非出于父亲的私心：西德尼之前尚未确定方向，如今卓别林被他在圆形剧院工作的认真态度和杰出演技所打动。卓别林指导儿子无比耐心，亨利·格里斯和尤金·卢里耶对此印象深刻，最终呈现的效果亦印证了相应的努力。日后，西德尼·卓别林出演了三十六部电影（包括卓别林的《香港女伯爵》），而《舞台春秋》中扮演的角色却是唯一让人难忘的。他在剧院获得的成功更大，最著名的是音乐剧《电话皇后》（1956）和《妙女郎》（1964），可惜他和女主角关系不和——分别是朱迪·哈乐戴和芭芭拉·史翠珊，事实上终结了他对舞台的热爱。后来他成了花花公子、高尔夫球手和餐馆主人。

西德尼的哥哥，小查理·卓别林被安排了一个不拿报酬的角色，即在芭蕾舞—滑稽表演中饰演一名小丑警察。这也让他开启了电影之路，总共拍了十五部电影，起初担任主角，后来只是特别出演或不署名的亮相。巧的是，在其中五部他饰演小角色的电影里都有杰基·库根，即卓别林的电影《寻子遇仙记》（1921）中的童星，在以《亚当斯一家》重获声望以前，有过艰难的时光。《舞台春秋》里还有两个角色，医生和芭蕾舞—滑稽表演中的疯老头，都由卓别林同母异父的兄弟惠勒·德莱顿饰演，之前他也参演过《凡尔杜先生》，并在《大独裁者》做旁白解说。最后，卓别林的三个孩子，杰拉尔丁、迈克尔和约瑟芬·卓别林一起有了银幕首秀。

《舞台春秋》的一个独特之处是它的音乐——不仅仅是芭蕾舞和卓别林自己的歌曲，还有大部分其他配乐都是在电影拍摄之前创作、录制并编辑的。在前几部有声电影中，卓别林和卓越的编曲人以及指挥合作，包括阿尔弗雷德·纽曼、爱德华·鲍威尔、大卫·拉克辛、鲁道夫·施拉格和梅雷迪思·威尔逊；他却为《舞台春秋》选择了两位名不见经传的音乐家担任编曲和指挥，他们没有在好莱坞工作的经验，而且都只发表过几首歌曲，最终呈现的音乐却效果绝好。虽然如今已无法追溯卓别林如何发现了雷·拉施（1917—1964），但亨利·格里斯认为他是“一位极具天赋的年轻音乐家”，并且留下了关于他们合作的生动记录：

> 拉施暂时接受了卓别林的编曲工作，因为其他编曲家欺骗了他，他们向他保证他们随后会接手。在录音这件事上，音乐家都觉得和卓别林合作太困难，因为他从不容忍矛盾。然而，他的乐理知识有限，也看不懂乐谱。他凭听觉弹奏一个F调的音，虽然他并不知道，但当他被纠正或被告知他的调子不对时，他就会发脾气。
>
> 尽管如此，这位前酒吧钢琴师被卓别林的个性所吸引，留了下来，与卓别林每天一起工作，持续了一年多。到现在，拉施已经成为卓别林的实验人肉小白鼠，故事的源头——卓

PRE SCORE 11-6-51

CUE	NAME	TAKE	TIME
PIANO ONLY:			
M188	Concerto O.S.	1 - 2 ch	
M188X	Terry's Theme	1 - 2 - 3 - 4 - 5	1:4
M242 Pt I	Concerto (Terry's Try Out)	1 - 2 ok	1:5
M242 Pt II		1 - 2 - 3 - 4 ch	
~~M16~~	~~Children's dancing school~~		
MFX - (P)			
ORCHESTRA:			
M134A	Love - Intro - Orch.	1 - 2 - 3 - 4 - 5 - 6	:22
M134 Pt. I	Love - Orch - Plbk.	1 - 2 - 3 - 4 - 5 - 6 - 7 8 9 - 10	1:16
Pt. II		1 - 2 - 3 - 4 - 5 - 6	
M134B → USE M134 comp.	Love - Vamp	1 - 2; M134 Pt III FREE - 1 - 2 - 3	
M135	Love - Reprise	1 - 2 - 3 - 4	
M196X	Slow Version (Free)	1 - 2	
~~M196~~ (Pt 3)	Flea Song - Orch. 1st VERSION	→ 1 - 2 - 3 - 4	2:09 1/
~~M196F~~	~~2ND VERSION~~		
M196A	Flea Song - Intro & Vamp (Trumpet)	1ST	
~~M196AF~~		2ND	
~~M196AC~~	Flea Song - Intro & Vamp (Cornet)		
M196B	Flea Song - Background	1	

> 别林会让这个来自圣路易斯贫穷波兰家庭的男孩讲述他的童年；仔细聆听妈妈煮土豆来照顾六个孩子的故事；父亲在不同的酒吧里闲荡；接受这一切，重新开始工作，恢复精神。……对卓别林来说，音乐是最重要的。他的有声电影更依赖的是音乐，而不是对话。卓别林能够写并且也写了所有的对话，就像他能够并且做了一部电影需要做的一切，可他不会写音乐。这就是为什么他……每天需要一个雷·拉施这样的人，来互补他自己所缺失的才能。[8]

一九五〇年十二月十五日，星期五，拉施开始与卓别林共事。除了卓别林有其他安排，他便休息那么几次外，他们在卓别林的家中一起工作，直到一九五一年十月二十五日，通常一周工作六天。相比之下，《摩登时代》的配乐——无疑是进行最不顺利的，充满解雇和罢工的戏剧性事件，却仍只花了五个月便完成了。

卓别林在施坦威钢琴旁安装了一台盘式磁带录音机——这仍然是一种相当新潮而复杂的工具。据拉施讲述，一天晚上，卓别林醒了，想到一段可以用于尾声的旋律，便走进日光室，录制了这段旋律。第二天拉施来了，卓别林试图把成果放给他听，却发现自己与录音机陷入了一场可怕的搏斗：

> 卓别林的脸色变得阴沉。他准备把机器等所有东西通通扔出窗外，包括那段旋律。接着，机器开始播放了。这时传来一阵刺耳的噪声、一个人疯狂的尖叫声和跺脚声，但是钢琴上弹出的F调旋律倒是悦耳的。拉施把它挑出来，弹了起来，先是简单地弹，然后又弹出丰富的和弦。
>
> “太美了，”卓别林说，“太美了。”他激动极了，忘了和录音机的搏斗。“现在让我们试试从这里开始吧。”[9]

1951年11月6日的录音记录

拉施显然是站在卓别林一边的，觉得他不懂乐理知识，真是太可惜了——

> 因为他对音乐的感受是如此之深。我试着教他。我建议他运用所有琴键，我说识谱很简单。我得说，他是一个能掌握这些东西的人。只有四个三和弦、大调、小调、减音和增音，这是所有和弦的基础。我会在钢琴上弹给他看。他会听。卓别林在任何事情上都会坚持一段时间，因为他愿意从任何人那里学到更多的知识。然后他会说：“雷，我做不到。你想让我的思想机械化，这是完全不可能的！”[10]

拉施似乎有他自己的方法来避开卓别林人尽皆知的坏脾气：

> 他们正在为一个关键场景谱曲，拉施把卓别林哼唱的东西谱成音乐，卓别林试图把在心中回响的旋律表达清楚。不久，拉施开始进行最复杂的一套操练，试图在钢琴上重现卓别林心中的那些乐器。“现在是法国圆号。”他下了指令，“法国圆号在哪儿？”过了一会儿，“对位旋律在哪儿？”他又跺着脚问：“竖琴在哪儿？”拉施突然停下，抬起头来。“这里没有竖琴，”他说，“这只是一架钢琴。”卓别林颤抖着，眼睛不停地眨着，好像刚挨了一巴掌。仿佛他遭到残酷现实的虐待，钢琴竟

卡尔费罗和流浪音乐家三人组（从左至右，由朱利安·路德维希、斯纳布·波拉德和洛亚尔·安德伍德饰演）

> 然无法变成别的东西。为什么？受伤的表情渐渐变成了一种悲伤，为自己悲伤。[11]

一九五一年八月三日，他们在格兰·格兰恩录音室准备预录芭蕾舞部分的音乐，著名的好莱坞音乐指导约瑟夫·伯纳德·卡茨（1909—1992）担任指挥。八月十日他们回到制片厂剪辑音乐，第二天播放时，卓别林显然不满意。据亨利·格里斯讲述：

> 在经历过指挥离开这样糟糕的事后，他确实有意接手指挥管弦乐队的工作。他把拉施叫进来，问他是否有必要了解指挥家使用的基本手势语言，以及对应着哪部分乐队成员。他说，不用那些手势自己也能做得很好，并且想通过担任指挥来证明这一点。
>
> “他挥动双手，”拉施回忆，“在完美的时机，把音乐转换成有节奏的旋转，我明白，但对一个管弦乐队来说仍然毫无意义。”当我告诉他还得先学会那些手势时，他生了一会儿闷气，拒绝接受。后来，另一个指挥进来了，他忘记了自己当初的意图。[12]

这位新指挥是基思·R. 威廉姆斯，他重新录制了这首曲子。在两次录音间隔的六个星期里，拉施和卓别林又在音乐上工作了二十一天。第二次录音于一九五一年九月十九日至二十日分三段录音，总共七个半小时；在接下来的一个星期中，卓别林又把音乐剪得使自己满意。十月十八日星期四，卓别林和拉施回到格兰·格兰恩录音室，在拉施的伴奏下，录制了卡尔费罗的三首歌和两首“钢琴协奏曲”。当电影实际上已经完成，并且为朋友们试映过，音乐方面的工作还要继续进行。卓别林和拉施于一九五二年五月二十八日回到RCA录音室，为街头音乐家的戏录制音乐，并于六月十日再次为电影开头（该开头在剪辑的时候做了大改，把特丽的童年冗长的回忆倒叙给省略了）重新设计音乐：

> 整个过程中，卓别林不断地创作新的背景音乐，拉施站在一旁，随时准备记录音乐。事实上影片的开头，以及从街上切换到女孩的房间，配的是手摇风琴演奏的音乐，在工作的最后一天还重新做过——卓别林对着小钢琴尽情地挥动双手（几刀纸头钉在钢琴内部以仿造风琴的效果），拉施录成了新版本。卓别林在第一次尝试后的评价是：“雷，这风琴的声音还是不够慵懒。”
>
> 第二次又录好了。然而，不管卓别林对这个结果有多满意，他还是在思忖，他是不是该继续想出新的音乐点子，风琴是否“足够悲伤”。当然，他自己的童年是如此。在拉施看来，卓别林的音乐天赋是能够将反叛组织起来，打破常规，同时结合了对真实事物的完美感受。“你一开始会想，这在音乐上是错误的，但他坚持认为这是可以做到的，最后你终于想出了办法，只能同意他。”事实上，他的做法好比

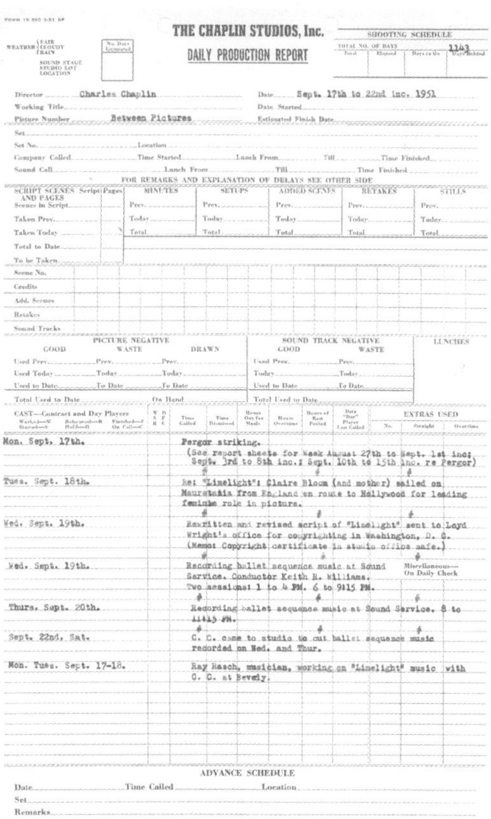

FORM 18 800 3-51 SP

THE CHAPLIN STUDIOS, Inc.

DAILY PRODUCTION REPORT

WEATHER FAIR CLOUDY RAIN

SOUND STAGE STUDIO LOT LOCATION

No. Days Estimated

SHOOTING SCHEDULE

TOTAL NO. OF DAYS 1143

Total | Elapsed | Days to Go | Days Behind

Director Charles Chaplin

Date Sept. 17th to 22nd inc. 1951

Working Title

Date Started

Picture Number Between Pictures

Estimated Finish Date

Set

Set No. Location

Company Called Time Started Lunch From Till Time Finished

Sound Call Lunch From Till Time Finished

FOR REMARKS AND EXPLANATION OF DELAYS SEE OTHER SIDE

SCRIPT SCENES AND PAGES | Script | Pages | MINUTES | SETUPS | ADDED SCENES | RETAKES | STILLS

Scenes in Script / Taken Prev. / Taken Today / Total to Date / To be Taken

Prev. / Today / Total

Scene No. / Credits / Add. Scenes / Retakes / Sound Tracks

PICTURE NEGATIVE: GOOD / WASTE / DRAWN — Used Prev. / Prev. / Prev.; Used Today / Today / Today; Used to Date / To Date / To Date; Total Used to Date / On Hand

SOUND TRACK NEGATIVE: GOOD / WASTE — Used Prev. / Prev.; Today / Today; Used to Date / To Date; Total Used to Date

LUNCHES

CAST—Contract and Day Players | Time Called | Time Dismissed | Hours Out for Meals | Hours Overtime | Hours of Rest Period | Date "Day" Player Last Called | EXTRAS USED: No. / Straight / Overtime

Mon. Sept. 17th. Pergor striking.
(See report sheets for Week August 27th to Sept. 1st inc; Sept. 3rd to 8th inc.; Sept. 10th to 15th inc. re Pergor)

Tues. Sept. 18th. Re: "Limelight": Claire Bloom (and mother) sailed on Mauretania from England en route to Hollywood for leading feminine role in picture.

Wed. Sept. 19th. Rewritten and revised script of "Limelight" sent to Loyd Wright's office for copyrighting in Washington, D. C. (Memo: Copyright certificate in studio office safe.)

Wed. Sept. 19th. Recording ballet sequence music at Sound Service. Conductor Keith R. Williams. Two sessions: 1 to 4 PM. 6 to 9:15 PM.

Miscellaneous—On Daily Check

Thurs. Sept. 20th. Recording ballet sequence music at Sound Service. 8 to 11:15 PM.

Sept. 22nd. Sat. C. C. came to studio to cut ballet sequence music recorded on Wed. and Thur.

Mon. Tues. Sept. 17-18. Ray Rasch, musician, working on "Limelight" music with C. C. at Bevely.

ADVANCE SCHEDULE

Date Time Called Location

Set

Remarks

Production Manager

Kathleen Pryor-asst.

Assistant Director

（上图）卓别林与罗伯特·奥尔德里奇

（下图）1951年1月17日至22日的片场日志，这是拍摄《舞台春秋》的第一周。在此之前，卓别林制片厂被租给费尔戈公司拍摄电影《狼蛛》

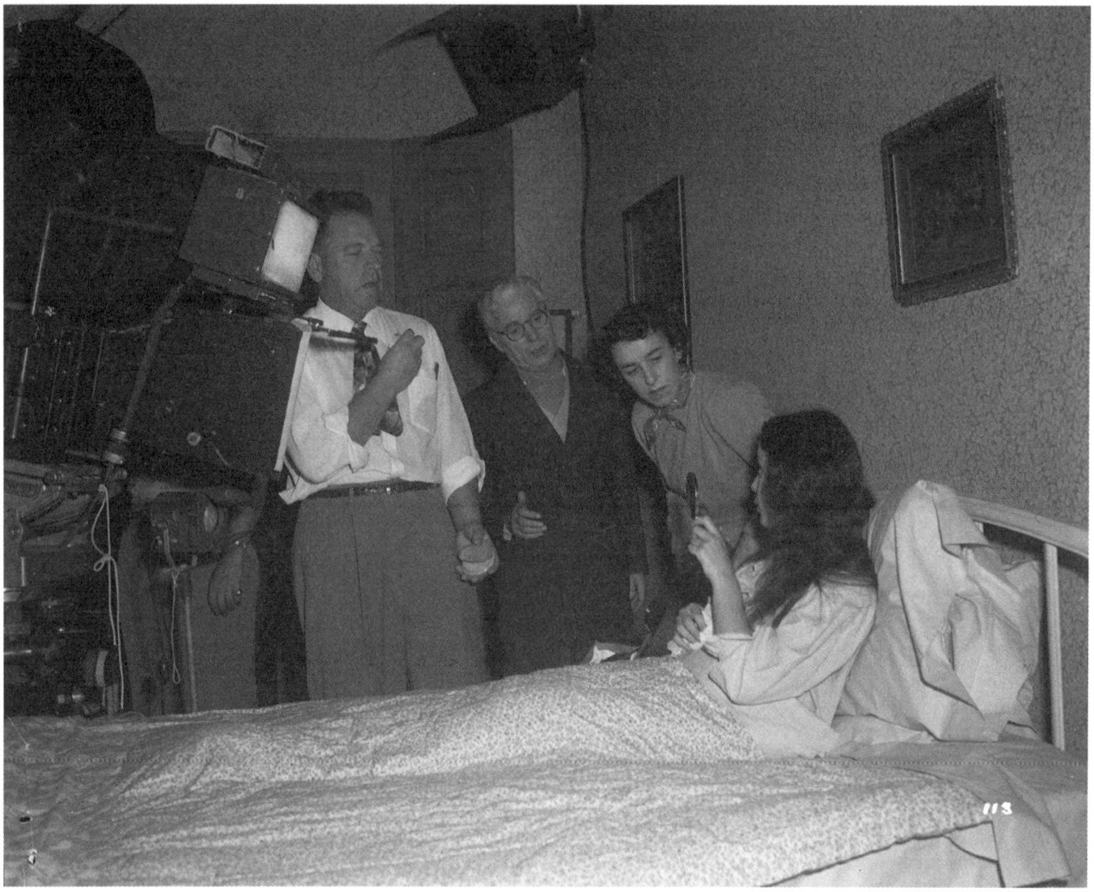

拍摄床上的一幕：华莱士·丘宁、卓别林、剧组美发师弗洛伦斯·艾弗里和克莱尔·布鲁姆

斯特拉文斯基笔下的现代音乐，只是他没有意识到，例如将不同的节奏混合。他没有意识到，只是靠感受，这太出色了！”[13]

《舞台春秋》的配乐很成功，拉施与卓别林的这次合作还有一个成谜的注脚。一九七三年，这部电影获得奥斯卡最佳原创歌曲和最佳原创配乐奖（尽管《舞台春秋》已是二十年前的电影，但是根据学院的规定，《舞台春秋》有资格参选，因为它直到一九七二年才在洛杉矶上映）。该奖项由查理·卓别林、雷·拉施和拉里·拉塞尔（1913—1954）共同获得。出现了拉塞尔的名字，这令所有与这部电影有关的人感到困惑，尤其是卓别林本人。卓别林档案中保存的一封信显示，在电影开拍前，拉塞尔曾主动要求担任指挥，却遭拒绝，而且从未受雇于制片厂。获奖已是意外，卓别林也没去领奖，拉塞尔的女儿和拉施的儿子一起领了奖。拉塞尔的遗孀也对拉塞尔获奖感到困惑，但她还是要求获得《舞台春秋》音乐演出版税的三分之一——她很快收回了这一要求，称“她提出这要求是出于误会”。[14]

二〇〇四年，作曲家、编曲家拉塞尔·加西亚（1916—2011）在接受采访时给出了一种可能但仍然牵强的解释：[15]

特蕾莎和卡尔费罗

雷说“可以”，但他不知道如何编排，所以他让我和他一起工作，而我编排了整部电影的音乐。当然，我们必须考虑查理的主题，它们都是卓别林的主题。后来，他们为查理·卓别林的这部电影颁发了“死后的”（原文如此）奥斯卡金像奖，他们说“雷·拉施得了奖，但是已经去世了；有人和他密切合作，一个叫拉塞尔的人”，有人说“我想是拉里·拉塞尔”。他当时是有名的编曲人，所以他们把奖颁给了雷·拉施、查理·卓别林和拉里·拉塞尔！现在我不知道拉里·拉塞尔是否和这部电影有关，实际上是我……拉里·拉塞尔在此期间去世了，所以他们也不能和他核实一下。这种事情在这个行业里时常发生。

这种解释的问题是，在录音室秘书凯瑟琳·普赖尔精心保存的工作记录中，加西亚的名字根本没有出现。如果他真的创作了音乐，那只可能是他和拉施之间纯粹的私人安排。

在务实的德奥尔萨的帮助下，一份颇为整洁、合理的拍摄计划制定了出来。电影最终拍了五十九天，比计划的四十天多了十九天，与其说是由于意外或效率低下，不如说是由于原计划的

卓别林与埃格列夫斯基、海登编排芭蕾舞——滑稽表演

野心过大[16]。电影于十一月十九日在卓别林的制片厂开始拍摄，前两个半星期专门拍摄艾尔索普夫人公寓里的戏，其中有一天到转换场景拍摄莱昂饭店的戏。十二月六日，摄制组前往在卡尔弗城的派拉蒙电影制片厂，利用那里搭建的纽约街景拍摄艾尔索普夫人的公寓外景、邻近的当铺、药房，和特丽童年时闲逛过的皮卡迪利大街，在那里她看到她的姐姐露易丝拉客。

十二月十日到十七日，回到卓别林制片厂，拍摄各种单个场景，每个场景都需要单独配置：走廊、特丽童年时的家（起居室和卧室）、“女王的头”酒吧、波斯坦特的办公室、卡尔费罗与巡回四重奏表演的两个酒吧、米德尔塞克斯的化妆间、皮卡迪利大街帽子店的橱窗、特丽上的舞蹈学校、成年特丽的化妆间、雷德芬的办公室、莱昂饭店。

十二月十八日，摄制组转移到雷电华—百代电影公司，使用它的立体剧场布景。尤金·卢里耶回忆说：“这是一个完整的剧场布景，所以我们也可以在那里做后台工作。而且在制片厂工作比在真正的剧场要容易得多，因为你可以随心所欲地改变配置……我找了一些十九世纪八十年代的老布景画家来做舞台布景。”[17]《舞台春秋》剧组在这里待到了一月十一日。这三星期内（不包括星期天和为期两天的圣诞节假期），剧组集中精神拍摄，颇有成效，完成了两幕芭蕾舞的拍

埃格列夫斯基和芭蕾舞团在表演

摄，即《天方夜谭》和《滑稽表演》，特丽的试镜，帝国剧院的所有镜头，化妆间场景，米德尔塞克斯杂耍剧场的镜头和后来决定弃用的三个镜头——小特丽（芭芭拉·科宾饰演）上舞蹈课；德国杂技演员；芭蕾舞在上演时，紧张的卡尔费罗和另一个表演者抢卫生间。从一月十一日到一月二十五日拍摄结束，公司重新回到卓别林的制片厂，拍零星镜头、重拍卓别林唱歌的镜头以及具有历史意义的查理·卓别林和巴斯特·基顿的双人同台演出。

电影的两幕高潮是芭蕾舞—滑稽表演和卡尔费罗的最后一场表演（及死亡）。前者很早就开始计划了：在与拉施合作的一年中，卓别林创作了一出令人信服的芭蕾舞的配乐。原本有二十五分钟，后来缩减为十分钟。卓别林的计算中包含了一段四十五秒的段落，以适应安德烈·埃格列夫斯基《睡美人》中“蓝鸟”双人舞的编舞。

卓别林完成令他满意的音乐三天后，十月一日，舞蹈家梅丽莎·海登[18]和安德烈·埃格列夫斯基[19]从纽约乘七点十分的航班前来，十月三日晚上十一点离开。卓别林本来打算让英国舞蹈家、佳吉列夫芭蕾舞团的主要舞者安东·多林来扮演小丑，但是后来选了年轻的埃格列夫斯基。他让埃格列夫斯基寄来舞蹈演员的照片，可能担任克莱尔·布鲁姆的替身，卓别林从这些照片中选择了梅丽莎·海登。然而，这次短暂的会面令她感到他似乎对她不感兴趣，他的全部注意力都集中在埃格列夫斯基身上。五十多年后[20]，海登小姐接受过采访，混淆了事情发生的先后顺序，这是情有可原的，但她自信地回忆，他们只做了一个小时的即兴表演：

> 当你没有做准备的时候，你就要利用你拥有的表演经验。我和安德烈合跳过几出剧，他说："这一步跳巴兰钦的，下一步跳《空气仙子》和福金的动作。"我们就这样编排了一出双人舞。
>
> 卓别林说："好，好，好。这太好了。"
>
> 我们便这样跳了一个小时。我对安德烈说："他喜欢我们的舞，但我觉得他不喜欢我。我要停下了，我累了。你去和他谈谈，问他是否喜欢我。如果他喜欢，那好，我就继续跳；如果不喜欢，就到此为止。"
>
> 我当时说话的语气比现在柔和得多，他没有注意到我；我觉得谁都可以来演。他应该对我表现出兴趣。你知道，安德烈以前和他见过面。安德烈已经得到了这份工作，试镜的只是我一个人。
>
> 安德烈说："别担心，准备好登台。"
>
> 我了解到，他与卓别林先生谈过，并转达了我的意思，但我们从来没有明确表态。第二天早上我们就离开了。

制片厂的工作记录说他们和卓别林一起工作了整整三天，所以剩下的时间很可能都用来研究音乐了。

尽管准备得早，芭蕾舞的拍摄却是靠后的，是在雷电华—百代电影公司最后拍摄的。鲜有证据可以表明卓别林为编舞做了准备：他似乎依赖

（上图）梅丽莎·海登为克莱尔·布鲁姆在帝国剧院的试镜担任替身

（右图）试镜这场戏的克莱尔·布鲁姆

于舞者自己的发明和即兴表演的天赋。埃格列夫斯基的合同里规定，“某些动作可以选取你之前跳过的芭蕾舞”。

他没有编排任何舞步；他不懂得编舞。也许他的贡献就是提出建议。我们所有的舞蹈都来自我们两个，安德烈和我。而在蒙太奇[21]部分，都是我一个人做的。蒙太奇部分拍了两三个小时。他只是不停地说：“再来一次！”

我相信卓别林懂得舞蹈——他热爱芭蕾舞，尽管他从来没有谈论过别的舞者——但我们说的是古典芭蕾舞。我不知道他是否在芭蕾舞室待过，他的确可以使用经典芭蕾的词汇，比如“下蹲”，虽然他会读错音。

我和巴兰钦、阿什顿一起跳舞。这是一种词汇，一种编舞能力和创造力，只属于芭蕾舞的世界。我认为他没有那种特殊的经历。他是一个杂耍演员，许多杂耍演员对舞蹈有或多或少的了解，但谈不上古典形式的舞蹈，他并未受过那方面的训练。[22]

海登小姐比埃格列夫斯基早三天抵达制片厂，但是第三天才出现在镜头前，拍摄特丽在帝国剧院试演、内维尔钢琴伴奏的戏。海登小姐又一次被要求和着音乐即兴舞蹈——就像故事里的特蕾莎一样——当卓别林开始拍摄时，她还不知道到底要怎么办，她感到很不安。后来她意识到“他想要的正是即兴的感觉，就是那种紧张、不安、迟疑，我想这场戏应该就是这样的”。这是那天拍的唯一一场戏，十七分钟的拍摄。一开始就出了差错，给海登小姐化的妆不对，她从十点五十分工作到下午四点，当中只有半个小时的午餐休息。[23]

尤金·卢里耶为芭蕾舞—滑稽表演的第一场精心制作的模型，还剪出了哈勒奎的立体像

第二天早上，埃格列夫斯基来了，他的到来显然受到工作人员的欢迎。特殊的是，在他们所有的工作记录中，他总是被称为“安德烈”——这样直呼其名是片场对少数演员的恭维，梅丽莎·海登通常被称为“特丽（的替身）”，这是相当轻蔑的称呼。那天，他和海登小姐没有拍摄，但是他们很可能帮助设计了芭蕾舞《天方夜谭》。其中包括十二名舞蹈演员和九名异域风情临时演员（“一名苏丹人、四名宫廷显贵、两名太监、两名努比亚人”）。[24] 整个场景——背景大概是卢里耶聘请的十九世纪场景画家之一创作的——在一九五一年十二月三十一日星期六上午完成；那天下午，卓别林拍摄了他的《春天之歌》部分。隔天的星期一，他继续拍摄卡尔费罗的歌曲部分，星期二终于开始拍摄滑稽表演的戏，包括科伦拜恩临终前的喜剧部分。芭蕾舞的拍摄在一月四日、五日和六日三天全部完成。第二天早上，埃格列夫斯基和梅丽莎·海登离开，圆满地完成了拍摄。银幕上的芭蕾舞欣赏起来非常流畅，这要归功于埃格列夫斯基和海登的专业，还有科拉·帕尔玛蒂尔，她煞费苦心地分析每一条镜头，帮助他做剪辑工作。

对于今天的观众来说，最令人难忘的一幕还是世纪初两名杂耍明星的对手戏，他们后来成为了无声喜剧电影中最杰出的创作者。这场对手戏其实出现得偶然。这是他们第一次也是唯一一次在银幕上合作（两位艺术家似乎都是用即兴创作的方式完成了他们的杰作）。在一九五一年九月中旬完成的分镜头剧本中，这场表演只分配了一个镜头号码，尽管音乐二重奏的基本理念已经确立：

387. 观众视角的卡尔费罗

卡尔费罗
这吵闹声是怎么回事？
现在只要你们安静下来
规矩一些，我们就可以听一点儿
我自己创作的古典音乐
我的 Z 小调协奏曲
由伊戈尔·费德烈欧夫斯基钢琴伴奏
我拉小提琴

这时，一架大钢琴被搬上了舞台。卡尔费罗和他的搭档进入，并继续表演音乐。

高潮时，卡尔费罗（替身[25]）拉着小提琴，落入管弦乐池。他的搭档奋力向舞台两边呼救。然后示意乐队把卡尔费罗抬起来。两个乐师把掉进鼓里的卡尔费罗抬上来，再被两个舞台工作人员抬走，表演结束了，帷幕合拢，全场爆发出欢笑和掌声。

直到一九五一年十一月，演员名单上还没有“搭档”这个角色，更没有扮演者。杰罗姆·爱泼斯坦回忆道：

他不知道选谁来演。如果你记得他掉进了管弦乐池，两个家伙把他抬起来，让他在鼓里讲他简短的“谢谢”致辞。那个高大的家伙，查理一直盯着他看，他是西德尼·卓别林的替身。他一直盯着他看，他在想，那张脸弹起钢琴可能会很有趣。[26]我们正在为这个角色选角，开始提到备选人，有人找到他，说巴斯特·基顿破产了——他身无分文。巴斯特·基顿怎么样？他听到这个，他说：“让基顿演这个角色。把这个角色给基顿来演。”[27]

不过卓别林的顾问们并不清楚基顿的财务状况。基顿与埃莉诺·诺里斯结婚后，恢复了正常的生活，并在开启了一段成功的新事业——巴斯特·基顿秀（1951）。在与基顿的一次会面中，卓别林抨击了电视这种媒体，并不知道基顿已经去开设电视节目，并且反响不错，卓别林不禁尴尬。不过基顿似乎并没有生气。他曾告诉他的经纪人，如果有机会与卓别林合作，他愿意无偿效劳。事实上，商量的报酬是两天一千美元，虽然他最终是和摄制组一起待了两个星期。

一九五一年十二月二十二日，星期六，工作记录记载，基顿来雷电华—百代片厂报到，并在节礼日开始工作，帝国剧院化妆间的戏就是在这天拍摄的。第二天拍卡尔费罗之死那场戏，基顿几乎旁观了所有拍摄。饰演舞蹈总监博达林克的诺曼·劳埃德回忆，在这场戏中，卡尔费罗的眼睛闭着，因此卓别林看不到拍摄进程，基顿其实成了第二导演，为他喃喃地描述拍摄进程。[28]

十二月二十八日，卓别林和基顿第一次为他们的舞台表演拍摄镜头。其中一个镜头是插科打诨，他们穿着便服走进后台，从后台另一边走出来，已身着戏服；另一个镜头是与舞台导演发生

芭蕾舞—滑稽表演的第一场，惠勒·德莱顿（疯老头）、小查理·卓别林（小丑警察）、卓别林（小丑）、安德烈·埃格列夫斯基（哈勒奎）和克莱尔·布鲁姆（病重的科伦拜恩）

争执，导演试图阻止他们表演。那时基顿几乎无事可做，直到一月八日，一些为舞台备用衔接用日常镜头，用两个摄像机位分别拍摄远景镜头和近景镜头。每日拍摄记录这样描述他们：

> 387H 幕布打开……巴斯特和卡尔费罗进来。按照安排，巴斯特倒在钢琴下。卡尔费罗的脚被钢琴腿绊住。腿短的笑料……卡尔费罗扯掉衣领。
>
> 387R 巴斯特弹钢琴……卡尔费罗拉小提琴……掉进乐池里

虽然没有找到任何关于整个舞台表演计划的书面记录，但它一定是在某种程度上草拟出来的，因为这些早先拍好的镜头在第387场有字母后缀，服装和布景也已经准备好了。基顿和卓别林之间没有事先商量、计划或排练的记录——在雷电华—百代电影公司集中拍摄的日子里，这样的机会可能很少。梅丽莎·海登观察到他们初期拍摄：

> 当卓别林和基顿一起做事时，他非常认真，他的整个状态与那天早些时候和我在一起工作时完全不同。我从来没见过他和其他人一起拍摄的部分，他非常认真，我很惊讶。这是我第一次对这部电影和他本人有所了解。[29]

在完成的电影中，舞台表演的摄影在背景、基调和灯光上都是一致的，直到卡尔费罗倒下的最后一刻，镜头从（卓别林制片厂）的舞台切换到（百代电影公司）的宽视野场景，包括管弦乐池和指挥。灯光有一个明显的变化：之前，灯光从右侧照亮钢琴，而之后则是从左侧。

一月十一日，重返卓别林制片厂，现场拍摄正式开始。舞台一的布景也是在雷电华—百代使用过的。当天拍摄的戏被标定为387D、387E、387EE、387F和387FF，而且大部分似乎都与基顿弹钢琴有关。但是总的来说，整个戏是在第二天，即一九五二年一月十二日星期六拍摄的。卓别林和基顿在上午八点十五分来到片场，工作到晚上六点十五分。在这段时间里，他们拍摄了六千一百五十英尺，时长几乎七十分钟，是平均每天拍摄时间的三倍多。片场记录员努力地给拍摄的镜头编号码，但卓别林和基顿似乎是在不断发展出要拍的戏，对下一步会发生什么不给任何提示。我们在科拉·帕尔玛蒂尔的片场笔记中找到的记载佐证了这一点。她试图记下他们做的动作，很快放弃了给镜头编号码的念头。这些笔记仅是记给她自己看，部分是速记，字迹难以辨认，但就能辨认出的单词而言，它们似乎证实了卓别林和基顿的工作大致是按顺序进行。这些会稍后整理的笔记，是她为拍摄的镜头做的粗略的连贯记录。以下原是打字稿，标明着重号的是手写的改动。

> B 弹钢琴……按下琴键…… 琴谱滑落的桥段……
>
> C 先生进来走向他……告诉他把琴架子放低，把乐谱放在上面…….
>
> 和弦……C 先生回去……蹒跚而行……腿的表演[30]……把腿伸直…把手绢塞进衣领……鞠躬
>
> 介绍……
>
> C 先生的脖子缩进领子里……他穿过去走

这是科拉·帕尔玛蒂尔的一页笔记，可以看出她在竭力把镜头前卓别林和基顿的即兴表演动作一一记录下来

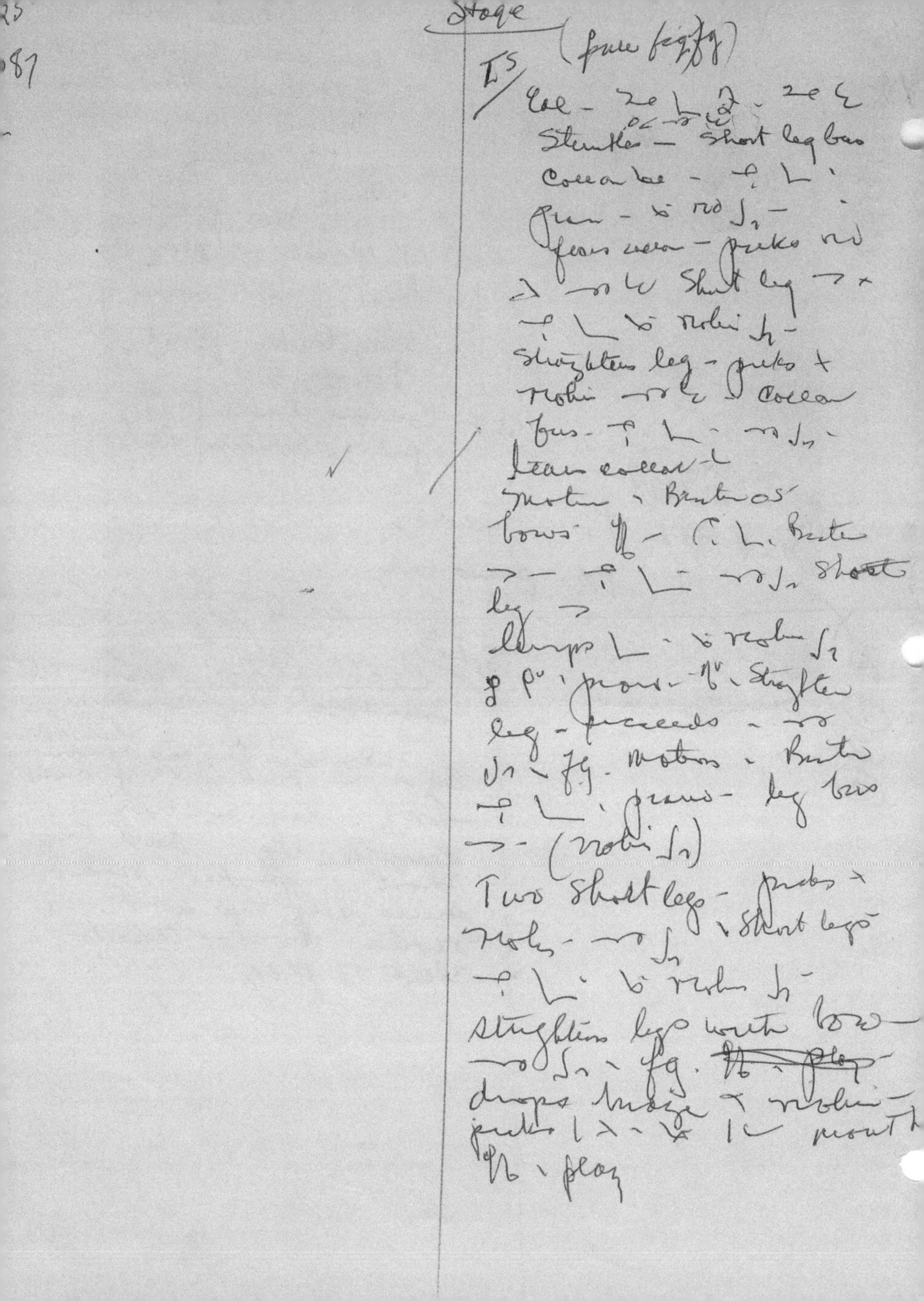

23

187

Stage

(pure fig/fg)

I.S

Eal – [illegible]

Stumbles – Short leg bars

Collar bone – [illegible]

[illegible] – [illegible]

fears near – picks [illegible]

[illegible] Short leg [illegible]

[illegible]

Straightens leg – picks +

[illegible] Collar

bars – [illegible]

[illegible] collar [illegible]

[illegible] Button [illegible]

bows [illegible] – [illegible] Button

[illegible] Short

leg [illegible]

[illegible]

[illegible] Straighten

leg – succeeds – [illegible]

[illegible] – fg. motions – Button

[illegible] – leg bars

[illegible] – (robin [illegible])

Two Short legs – picks +

robin – [illegible] Short legs

[illegible]

Straightens legs with bow –

[illegible] fg. ~~[illegible] play~~ –

drops bridge + robin –

picks [illegible] mouth

[illegible] play

义演前的化妆间：基顿与卓别林

向巴斯特…… 巴斯特把他的脖子拉出来……他们互相鞠躬

C 先生回去……蹒跚而行……腿的表演 30……把腿伸直……

领子的表演…… 巴斯特冲向他……抓他的头发把他拉起来……

脚的表演 C 先生回到钢琴边，把小提琴放下……走来走去……

2 或 3 开始弹钢琴……C 先生通过踩在上面把腿放到地方……

他拿起小提琴……

介绍……

领子的表演。把领子扯下来……

给小提琴调音……弦拉断了……

把小提琴扔一边……从裤子里拿出另一把……

巴斯特敲琴键……从钢琴里传出奇怪的噪声……

~~C 先生放下小提琴，他们检查钢琴里面……~~或者 C 先生把小提琴给巴斯特，他们根据小提琴来给钢琴调音……

当他们检查钢琴里面时……弦断了打在 B 的脸上……

巴斯特走向小提琴……卡尔把琴弦递给

巴斯特，他把它们丢到一边。卡尔的手指摸来摸去，扫视着找小提琴。C 先生找小提琴……

巴斯特坐下……

“你在找什么？”

“我的小提琴。”

~~“你可能把它落在楼上了。”~~

你找过钢琴底下了吗？

B 指了指

“我的小提琴呢？”B 指了指，在这里。B 指着。

C 先生看了看钢琴底下…… B 盘起腿，C 发现小提琴在 B 的脚上…… 巴斯特擦了擦眼镜，看着在脚上的小提琴……

C 先生把小提琴从 B 的脚上拉下来……他们摔倒…… C 先生抱着坏了的小提琴……巴斯特摔在了钢琴上。

卡尔抱住坏了的小提琴，“你让我还怎么拉它”

C 先生把小提琴扔到一边……从他的裤子里拿出另一把……

脚的表演

~~巴斯特拿来小凳给他解围~~

（这里我们换成了真正的凳子）

或者巴斯特把凳子扔到地板上（扔向脑袋）替他解围。

两人的腿都变短了……

巴斯特回到凳子上……C 先生跟着他，两条腿都缩短了……

“看看你现在做了什么……把我弄出去。”

演奏悲伤的音乐？台词

C 先生回到舞台中央……巴斯特跟着他……拉他的头发……

卓别林和基顿的节目：
（上图）在舞台侧翼　（中间）在卓别林制片厂拍摄
（下图）在雷电华—百代制片厂拍摄

巴斯特的琴键？恐吓的表情——快速的音乐随即变成呜咽的音乐

C先生在演奏……哭泣着……湿透了手绢……他们俩手放在钢琴上，一起哭了

然后走到一起……C先生趴在B的肩膀上哭泣……眼泪把巴斯特弄湿了……钢琴里的弦崩断……快速的音乐，他们掉入乐池。

这可以看作是一月十一日至十二日拍摄的素材粗略而又连贯的记录。编辑后的记录更简洁，省略了大部分对话：

他们进来——鞠躬——各就各位——开始调音

基顿敲打琴键——乐声大作

卡尔费罗被自己的领子噎住——把它扯了下来。

在基顿与音乐斗争时等待——不耐烦地用琴弓敲击钢琴。

正当他要演奏的时候，卡尔费罗的腿开始缩进又伸出，令人很担忧，而巴斯特在与音乐做斗争，最后决定把乐谱架放平。

他们试着调音。当巴斯特给他更高的音时，卡尔费罗的琴弦断了。

他走向钢琴，但是当他试着弹调出的音时，琴弦也断了。他从钢琴上扔下巴斯特的乐谱，拿起一个油罐。现在他给巴斯特弹一些音，让他给小提琴调音。

弦继续断裂。卡尔费罗掀开钢琴盖，把小提琴扔到地板上。

巴斯特踩小提琴。

卡尔费罗把琴弦从钢琴里扯出来，巴斯特用剪刀协助他。

卡尔费罗向他展示钢琴已经修好了——他骄傲地走开，却又徒劳地找小提琴。巴斯特指着好几个地方，坐下，盘起腿——小提琴出现了。

把它从巴斯特的脚上夺下来，把他推倒在地。

B开始伴奏，但卡尔费罗说：“你让我还怎么拉它？”

他从衣服后面又拿出一把小提琴开始演奏。

首先是一首疯狂的小品，然后是一首伤感的曲子，演奏这首曲子时，卡尔费罗亲吻着小提琴，说出了这一幕保留的唯一一句台词，“哦，亲爱的”。他和基顿默默落泪。

然后他又回到了疯狂的部分，变得越来越疯狂。基顿从凳子上摔了下来。

后来的剪辑用了两人都在的镜头（基顿又坐回凳子上），这方便切换到在百代片场拍摄的全舞台镜头。除了又切至基顿弹钢琴的镜头，百代片场拍摄的镜头持续到表演结束。

最后一次剪辑之前，五月八日，卓别林在德奥尔萨允许重拍的四天中，把腿缩短的动作做了更多的练习。剪辑时，卓别林集中给自己的戏份做减法：将缩短腿的表演浓缩成一个小的插科打诨，领子的表演实际上被删除（淘气的衣领爬上他的脖子，蒙住他的头，这一部分被立刻删除，也再没有恢复）。当爱泼斯坦抗议这些删减时，卓别林反驳说：“不能太长……如果我们逗人笑了，我会非常高兴。”[31]另一方面，基顿的戏份完整地保留，有力反驳了“卓别林因为嫉妒删除了基顿最好的表演”的不实传闻。爱泼斯坦记得，“他给了巴斯特·基顿充分表演的自由。他想要

尽其所能拍出最好的影片。”[32]

二月四日至八月二日，卓别林在忙剪辑，其中五月五日至八日因重拍而中断几天。八月底，配音工作完成了。九月三日，卓别林去布林办公室听取他们的建议。这些记录于九月五日生效，但没有发现任何改动。

卓别林尊重自己的剧本——毕竟，它代表了“摇动大树”这一比喻的倒数第二个阶段。除了语言上的细微变化、一些场景的调换，以及芭蕾舞和卡尔费罗—基顿几乎没有剧本的对手戏，这部电影是遵照剧本拍的——省略了三个在剪辑阶段被弃用的片段。如我们所见，杂技演员表演，越来越显得不搭界的累赘，完全弃用。芭蕾舞进行当中，紧张不安的卡尔费罗和一个小丑在后台抢着上厕所，这也是让人分心的部分。更重要的是，特丽童年的回溯——从《脚灯》到最后的《舞台春秋》剧本，倒叙内容已非常少——最终被完全省略，令影片有了一个更快入戏、更有成效的开头。

一九五二年十月十六日，这部电影在伦敦首映，一个月后，一个更重要的场景消失了——发生在“女王的头”酒吧，就在卡尔费罗救了企图自杀的特丽之后不久。卡尔费罗和他的经纪人雷德芬约在酒吧会面，但雷德芬并未出现。其他饮酒者对他品头论足，却不曾想见到他的朋友克劳迪乌斯。克劳迪乌斯是“无臂奇人”，一个成功的杂耍艺人，刚从欧洲旅行回来。克劳迪乌斯对卡尔费罗的疾病和缺乏工作表示同情，借给了他二十英镑的“贷款”，这是他让卡尔费罗从他的钱包里拿的，在他前胸口袋里。塞西莉亚·森希亚雷利详尽地描写了这一场景对卓别林的意义：

> 事实上，这部电影的许多关键议题，都在这一短小精悍的场景中（卡尔费罗深刻的失落感、他不顾公众的评判竭力维护尊严）以一种相当强烈也多少令人不安的方式引出。很多学者花大篇幅研究克劳迪乌斯这个人物角色，以及他们相遇的那个酒吧装潢，说相遇这一幕对卓别林来说无足轻重很难令人相信。[33]

在《脚灯》众多草稿之一里，克劳迪乌斯再次出现是在卡尔费罗的义演上，和并和他共用一间化妆间。在另一段文字中是这样写的：

> 他偶遇了克劳迪乌斯，克劳迪乌斯当然打算加入他的义演，卡尔费罗邀请他到新公寓吃晚饭；克劳迪乌斯很少接受邀请，除非是亲密好友。他们俩会回忆往事，推究哲理，而特丽会聆听他们谈话。

在其他方面，克劳迪乌斯的消失使故事的连续性有所欠缺。人们再也无法解释卓别林是如何突然从当铺赎回小提琴，并给特丽送来鲜花和食物的；我们不再承认卡尔费罗从雷德芬那里收到的道歉信是由于克劳迪乌斯的干涉；这句话没有任何解释，“我认识一个没有胳膊的人，他能在小提琴上演奏诙谐曲，而且是用脚趾演奏的”。正是这句话指引我们去辨认克劳迪乌斯的真实原型，他给年轻的卓别林留下了深刻的印象（参见170页）。那么，为什么他和前面一幕（卓别林从“女王的头”酒吧离开，发现艾尔索普夫人为新房客清理房间）一起被淘汰了呢？这件事的解释可能再普通不过：这部电影过去很长，现在仍然很长。就叙述的主线而言，这个克劳迪乌斯是该舍弃的。在一九五二年十一月十日那一周的片厂日志中，凯瑟琳·普赖尔记录道：“把‘克劳迪乌斯’的

Among his admirers was Claudius, the armless wonder. He was a squat, barrel-chested, ugly man of about fifty, born without arms, with a pilis defectus face and scant, mousy, straight hair on his head.

In the theatre he kept very much to himself. Few people knew him intimately, because few wanted to know him. But those who did, found him a loyal friend, courteous and intelligent. There was an emotional life within him which few suspected. It was revealed in his taste for literature which included every aspect of cultural life -- the classic, morphologic, the philosophic and historical to the fin de siecle in fiction. He was extremely well informed on the ancient civilations of Egypt, Rome, China and India, and would hold forth for hours on these subjects to a sympathetic listener.

Many a time when Calvero entered his dressing room, he would find Claudius sitting at the dressing table with a German translation of Descartes, too tired to use his toes, 'thumbing' its pages with his nose.

This literary side of Claudius came as a revelation to Calvero, and out of it developed as close approximation of friendship as Calvero was capable of having with any man. It was not that they were great friends. Calvero counted no one in that category. But no one was more surprised than Calvero, when he discovered to what extent Calvero held him in esteem.

镜头从《舞台春秋》中剪去（遵照卓别林的指示），并且插入了新的‘淡出’与‘淡入’。”

这份《脚灯》的初稿对“无臂奇人”克劳迪乌斯的描述更为详尽：提到“笛卡尔著作的德语译本”，证实了卡尔·乌桑是这个人物的原型

杰拉尔丁和迈克尔·卓别林站在派拉蒙片场艾尔索普夫人的公寓前面

《舞台春秋》的伦敦

《舞台春秋》全然是在好莱坞创作的。街景是在派拉蒙片场一处老纽约红砖建筑街道拍摄。杂耍剧场在雷电华—百代电影公司拍摄。泰晤士河堤岸和大本钟都是照片背景投影，由英国科尔达制片厂的摄影师精心制作，并且运来美国。演员既有英国人，也有美国人。然而，这部电影依然散发着典型的伦敦气质，源于卓别林栩栩如生的记忆，也要归功于俄裔艺术指导尤金·卢里耶的努力。自一九三三年卢里耶在莱斯特广场的阿尔罕布拉剧院同巴兹尔上校的俄罗斯蒙特卡罗芭蕾舞团合作以来，便特别怀念伦敦。大概是为了给他参考，卓别林仔细阅读自己收集的《笨拙》和《河岸》杂志，甄选出不少图片。其中一些显然是为了呈现他心目中的萨尔杜文具店、卡尔费罗的公寓以及室内楼梯应该是什么样子；另一些则是为了还原一战前伦敦人的行为举止和生活习惯，那已成了较为遥远的历史。卓别林觉得《笨拙》上一幅画有三名食客的漫画，符合自己对波斯坦特、特丽、内维尔如何在帝国剧院庆祝首演成功的晚宴的构想。

艾尔索普夫人公寓外景

《舞台春秋》表现了一小块伦敦——仅四分之一平方英里，北面至牛津街，西面至摄政街，东面至查令十字街，南面至一系列大街：摄政街扇形区域、温室街、考文垂街、莱斯特广场的北侧立面克兰伯恩街，这就是“索霍区”，它得名于狩猎的呼喊声，在十六世纪，这片土地是皇家狩猎场。自十七世纪末起，它变成了居住区，吸引了众多外国移民，并因此出名，直到二十一世纪也依然如此。卡尔·马克思曾经住在迪恩街。在十九世纪，这里居住过许多著名艺术家，也一直是独立手艺人的聚集地。从十九世纪下半叶起，从音乐厅、剧院、杂耍场到妓院，这里又成为了各种娱乐场所的中心。二十世纪二十年代，电影公司搬了进来，而到了二十世纪末，“性场所”的数量达到巅峰，超过一百五十家。之后，这两种行业渐渐衰落进。

在《舞台春秋》设定的时代，即第一次世界大战前夕，剧院仍然是主流的娱乐方式。威利·克拉克森的假发店和服装店分别设在沃德街 41 号和 43 号；阿利亚斯夫妇的服装店，在索霍广场 36 号，

深夜，特蕾莎和卡尔费罗坐在泰晤士河堤岸边（盖斯·塔尔伦饰演熟睡的流浪汉），她很高兴她的腿康复了

为帝国剧院和阿尔罕布拉剧院的芭蕾舞演员提供了大部分服装。而服装供应商莫里斯·安琪儿的店则在沙夫茨伯里大街117号。剧院和杂耍剧场的经纪人，如约翰·亚当斯、沃尔特·本特利、乔治·布鲁克斯、杰克·德·福埃斯和埃格伯特都在沙夫茨伯里大街，而格罗史密斯、卢里耶拉德和克拉伦斯·赫斯特则在黄金广场。还有更多的在周边地区，在查令十字街和牛津街。一九〇三年七月，布莱克莫尔经纪公司——在加里克街11号，是在查令十字街另一头两百米的地方——为十四岁的查理·卓别林找到了他在有营业许可的剧院的第一份工作。在《舞台春秋》中，波斯坦特就是去这家经纪公司，寻找代替卡尔费罗演出的演员。卡尔费罗的经纪人萨姆·雷德芬把他的办公室“设在一家大型书店的楼上，就在离河岸街不远的一条小街上，考文特花园附近”。那一定是贝德福德街，经纪人弗兰克·库克和弗兰克·韦瑟比的办公室就在索霍区外不到四百米的地方。至于下面的书店，23号的弗兰基·库克书店的入口就在A. 莫里斯书店的隔壁，27号。

《脚灯》中交代，艾尔索普夫人的住所“在索霍区的一条后街上”：即使索霍区从来没有出现过电影中那种纽约宽阔的红砖外墙，建筑内的旧楼梯却是相似。年轻的特丽和她的家人住在“离

泰晤士河堤岸的一张干版照片，受尤金·卢里耶委托，
由亚历山大·柯尔达的伦敦片场的静照摄影师制作

尤金·卢里耶设计的雷德芬办公室外的等候厅

沙夫茨伯里大街不远的一条小巷的两间房里”。约翰先生的芭蕾舞学校也在沙夫茨伯里大街。萨尔杜文具店位于索霍区的中部：如果它有原型，那想必是位于希腊街 2 号的珀西·哈吉斯，是唯一一家文具店，报刊经售人倒是有十几个，大多是女性，方便住在这里的艺人购买必读杂志，即《纪元》周刊：

> 这是一个小型文具店，总是有着过量的库存，堆满了报纸、杂志以及通常的文具用品。此外，还有室内游戏、口技艺人娃娃、化装舞会面具，还有玩具剧场（包含弯曲的舞台、舞台背景和舞台角色）。这家店有一股刺鼻但并不难闻的油墨味、皮革制品气味和玩具油漆味。

我们从其他资源中也能知道，卓别林为十九世纪的玩具剧场着迷不已。[1] 这些玩具剧场在伦敦售卖，“花一便士就买得到，花两便士就能买到彩色的”。伦敦上演什么戏，玩具剧场就演什么，圣诞节童话剧尤其受到欢迎，那也是芭蕾舞《滑稽表演》的灵感来源。

令人惊讶的是，索霍区直到第一次世界大战

（上图）雷德芬办公室外的等候厅

（中图）尤金·卢里耶设计的考文垂街角的莱昂饭店

（下图）电影中出现的饭店一角：西德尼·卓别林和克莱尔·布鲁姆

后才获得享乐主义的名声：野心勃勃的食客会前往皮卡迪利大街或莱斯特广场用餐。《脚灯》提到了各种餐厅和酒馆，“女王的头”酒吧是附近剧院的演员聚会的场所，他们穿着戏服化着妆来到酒吧，还有“新闻记者、运动员、娼妓和一些不伦不类的人”，直到今天这个酒吧依然如此，在登曼街15号，靠近帕维廉戏院和特罗卡德罗餐厅。在卡尔费罗光顾期间，执照从埃文·大卫·理查兹传到他的儿子亚历克·赫伯特·理查兹——

> ……这是一个令人愉快的宁静晚上，每个人都压低了声音说话，就好像我们观看演出时要保持安静一样。只有到了白天，那里才嘈杂起来，四处都是谈话声。演员和经纪人会聚在一起，边喝啤酒边谈生意，或是在酒吧吃午饭。

令人讨厌的驯狗人古诺告诉特丽，他在莱斯特酒吧里遇到了她的姐姐露易丝。这间位于新考文垂街1号的富丽堂皇的维多利亚式酒吧在第一次世界大战中并未幸存下来。沿着考文垂街再走几步，离帝国剧院还有几分钟的路程，就是莱昂饭店，即内维尔和特丽偶遇吃午饭的地方。它建于一九〇九年，这是J.莱昂有限公司在伦敦西区的几处关键地点建立的第一处餐饮大楼，其他两处分别位于河岸街转角、托特纳姆法院路和牛津街的交汇处。建筑均为四到五层，每层设有独立的餐厅，为不同经济条件的客人服务。考文垂街角的这家餐厅是最大的，可以容纳四百五十名食客。所有的餐厅都会演奏悦耳的音乐，配有“现代”装饰，随着时间的推移，发展成为装饰派艺术。一楼还设有食品部（每天可提供两次送餐上门服务）、美发沙龙和剧院售票点。在一段时间里，餐厅一

本雅明·波洛克为他的玩具剧场创作的人物图，是19世纪英国哑剧的滑稽角色。尽管出版于19世纪60年代，却涵盖了《舞台春秋》中滑稽表演的所有角色——哈勒奎和科伦拜恩、小丑（卓别林饰演）、疯老头（惠勒·德莱顿饰演）和小丑警察（小卓别林饰演）。卓别林很喜欢这些人物，他描述萨尔杜文具店里有卖，而他自己应是从波洛克先生的店里买来的

天二十四小时都开着。女招待穿着别致的黑裙，头戴白色缎带帽子，很快就被人叫作“nippies”——莱昂饭店早在一九二四年就注册了这个词。在《脚灯》中，内维尔与特丽就在那里一起吃午饭，女招待们被他们浪漫的谈话迷住。[2] 一八九六年在沙夫茨伯里大街与皮卡迪利大街交汇处开了一家金光闪闪的连锁饭店，《脚灯》中雷德芬代理的更成功的艺人在那里吃饭。

《舞台春秋》里只有两场戏发生在索霍区外——卡尔费罗卑微地拜访雷德芬的办公室，以及随后在米德尔塞克斯杂耍剧场（离索霍区东边六个街区远）表演（在《脚灯》中，这场灾难性的表演发生在半英里外的霍尔本帝国剧院）。那么，索霍区以外的伦敦似乎是一个充满危险的陌生地方。皮卡迪利大街和牛津街让特丽回忆起她目睹姐姐露易丝在拉客的羞耻之事。露易丝成为南美人的情妇后，搬到了“贝斯沃特的一套豪华小公寓”。特丽还记得她在诺瑟普腌菜厂的工作，一种可怕的酸味和芥末混合在一起，把她的手都染黄了。这源自卓别林对肯宁顿的海沃德腌菜厂

的回忆。一八九八年，卓别林和母亲住在麦斯利街的一处小房子里，旁边就是这家腌菜厂的后门，味道刺鼻。卡尔费罗从位于皮姆利科街的一套“相当舒适”却不太负担得起的公寓搬到艾尔索普夫人家。电影《舞台春秋》接近尾声时，卡尔费罗去布里克斯顿的格伦肖大厦看一套新公寓，那座冷清的维多利亚式建筑是一九〇八年查理·卓别林和西德尼·卓别林租下的第一间公寓。对于家门口以外的地方，特丽为数不多的苦乐参半的回忆之一就是去皇家阿尔伯特音乐厅的顶层楼座听内维尔的交响乐。

帝国剧院的首演结束后，尽管特丽仍然住在附近的索霍区，内维尔还是要叫出租车送她回家，绕远路穿过皮卡迪利大街。这是一次本不必要的行程，却让卓别林有机会抒发对夜晚伦敦的感情：

> 在这温暖的秋夜，他们驱车回家，空荡荡的街道被弧光灯照得通亮。演出结束，皮卡迪利大街就像空荡荡的舞台。工人正在用水管冲洗道路，清理白天留下的垃圾。商店的窗户是黑色的，看起来仿佛紧闭的眼皮。街道看起来疲惫而苍白，似乎是在欢迎人类消失带来的释放。

不同寻常的是，地图上的那块凸出物，不是正式的索霍区，而是莱斯特广场。索霍区的南面以广场北侧为界，包括帝国剧院。包括剧院本身在内的一切都在索霍区，但剧院前面的区域则不属于。然而，帝国剧院——《舞台春秋》关注的焦点——一定是以“莱斯特广场的帝国剧院”称呼。广场在《脚灯》和《舞台春秋》中均有表现；它有自己的历史，有鲜明的特征，正如索霍区一样。在同一区域内还有另外三家剧院——西端的

（上图）艾尔索普夫人的公寓后部，从卡尔费罗的房间可以看到的景象

（下图）庞纳尔大街3号，伦敦肯宁顿，卓别林记忆最深的童年故居

帕维廉剧院，东端的第一大剧院，以及查令十字街路口的大马戏杂耍场——一九〇〇年，十一岁的卓别林在灰姑娘的厨房里扮演一只猫。

莱斯特广场得名于罗伯特·西德尼，即莱斯特伯爵，一六三〇年至一六三五年在北面建造了自己的宅邸。五十年后，萨维尔宅邸在旁边建起：从一七一七年起，两幢房子一并租给了连续两位叛逆的威尔士亲王。前面的花园可以公用，用于晾晒衣物，周围的房屋亦富丽堂皇，吸引了像威廉·霍加斯和乔舒亚·雷诺兹爵士那样的知名人士前来居住。到了十八世纪末，广场却渐渐变成表演和娱乐场所的聚集地。早在一七七五年，阿什顿·利弗爵士就租下了莱斯特大宅，用于展示他的动植物标本。展览收取门票，为了把"普通人"隔绝在外，而正是普通人后来成了该广场最重要的主顾。一七九四年，罗伯特·巴克在莱斯特广场建造了世界上第一个圆柱形全景图：图片不断变化，持续展出，直到一八六三年。从一八〇五

（上图）特蕾莎和波斯坦特（尼格尔·布鲁斯饰）在他俯瞰莱斯特广场的办公室里。这个窗户再现了帝国剧院外立面二楼的真实窗户

（右图）《脚灯》的一页，表达了对伦敦圣诞节童话剧的喜爱

A week after Terry left Sardous, she walked by Neville's house, but his room was dark and silent, and a card was in the downstairs front window, 'Room For Rent.'

****

Autumn was [redacted] nearing, and London was preparing for her [redacted] theatrical season. Dancing troupes, acrobats, trick cyclists, conjurers, jugglers and clowns were renting [redacted] clubrooms and vacant warehouses for rehearsals. Theatrical props, and costumers [redacted] were feeling the season's rush. A recumbent giant that would cover [redacted] a whole stage and that breathed mechanically, was being built in parts for the Drury Lane pantomime; so large that a ballet could enter from out of its breast coat pocket.

Special devices for Cinderella's transformation scene; Pumpkins to be transformed into white horses, contrived by the aid of mirrors; paraphernalia for flying ballets, cycloramic tracks, horizontal bars, and tight ropes; Orders for new conjuring tricks, odd musical instruments, padded wigs and slapstick contraptions [redacted], all to be ready for the Christmas. Pantomime

（上图）纪念帝国剧院成立25周年的节目单，这是《脚灯》故事发生的前两年，由C.威廉设计，上面列出了那个时期主要芭蕾舞的名称

（下图）为庆祝1902年英王加冕典礼而演出的芭蕾舞《我们的王冠》，装饰得花团锦簇的帝国剧院

年到一八四六年，林伍德小姐著名的刺绣画在萨维尔宅邸展出（那时，该建筑里可以进行各种时髦的娱乐活动，有台球房、射击房、有可以容纳二千名舞者的瓦伦廷大厅、体育馆、击剑训练场、咖啡室、酒窖，和沃顿女士的活人雕塑“瓦尔哈拉殿堂”）。一八五一年，制图师詹姆斯·瑞尔德在花园里建造了他的大地球仪——一个相当奇怪的、内里朝外的模型。在伦敦博览会那年，它获得了巨大成功，类似的展览越发少见，这一模型便一直展出，直到瑞尔德十年的租期届满。到了十九世纪中叶，广场上到处是土耳其浴室、餐厅和咖啡屋。一八四四年，一位作家悲叹道：“近来，专为那些来路不明的外国人建造的旅馆遍地都是。”

然而，最终塑造了莱斯特广场的风格与魅力的，是十九世纪下半叶兴建的两座大剧院。一个在广场北面，一个在广场东面，彼此始终是对手。在《脚灯》的早期草稿中，卓别林把故事的高潮，即芭蕾舞表演和卡尔费罗的义演均安排在阿尔罕布拉剧院。或许是卓别林仍然希望待在索霍区内，最终演出改在帝国剧院。阿尔罕布拉剧院是一座摩尔风格的壮观建筑，有巨大的圆顶和两座尖塔。此地于一八四〇年便可以使用，四栋十七世纪的房屋（24—27 号）被拆除，建造一座剧院和一个马戏场的计划也化为乌有。一八五一年，这片土地租了出去；一八五四年，名叫皇家科学圆形监狱的建筑正式落成，根据皇家宪章，这座博物馆致力于“科学和艺术的发现，进行高水平的演讲，促进各个阶层的总体提升”。伦敦人显然并未充分意识到如此巨大的改善，尽管有巨大的风琴和可将水喷射到穹顶高度的喷泉。两年后，该项目就宣告破产。戏剧界巨头 E.T. 史密斯以极

约1912年的莱斯特广场。两座大剧院——帝国剧院在左边，阿尔罕布拉剧院在最右边——隔着广场对望

低的价格买下了它，并于一八五八年重新开放，更名为阿尔罕布拉。他拒绝申领剧院执照，而是取得了音乐—舞蹈执照，一八六〇年再度开张，更名为阿尔罕布拉杂耍剧场。那些年里，它为人们带来各式各样的节目，包括马戏、杂耍、走钢索穿过尼亚加拉瀑布的布隆丹、“空中飞人”利奥塔德，以及争夺第一个世界拳击冠军头衔的比赛，汤姆·塞耶斯对阵约翰·希南。几经易主后，一八六四年，弗雷德里克·斯特兰奇（他起初是餐厅侍应生，后来因在伦敦万国工业博览会上供应饭食而致富）成为阿尔罕布拉剧场唯一的业主。他认识到其庞大的礼堂和舞台需要奇观和音乐，芭蕾舞就是非常理想的表演形式，同时散发着难以抗拒的性感魅力。一八四三年的《剧院法案》禁止任何戏剧化叙事，所以阿尔罕布拉芭蕾舞团一开始只做余兴表演。奇观——瀑布和暴雨，使用真实的水流；万花筒般的水晶帷幕；每晚都有大量的瑞美尔香水喷在观众身上；拥有两百人甚至更多人的芭蕾舞团，却在舞蹈编排上十分随意。直到一八六八年，剧院才聘请一位真正有地位的首席芭蕾舞者乔瓦尼娜·皮特丽，她曾在巴黎歌剧院、斯卡拉歌剧院和菲尼斯歌剧院跳过舞。

阿尔罕布拉剧院在起初遭受过两起挫折。一八七〇年，由于在芭蕾舞《民族》中，萨拉·怀特（人们都叫她“健壮的萨尔”）奔放的康康舞表演，使阿尔罕布拉剧场的音乐—舞蹈执照被吊销。在关闭的这段时间里，剧院被改造：一排排的座位取代了一张张桌子，原先观众坐在桌边，茶点供应应有尽有。从此以后，大厅里禁止吸烟。一八八二年十二月七日，阿尔罕布拉剧院

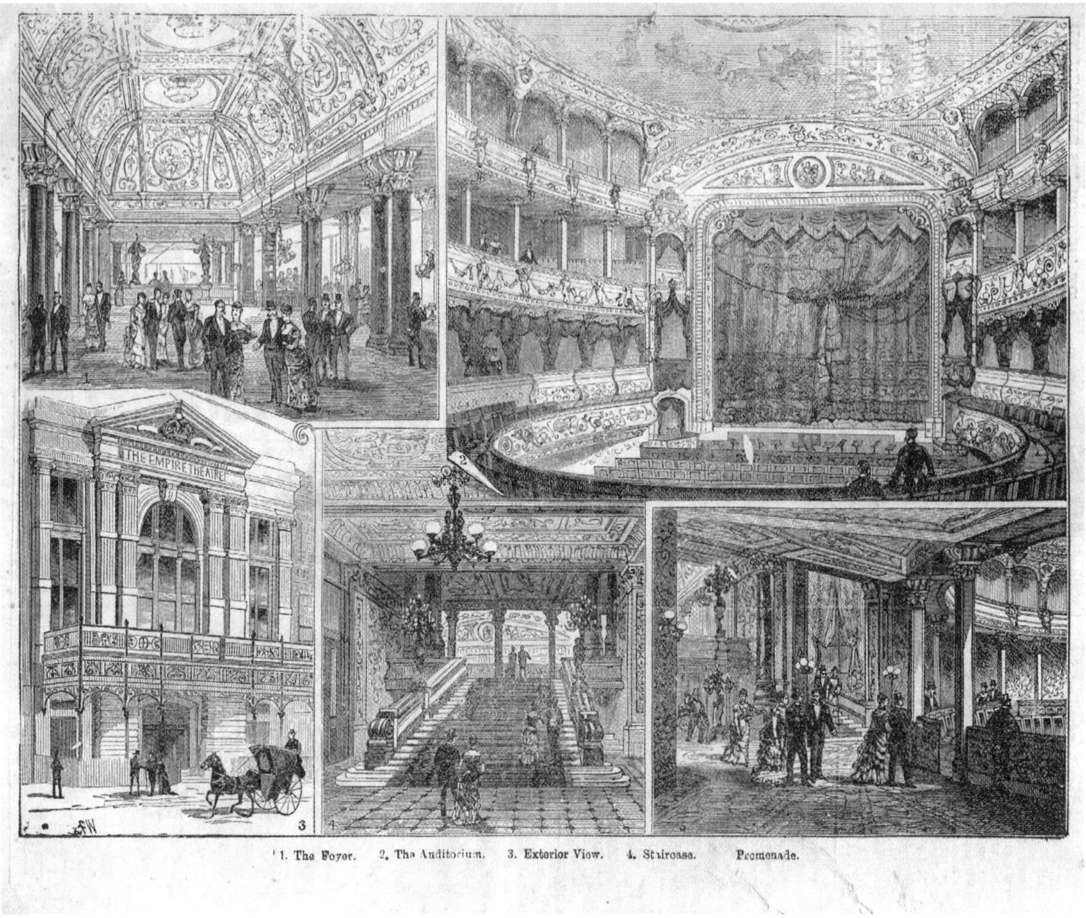

帝国剧院1884年开业。除了门厅，以及卫道士试图在1894年关闭廊厅以失败告终之外，几乎没有变化：从二楼可以看到波斯坦特办公室的半月形窗户

被大火烧毁，不过不到一年便重建了。遵循原来的摩尔式风格，只是换成使用钢铁和混凝土（由剩下的旧砖重新浇筑而成），以防再次发生火灾。一八八三年十二月三日，剧场重新开放，但是直到次年十月才恢复剧场的功能。而此时，它已有了一个真正的竞争对手——帝国剧院。

一八六五年二月二十八日，老朽的萨维尔宅邸发生火灾，一个工人持燃烧的蜡烛寻找煤气泄漏点，不小心引着了火。一系列项目——剧院、铺设一条从牛津街到莱斯特广场的新路、拟议中的阿尔卡扎剧院——都以失败告终，留下了一片令人沮丧的废墟。最终在一八八一年，一家法国公司建造了皇家伦敦全景宫，并且展出一幅一万五千平方英尺的“轻骑兵的冲锋”油画。一年后，有人计划将这座建筑改造成剧院，又经一番周折，由托马斯·维里蒂设计的帝国剧院于一八八四年四月十七日开业。原来的环形建筑恰好可以作为观众席，仅是前端被改造成舞台。为了与阿尔罕布拉剧院的装饰风格相抗衡，中国风主题被舍弃，取而代之的是第二帝国式——奶油色和金色搭配深红色的帷幕。

新剧院开业，第一次演出是赫维的歌剧《希

尔佩里克》，芭蕾舞由艾玛·蓓索内出演。但从那以后，作为一家常规剧院，经常变更管理人员，终究没有繁荣起来。在上演的轻歌剧和滑稽剧中，有到那时为止还没在伦敦演出过的《葛蓓莉娅》，以及演出过的《吉赛尔》。最终在一八八九年十二月，它变成了一座杂耍剧院，由两个杰出的表演家（欢乐剧院的乔治·爱德华兹和以在特鲁里巷皇家剧院制作歌剧和童话剧著名的奥古斯都·哈里斯）领导的公司接管。两人把精力集中在芭蕾舞上，由此扭转了剧院的命运。

帝国剧院的名声和人气远远超过了演出舞台。节目单的标题页吹嘘它是“世界性俱乐部与各国客人的汇聚地”。一九〇二年，罗兰·贝尔福特在一篇题为《在伦敦最时髦的剧院度过的一个小时》[3]的文章中问道：

> 有多少人意识到，对每个人（英国人、美国人和欧洲人）而言，帝国剧院在多大程度上代表了时髦伦敦的娱乐的一面？漂泊生涯的变迁使我学会与各国旅行者打交道。许多到过伦敦的人，仅是模糊记得圣保罗大教堂、威斯敏斯特教堂、伦敦塔等地，但所有到过帝国剧院的人，都赞叹不已，而且留下动人回忆……
>
> 在这里你可以见到伦敦的精英、最富有和最有影响力的俱乐部会员、最聪明的城市人、陆军之花、海军最耀眼的明星。美国百万富翁在辛苦工作一天后来这里放松……

对这些时髦的顾客来说（还有那些更朴实的年轻人，他们在设备齐全的地下室厕所里，可以换下工作装，穿上礼服），而且帝国剧院的廊厅也舒适，即第一圈座椅后面灯光明亮、镶满镜子的空间，卓别林在《舞台春秋》里给我们留下了

（上图）帝国剧院的廊厅

（下图）卓别林和卢里耶对廊厅的再现

《舞台春秋》：坐在帝国剧院前排观看卡尔费罗义演的观众

短暂而生动的印象。对少数希望观看演出的人来说，站在廊厅上可以看到舞台，但它最吸引人的地方是伦敦街上能见到的衣着最优雅的部分女士也出现在这里。想进入廊厅需要五先令，但是为了增加剧院的魅力，一些女士可以免费入场。马克斯·比尔博姆说："极乐世界，是镀金的青春和装扮的美相遇的地方，伴随各种音乐和闪闪发光的歌舞女神忒耳西科瑞，在电灯光的照射下。"阿尔罕布拉剧院的廊厅也提供了类似的服务，不过鉴赏家们认为出现在帝国剧院的女士来自上层阶级。帝国剧院的另一个不太被注意到的特征，是伦敦的同性恋公子也喜欢在廊厅闲逛，这一点并没在《舞台春秋》中出现。一八九四年十月十五日，在郡议会的一份没有署名的信件中，引用剧院经理罗伯特·威廉·埃亨在驱逐一个他认定为"鸡奸者"的男子后说的话："一星期下来，如果他愿意，能勾搭上两百个人。"在阿尔罕布拉剧院也是一样：著名的异装癖厄内斯特·博尔顿和弗雷德瑞克·帕克（即斯泰拉和范尼）便是明证。一八七〇年，剧院的管事承认失职，没能及时把年轻男人赶出去，并补充道："我在剧院里看到了大约二十个抹粉的年轻男人，与博尔顿、帕克在一起。"[4]

卓别林在《脚灯》中赞赏地描述五先令廊厅带来的乐趣：

> 位于莱斯特广场的帝国剧院是来伦敦游玩的欧洲人和亚洲人的聚集地。廊厅坠着水晶

吊灯，铺着柔软的地毯，包着粉色头巾的王公、穿着笔挺军服的外国军人正在漫步；其他人在装饰华丽、镶着镜子的酒吧里呷着香槟，向美丽的“贵妇”频送秋波，跟她们约定演出后一起离开。穿着晚礼服的老人向衣服镶着金边的特使打听某位女士是否愿意和他一起喝一杯伯瑞香槟。特使心照不宣地眨了眨眼睛，走向那位女士并把她带到了他身边。所有这一切都发生在晚上的表演期间。

隔壁的女王旅馆无疑是落脚休息的好地方。

不论是否因为被它的感官刺激所吸引，在几代人眼里，帝国剧院是名副其实的“世界俱乐部”，带有神秘的怀旧和团聚的气息。罗兰·贝尔福特描述了从布尔战争归来的军官们在帝国剧院相遇（“我以为你死在了玛格斯方丹！”），还有在符拉迪沃斯托克偶遇一位哥萨克军官，在西伯利亚大铁路修好之前，符拉迪沃斯托克就是世界的尽头，“啊，伦敦，”年轻的军官眼里闪烁着喜悦的光芒，“伦敦——帝国！”

这种怀旧之情在杂耍剧场里演唱的歌曲中表现得最为感人。一九〇五年，卓别林很可能听过维多利亚·蒙克斯的演唱：

这艘运兵船即将驶往遥远的海岸
友人纷纷道别。
告别故土和亲爱的人
伴随声声叹息。
最后一次握手，最后一声告别
这艘船开走了
你凝视着身后的朋友
努力表现出高兴，说
请代我问候莱斯特广场
亲爱的皮卡迪利和梅费尔
向那附近的人们提起我
他们就会明白——
对你认识的那些伙计说起我
告诉他们我们很快会在邦德街见面
请代我向摄政街问好，
向河岸街的人们问好。

在第一次世界大战中，数百万士兵随着杰克·贾奇一九一二年那首歌的旋律行进：

再见，皮卡迪利
再见，莱斯特广场
到蒂珀雷里还有很长的路要走
但我的心还在那里。

《舞台春秋》纪念了伦敦这两座丰碑最后的辉煌。帝国剧院的最后一出芭蕾舞《田园曲》于一九一四年九月上演。与黄金岁月相比，它后来的节目计划更出人意料，社会角色也相对弱化，两家剧院在一战后的表现平平。到了一九二七年，帝国剧院被夷为平地，并建造了电影院。九年后，摩尔风格的阿尔罕布拉剧院不见了，取而代之的是奥岱翁影院，外墙是黑色花岗岩，塔楼有三十七米高。[5]

一九五二年十月十六日，就是在这里，《舞台春秋》迎来了它的全球首映。

卓别林和卡尔诺剧团的其他成员在墨西哥观光
（他们从未在那里表演过）

卓别林一家与杂耍剧场

从一八八三年汉娜·卓别林的舞台首秀一直到一九一四年她的儿子西德尼离开弗莱德·卡尔诺剧团去投靠他在美国的弟弟，卓别林一家都靠杂耍剧场维持生计。一九〇五年七月三日，在汉娜离开舞台、住进精神病院很久之后，她给她的孩子们写信道：“给我寄一些邮票吧，如果有可能的话，也寄几本《纪元》吧。不要忘记了。”《纪元》周刊是当时演艺界人士的必读杂志。

在《滑冰》中卓别林饰演阿奇博尔德。阿奇博尔德·宾克斯这个角色也出现在卡尔诺剧团的其他喜剧短剧中

对于英国杂耍剧场来说，这三十年是一段革命性的时期。杂耍剧场的起源可以追溯到十八世纪的娱乐园、“合唱厅”和“音乐集会”——也可以是任何男士（占绝大多数）可以用餐、喝酒和唱歌的地方。在十九世纪，伦敦又出现了“歌曲与晚餐”剧场，其中最有名的是在考文特花园的埃文斯剧院，有主持人主持，同时专业水平的歌手也在增加——以前，娱乐节目都是由赞助人自己提供的。尽管在当时埃文斯剧院还给一些特权阶级的女士留了有帘幕的包厢，却仍然是以男性为主的娱乐场地。与此同时，一些酒吧也发现了商机，开始划出或者建造有基本舞台的演出场地，这样他们也可以举办娱乐活动：一八六一年（也是鼎盛时），单单在伦敦就有约三百五十家这样的酒吧。

大型专业剧场的兴起则是从十九世纪四十年代后期开始。大亨剧院（之后变成米德尔塞克斯剧院）在一八四七年建立；苏瑞剧院（前身是皇家马戏剧院）在一八四八年建立；一八四九年在泰晤士河的南边威斯敏斯特大桥路上，坎特伯雷剧院也建成了。坎特伯雷剧院由查理·莫顿建立，他在一八五六年就觉得必须改造他的剧院，将之变成一栋更大、更奢华的建筑，能容纳一千五百名观众。那里的装潢、家具、食物和酒水都是最

19世纪70年代末期的酒馆杂耍表演：歌手面对着心不在焉的观众

高级的。伦敦最好的艺人被吸引过来，薪水高达每周四十镑。在坎特伯雷剧院，歌剧选段和诙谐歌曲穿插进行。正厅后座需要六便士，顶层楼座则要九便士。最重要的是，现在男士们可以带着他们的女伴来观看表演，不必再感到不好意思。在当时，除了原本纯粹的音乐剧，其他像舞蹈、杂技、动物表演、变戏法和所有受欢迎的新颖娱乐项目都可以上台演出。唯一不能表演的项目是舞台剧，因为这些剧场持有的是音乐—舞蹈执照。

接下来莫顿看上了伦敦西区，他把牛津街和托特纳姆法院路交叉处的一座老旧客栈改建成了牛津杂耍剧院。与此同时，一八六一年，另一家靠近皮卡迪利广场的客栈也改建成了帕维廉剧院。从此，全国范围内都开始建立这种宫殿式的新型杂耍剧场，同时那种老式的酒吧杂耍在一八七八年变得无法营业下去，因为政府颁布新规要求伦敦的娱乐经营场所都要获得安全许可，几乎没有一家老式音乐酒吧可以负担得起或者有能力满足这些要求，比如说铁制安全帘。到一八九一年，伦敦的这些所谓剧场的数量从二百七十家减少到四十家。

一八八五年，帕维廉剧院的重建——

开创了杂耍剧场历史上一个崭新的时代。它标志着综艺舞台彻底与它的酒馆前身一刀两断。在那之前，剧场还是明显地带有酒馆的影子，但是现在它们之间的联系被完全斩断，而这些剧场也将迎来新生的荣耀。建筑师、设计师和装潢师都在重建中竭尽全力，过去那花哨艳俗的剧场都让位于华丽辉煌的“综艺剧场”，外墙是经典的大理石和石灰石，内部有布置奢华的观众席、优雅的门厅和被无数灯光照亮的璀璨廊厅。在那之前，剧场几乎都是中产或者更低阶层的人光顾，即所谓的“普通人”。但是现在，财富和时尚也在向这些时髦的娱乐场所靠拢。每天晚上，在伦敦西区的剧场，艺术、文学和法律界的杰出人士，还有城里的金融家、戏剧界的显赫人物以及“上层阶级”的少数自由派聚集在一起，体现了剧场黄金般的初创时期。[1]

尽管这种以阶级划分观众的观点可能有些言过其词，但杂耍剧场在十九世纪末最后十年经历的变化被第一批研究杂耍剧场的历史学者，比如查尔斯·道格拉斯·斯图尔特和A.J.帕克准确地描述了出来。

最终不可避免的阶段就是大合并的兴起。澳大利亚出生的奥斯瓦尔德·斯托尔（1866—1942）从十四岁就开始参与管理工作。在一八九八年，他把他那在多地开设的帝国杂耍剧院和由爱德华·莫斯、理查德·桑顿建立的地方剧院联合起来。一九〇〇年，莫斯建立了他的伦敦大马戏杂耍场，卓别林十一岁时在那里表演过；一九〇四年，斯托尔也建立了他自己的大剧场，科利瑟姆剧院——不过卓别林从来没去表演过。这些新兴的连锁剧场的目标观众是家庭成员，这也给杂耍剧场提出了一个危险也可能致命的新要求：体面。[2]这段时期的巅峰是一九一二年七月一日在皇宫剧院举办的皇家文艺汇演。最杰出的杂耍艺人之一，“粗俗的”玛丽·劳埃德则被排除在外。但是正如她声称的那样：“玛丽·劳埃德的每一场演出都是为英国大众演出。”

这个无比荣耀的时刻也标志着一切迈向终结。时俗讽刺剧取代了综艺。电影也不再是剧场演出中的十分钟放映节目，而是开始扩大自己的地盘。在十年之内，杂耍剧场将被改造成电影院，这一过程势不可挡，愈演愈烈。

当表演杂耍还只能在酒馆里进行时，卓别林的父母就已经入行了；卓别林和他的哥哥西德尼在爱德华七世的统治巅峰时期开始熟悉杂耍行当。A.J.马里奥特在二〇〇五年出版的专著论及卓别林青少年时期在杂耍剧场的表演经历，他从当时的媒体报道中摘选，详尽地记录了卓别林的表演经历。[3]马里奥特的研究显示出卓别林留下的各种自传性文字——常常互相矛盾——错误地描述了其演艺生涯的一些关键时刻，不管他是否有意而为。其中包括他在卡尔诺剧团的最初几次演出和他与十五岁的歌舞演员海蒂·凯莉的相遇（她就像一种浪漫的幻想，始终萦绕在卓别林的心头）。马里奥特也指出，每到职业生涯的转折点，卓别林总是把年龄改小一两岁，像是为了彰显自己早熟。

然而他演艺生涯的大致走向却已被确定。一八九八年十二月，明显是因为他父亲的决定，他加入约翰·威廉·杰克逊的“兰开夏郡八童伶”剧团，第一次亮相便是在节礼日，他参演了在曼彻斯特皇家剧院上演的童话剧《树林中的婴孩》。在接下来两年中，有超过一半的时间，“兰开夏郡八童伶”都在伦敦演出，所以卓别林能直接接触到牛津杂耍剧院、坎特伯雷杂耍剧院和米德尔塞克斯杂耍剧院，还有伦敦远郊的杂耍剧院。在

（左图）威廉·吉列饰演的夏洛克·福尔摩斯

（右图）饰演小男仆比利的卓别林

一九〇〇年的圣诞节，他在童话剧《灰姑娘》中扮演了一只猫（或者一条狗，他的回忆一直在变），这场演出就在莫斯新建的大马戏杂耍场上演，是当晚的下半场演出。[4]

在这之后，这个男孩靠打各种零工生活了两年半。一九〇三年夏天，他终于鼓起勇气与布莱克莫尔的演艺职业介绍所接触。他立刻在《吉姆——安乐乡中的罗曼史》获得了一个角色，然而这却是半路夭折的失败之作。之后又参演了由美国舞台明星威廉·C. 吉列改编的《夏洛克·福尔摩斯》，饰演小男仆比利。在巡演之间他会偶

查理和西德尼·卓别林在《修理》一剧中，上面的题词有涂改痕迹，看着像是后来写上去的，可能是同剧团的演员所为，在卓别林成名之后

尔失业，不过他一直扮演这个角色，长达两年半的时间，其中包括在北方各地剧场的三次巡演。他还在赫赫有名的约克公爵剧院表演了两个月，吉列亲自饰演福尔摩斯一角。[5]

因此从卓别林一家踏入杂耍剧场到现在已有五年（老查理在一九〇一年五月去世）。一九〇六年三月，查理和他的哥哥西德尼（偶尔也会一同出演《夏洛克·福尔摩斯》）参演沃尔·平克喜剧剧团的《修理》，分别扮演管道工和木匠，这两个不称职的工人在一起重新装修一间屋子。八星期后，查理又参演哈里·卡德尔的少年剧团的《凯西马戏团》。他最出色的节目是模仿名人，包括“电学奇才”沃尔福德·博迪博士、赫伯特·比尔博姆·特里爵士和流行的戏剧小品《大盗迪克》，这也让十七岁的他成为了剧团明星。

西德尼又在《修理》剧组待了六个星期，不过在一九〇六年七月九日，他被弗莱德·卡尔诺招募走。卡尔诺是英国喜剧界的领头羊，他手下有好多大获成功的剧团。在签约三星期后，西德尼被派遣到北美参加一场漫长的巡演，不过在一九〇八年一月回来后，他就说服卡尔诺给查理一个机会。二月二十一日，卓别林也签了他的第一份合同，虽然《我的自传》中的描述试图让我们相信他没有多少犹豫。从这时起，一直到一九一三年十一月二十九日他在堪萨斯城离开剧团，他的演艺生涯就是一条通往星途的坦荡大道。

所以在他九岁到二十四岁这十五年间有大约十年是投入到英国的杂耍剧场和美国的杂耍表演中的。以“兰开夏郡八童伶”身份演出时，卓别林常常会和黄金时代的传奇巨星同台表演——玛

西德尼 · 卓别林，很可能是出演沃尔 · 平克的短剧《修理》

（右图）卓别林做了一系列“索霍区的笔记”，显示出他就是想把《舞台春秋》的故事设定在索霍区。笔记包括对查默的性格分析，查默是单人杂耍表演者，启发了卓别林，后来湮没无闻

丽 · 劳埃德、丹 · 莱诺、乔治 · 罗比、布兰斯比 · 威廉姆斯、格斯 · 艾伦、维丝塔 · 蒂利、尤金 · 斯特拉顿、G.H. 彻格温。令人沮丧的是，我们必须意识到他似乎病态般地拒绝承认那些曾经对他的演艺生涯有所贡献或者可能以任何方式影响过他的人。[6] 弗兰西斯 · 温德姆在卓别林写《我的自传》时和他相识，富有洞察力的温德姆发现“这位富有、出名的成功男人仍然认为自己是一位受害者，早期灾难性的冲击留下了永远的创痛”。[7] 这可能是心理治疗中的核心部分，对于他维持自信至关重要。他总是要使自己确信，他已经征服了世界，摆脱了贫困和默默无名，同时还受众人爱戴，而且这一切都是他独自完成的。童年以及少年时期在杂耍剧场表演的经历让他见识到了许多有名的艺人，但他只对其中一人表达了毫无保留的狂热仰慕，这个人就是西班牙小丑马塞利纳。在一九〇〇年的大马戏杂耍场，卓别林从他那里第一次学到了喜剧的基本原理。《我的自传》中有两页的篇幅写这位已经被众人遗忘却无疑是极具天赋的小丑。

A.J. 马里奥特的评论极富洞察力：

> 在他的自传里，卓别林几乎没有提到他在舞台上看到的那些明星，就算有所提及，通常也不会是称赞。在他一九六四年的自传当中，他列出了一份最长的演艺人员名单，都是饮弹自尽的喜剧演员；他忽视了他们在演艺生涯中的所有成就，更愿意只让我们知道他们是如何结束一切的。[8]

尽管在拍电影的那些年里，卓别林和哈里 · 劳德、乔治 · 罗比关系都不错，他的自传里也没有提到这两位。不过卓别林确实公开表达过自己对于布兰斯比 · 威廉姆斯的钦佩，这名演员模仿过狄更斯笔下的很多角色，这促使卓别林去模仿他，并且终身阅读狄更斯的作品。除此之外，“我在儿时遇到了许多艺术家，让我印象最深刻的并不总是那些成功的，而是那些在台下有独特性格的人”。他提到了杂耍喜剧家查默——我们会发现这位喜剧家为《舞台春秋》中的一幕提供了灵感——还有空中特技表演者格里菲斯兄弟。

对于那个时代两位最伟大的艺术家，卓别林只告诉我们“永远都不会有比玛丽 · 劳埃德还要认真严肃的艺术家了”，他描述她在后台时的情景：“她在舞台后面紧张地踱步，急躁而又忧虑，直到轮到她上场。在上场的那一刻，她马上变得

Zarmo, the juggler, is a small man, about 38, inclined to mysticism, tells fortunes, reads characters, gregarious, philosophical, self-educated, always practising new tricks, always helping some down-and-outer who inquires for him at the stage door. He is single, doesn't believe in marriage; doesn't trust women, usually shy in their presence, although glib to everyone else. Always giving advice, always cheerful, either liked immensely or disliked whole-heartedly.

Has been practising a billiard ball and cue trick for seven years; is always talking about it, though nobody is very much interested. He is a perfectionist, [redacted]; a good friend but never a close one. Total abstainer, but prescribex cures for drunkenness. He is not a big man as far as his soul is concerned -- he is too even tempered to be so, too cautious, too much of a defensive mechanism.

an important event. [redacted] is [redacted] he introduces, [redacted] the first time [redacted], his billiard ball and cue trick.

Everybody [redacted] stands at the wings to witness it. They know that [redacted], it has taken Zarmo four hours a day practice, for seven years. And now he is to include it in the act for the first time. [redacted] performers [redacted] in dressing gowns [redacted] come down, [redacted], to see how it goes off. They are everywhere — [redacted] in the wings [redacted] in the flys -- acrobats, clowns, conjurers,

丹·莱诺，由威斯敏斯特大桥路的爱德华·夏普拍摄。1921年，卓别林重游伦敦，去夏普的照相馆问是否还有他在卡尔诺剧团时拍摄的照片底片。照相馆说底片已经没有了，他很生气，反驳说橱窗里还有莱诺的照片。"啊，"店员说，"可是莱诺先生是著名的喜剧表演者。"

轻松自在。"对于丹·莱诺，他甚至更加避实就虚：

> 我认为丹·莱诺是自传奇般的格里马尔迪之后最伟大的英国喜剧家。尽管我从来没有看过莱诺巅峰时期的表演，但对于我来说，相比喜剧演员，他更是一个性格演员。我母亲告诉我，他准确捕捉到伦敦底层民众的特点，手法新颖，让人喜欢看。

但是 A.J. 马里奥特的研究表明，在一九〇〇年，"兰开夏郡八童伶"曾和莱诺在一起演出了十五周，那时的莱诺毫无疑问还处于巅峰期。

这种故意忽视其他艺术家的奇怪做法在某种程度上也影响了《舞台春秋》。除了特丽和芭蕾剧团的其他成员、卡尔费罗的短暂搭档（巴斯特·基顿），还有离开米德尔塞克斯剧院化妆间的两名男士，大多数表演者都是一闪而过。从《脚灯》的创作初稿到最终的电影，中间有许多阶段都详细描述了好几位真实的知名艺人，至少是有所提及，但是在最终的电影中他们都被删除了。有两位只在分镜头剧本中被提及。特丽给卡尔费罗读了一份关于读心术表演者赞齐格夫妇的新闻报道。[9] 卡尔费罗表达了他的疑虑："当他给妻子发电报时我就在他身边。"

一九〇七年二月，卓别林就应该见过赞齐格夫妇，他们在阿尔罕布拉剧院的演出可谓风靡一时。他们在二月二十三日星期六就结束了表演，但是在当天下午三点他们还有最后一场日场演出。卓别林当时要表演《凯西马戏团》，而二月十一日至十八日这一周处于"休息"阶段，所以他应该是待在伦敦的家里，可以去看他们的演出，因为他有发给演艺人员的免费票。

在卡尔费罗和特丽初次见面、介绍他们自己时，有一件事不是非常清楚：格妮特这个名字仅仅是拼错了，还是为了暗示当时还在世的阿德琳·格内（1878—1970）。作为帝国剧院最杰出的首席舞者，格内从一八九七年开始了在伦敦的十年辉煌生涯——从时间顺序上来说，特丽不可能如声称的那样给她当过替补，因为《舞台春秋》设定的年代是一九一四年至一九一五年，即特丽二十岁出头时。

尽管《舞台春秋》最终的拍摄剧本没有保罗·

钦科瓦利（钦卡瓦莱），但在早期的剧本中，卓别林在排练的时候、后来在他的化妆间都遇到了这位杰出的杂耍演员。现实生活中的钦科瓦利（1859—1918）显然也引发了卓别林对于完美主义的热情：

> 即使对于最功成名就的杂耍演员来说，训练也是重中之重。如果我休假一个月而且在此期间不进行任何练习，那么我可能必须训练整整一年才能再次登台表演。事实上我每天至少训练三个小时。[10]

钦科瓦利在波兰的利萨出生，出生时叫埃米尔·奥托·莱曼—布劳恩（或者可能是更简单的名字保罗·科斯特纳），尚在襁褓中的他随着全家搬到德国柏林。在学校的时候他就已经是一名具有天赋的体操运动员，十四岁时他就在敖德萨进行了第一次公开演出。在一次严重的空中杂技事故之后，他开始从事杂耍表演并发展出从来没被超越的技艺。[11] 虽然他身穿由法国杂耍演员朱尔斯·利奥塔德首创并以其命名的紧身衣，他仍被称为“绅士杂耍者”，因为他可以用最常见的物品表演杂耍——盘子、玻璃杯、扫帚、剃须刀、雨伞、木桶、鸡蛋甚至碎纸片：他有一种惊人的天赋，可以控制任何重量和大小的物体的起落。他不高，却异常强壮；他最有名的表演之一，是用浴盆进行杂耍，同时用后颈去接一个四十五磅重的铁球。他可以用双手和头同时表演不同的把戏，包括用嘴来平衡坐在椅子上的助手，而椅子又架在桌子上——总共有十三英石那么重——同时他还若无其事地用三个球进行杂耍：

> 当代杂耍演员必须意识到并且理解的一点，是他在让观众感兴趣的同时还要逗乐他们。最近几年，我总是把一点儿幽默带入到我的表演当中，设计滑稽的动作，但是这样做让表演的难度大了许多。[12]

钦科瓦利度过的最后几年却很坎坷。因为被当成是德国人，他成为战时仇外情绪的受害者，并在一九一五年后从舞台隐退，一九一八年于布里克斯顿去世，终年五十六岁。

在剧本里，为了向卡尔费罗致敬，保罗终于表演了他已经苦练了七年的绝技，观众却没有动心——这个把戏看起来太容易了。卡尔费罗说他必须故意犯个错，这样看起来难度就大。钦科瓦利难过地解释道，如果他要故意犯错，还需要再训练七年。在《我的自传》中，卓别林则把这个故事归结给约瑟夫·查默：

> 查默，这名喜剧杂耍演员，是严于自律的人。只要剧院开着，他每天早上都去练好几个小时的杂耍。在后台，我们都可以看到他用下巴顶着一根台球杆，向上扔一个台球，用杆尖接住，再扔一个台球，用第一个台球接住——第二个台球他通常都会失手。他告诉杰克逊先生，他练习这个已经四年了，在本周末，他打算第一次在观众面前尝试一下。那晚我们都在舞台侧翼观看。他第一次就完美地成功了！——把球扔上去，用台球杆尖接住，再扔第二个球，用之前那个球接住。但是观众反响平平。杰克逊先生经常说起那晚的故事。他对查默说：“你让那个把戏看起来太容易了，你应该再夸张一点。你应该在前几次尝试中都失手，然后再接到。”查默笑了，“我现在还不够熟练到可以故意失手。”

"Thank you," said Calvero, smiling as they shook hands.

A moment later, after Postant had gone, Paul Chinquelvelet entered, wrapped in a dressing gown of white towling. He was breathing hard.

"How are they?" inquired Calvero, looking at him through the mirror.

"Oh, very good," he answered.

"How did the new trick go?"

"Excellent," replied Paul, putting on his overcoat and muffling a towel about his throat, for he was also performing at another theatre and was leaving immediately.

"It should have brought down the house."

"Well, it didn't do that."

"It didn't?" Calvero said incredulously.

"The trouble is, it looks too easy," said Paul.

"Then make it look difficult...Fumble it once or twice!"

"I need more practise to do that."

Calvero laughed. "Huh! That'll take another seven years I suppose, learning to miss it!"

（上图）《脚灯》打字稿里写到钦卡瓦莱的一处

（下图）左面是钦科瓦利用牙齿举起一个男人、椅子和桌子，右面是上场前的钦科瓦利

毫无疑问，卓别林选择钦科瓦利是因为这仍然是个具有传奇性的名字，查默（1868—1943）却已经被人遗忘。而查默的杂耍——从熟悉的物体制造喜剧的天赋，比如他"幻想"在一家免费午餐店中表演（下文有提及）——显示出他与卓别林有极大的相似性。相关的杂耍剧场史甚至连提都没提过这个艺术家，但是既然卓别林对他表示了钦佩之情，我们也有必要去回顾一下他的生平和风格。

约瑟夫·查默和他的兄弟赫克托、洛雷纳都是杂技演员赞姆索的学徒，而赞姆索则是马术杂技表演家、英国马戏团之父安德鲁·杜克罗的学生。和钦科瓦利一样，约瑟夫也是因为意外受伤，从表演杂技转而表演杂耍。起初约瑟夫野心勃勃，杂技表演难度过大，他尚未成熟的身体受到了损伤，他也因此卧床长达两年。他趴在床上，自学了杂耍。康复之后，仍是少年的他钻研出倒立表演杂耍的技艺。尽管他更喜欢传统方式，他也希望"老风格会再变成新风格"，但他对流行的趣味做出了让步：

> 老派的歌舞表演没有出路。大众需要一些新颖奇怪的东西。他们更想看到一个卖菜小贩向空中乱扔萝卜，而不是看穿着闪光紧身衣的聪明人用魔杖和球表演奇观。

> 查默第一次背离传统风格是他开始倒立着表演节目。这源自他年轻时掌握的技艺，那时他可以爬一根被同伴的腰带支撑的杆子，爬到顶部之后，再倒立。这项技艺的表演者被称为"弄杆者"。查默不再爬杆子了。香槟酒瓶更有用，也没那么危险。他不想无端地冒险，他也声称离地六英尺和六十英尺挣的钱差不多。有人问这个杂耍演员表演用头倒立感觉如何，据说倒立会令人发疯。查默先生说在每天的训练中他会用头倒立七个小时，当然有休息

的时候。他认为每次倒立的极限是半个小时。血会涌向他的头，他的眼睛也会鼓出来，这会让观众觉得他在承受痛苦，也让他的节目不那么悦目。但是就这方面来说，查默在演出时那古怪的妆容会冲抵他受苦的表情。查默先生现在已经不穿发亮的紧身衣了。有时候他会打扮成一个卖菜小贩，用他的篮子和里面的东西进行杂耍，再唱一小段歌，打几个滚，跳一段舞，这就是一段表演。他说吸引人爱看的不是技艺而是荒唐感。这里可以引用一个具体的例子。十年持之以恒的训练让查默先生可以熟练地用八个象牙球进行表演。这是一项难度非常大的技艺，却不如几个拿着烤好的土豆和一串香肠的小丑更受欢迎。查默先生充满了对未来的幻想。当他再次前往美国的时候，他想到可以把舞台设在一家免费午餐店，他饰演一名不守规矩的顾客，用饭店里的东西进行杂耍。免费午餐店是英国所没有的，查默怀疑这场“演出”能否被这里接受。但是想法还是一样的——用常见的物品而不是用过时的道具进行表演。[……]

查默先生用头倒立的古怪习惯也带来了一个奇特的后果。他本来头发浓密，头顶却有一块变得光秃秃，就像剃度了一样。[13]

查默在英国并没有太大的名气，其中一个原因可能是他大部分的演艺生涯都是在美国度过的——他甚至常常被认为是个美国人。在大西洋两岸，他都有一串花哨的宣传口号：

约瑟夫 N. 查默
约瑟夫 N. 查默
约瑟夫 N. 查默
充满灵感的天才杂耍手
唯一有创造性的杂耍手
唯一倒立表演的杂耍手
众人公认的最强杂耍手
不论过去还是现在，打遍天下无敌手
查默的演出，一次见证终身难忘

他不时还会加一些其他称呼，比如“疯子杂耍手”“唯一会聊天的杂耍手”“货真价实的犹太杂耍手”。其实在私底下，他很谦虚，至少在谈到钦科瓦利的时候：

他声称真正把圈外人引入行的不是那些最为杰出的表演者，而是那些最差的。比如说如果你去看了钦科瓦利的表演，你会觉得你不可能比得上这样一个天才。但是如果你去看了一些低水平的表演，你的虚荣心会立刻引诱你，让你认为自己也能做到差不多。

查默和他的兄弟们可能也为《舞台春秋》中的一场戏提供了灵感——尽管二者的关系不是那么明显——这场戏已经拍好，但是在最后还是被删掉了。这场戏就发生在卡尔费罗参加义演之前。当时一个德国杂技团正在台上表演，个子最小的男孩滑了一跤，使得杂技必须重新演一遍。他们下台之后，老板连抽了那个男孩好几个耳光，一直不许他喊叫，因为演出还在进行之中。

这是卓别林从二十世纪三十年代开始就构思的想法中的残留部分，当时他正在为一部关于甘诺夫男孩杂技团的电影设计戏（参见 20 页）。甘诺夫是暴君，如果这些小男孩犯错了，他就会暴打他们，同时他还强迫他们在舞台上表现得开开心心。

很明显，这个想法让他非常着迷，后来他又继续构思过。档案里有两篇无法确定时间的手稿，记录了这一过程。在其中一篇手稿中，“跳动的弗罗伊勒剧团”被弗罗伊勒先生统治着，“强壮、真诚待人，几乎没有幽默感……认真严谨同时也纪律严明”。[14] 在另一篇手稿中，剧团由皮克利利先生管理，他的真名叫伯格曼，而且他“感到肩上承担着全部生活的压力”。不管版本如何变化，这三个故事的高潮都是剧团老板抽那个在舞台上滑倒的小男孩的耳光，还不许他喊叫。在不同版本的故事中，贯穿着一种观念，认为艺术的实现必须有严苛到残忍的纪律，这也许解释了卓别林对于这个故事的迷恋。甘诺夫“那残忍的天性并非一无是处，因为他让这个杂技团成为演艺界最为出色的杂技团之一……孩子们在他手中经

（上图）谢弗杂技团在帝国剧院表演（身后的观众是画好的背景画）。这是唯一的一张照片：闪光灯泡让马受惊了，西尔维斯特·谢弗说绝不会再在表演过程中接受拍照

（右图）卓别林在一页笔记背面画的杂技团素描

It was the finale of the acrobats: Three men on each other's shoulders. Ally-oop! A small boy of about twelve, leaped up to the third man and went into a hand-to-hand balance; then the underbearer slightly lowered himself, permitting the middle man to grasp the hands of two others, standing one on each side, of the three lengths and lift them; while the underbearer straightened up and held them out, at arms length; [redacted]. Tableau! ~~as the picture was held~~, the boy trembled. So did the knees of the underbearer.

The orchestra blared a grandiose, final chord, 'Da-da-a-a-a-a-!'

[redacted] the human design [redacted], suddenly collapsed and fell apart with [redacted] relief and bounded forward and bowed; then gaily joyous bounded off to the side of the wings.

A stern, old Prussian-looking gentlemen of about fifty greeted the little boy with a resounding slap on the side of his cheek. The boy was about to yelp [redacted], but son [redacted] quickly diverted [redacted] with a harsh reminder, "[redacted] take a bow!" first! Which the boy did. And with amazing suddenness, bounded joyously back onto the stage and with [redacted] the broadest of grins. bowed and threw kisses.

When [redacted] the curtain had dropped, the old Prussian [redacted] was in a fury. "What's the matter," he said to the underbearer, his eldest son. "In the finale, you are quivering like a blanc mange!

Are you sick?"

"Why shouldn't I quiver? I'm hungry. I need

历了长期单调乏味的训练和折磨，不过这是他们为了追求卓越而必须付出的代价”。弗罗伊勒，尽管残酷无情，“热爱自己的职业。一周中有六天他都要求杂技团在早上训练两个小时……他在杂技团的流浪生活中扮演了一个既荒谬而又英雄般的角色”。对于伯格曼，“这是非常严肃而困难的事情，必须要极强的纪律才能把它管理好。当然，尽管伯格曼有种种问题，但他热爱他的生意，热爱这份‘职业’……一周有三天，他会让孩子们在剧院里训练……当演出进行时，伯格曼始终站在舞台的边缘……他可以取代团里任何一位老成员的位置”。对于作品的每一个细节，卓别林自己必然处处追求完美。“我知道，”他告诉亨利·格里斯，“我是一个不可救药的完美主义者。”他听起来像是在道歉，“但是我实在忍不住。每一个细节对我都很重要，哪怕我知道观众根本不会注意”。

这些杂技团故事的灵感可能来自查默的童年经历，他曾经告诉《纪元》的记者：“赞姆索是一位严厉的师父，不服管教的话，甚至会用鞭子，但是小伙子们都喜欢他，他去世时，他们都极其悲痛……”查默的兄弟赫克托和洛雷纳后来继续表演过杂技喜剧《世界的神奇风车》，在阿尔罕布拉剧院和水晶宫剧院巡演，他们则持更谨慎的意见。一八九一年，当被《纪元》问到年轻杂技演员的训练是否太残忍时，他们回答：“那既不是必要的也不是惯例要求的……当然，时不时地会出现一个残暴的人，就和其他行业一样。”

正如我们将会了解到的那样，尽管卓别林从来没有在帝国剧院表演过，但是他对那里的

反复修改过的杂技团故事

运营和历史都了如指掌。他也很可能会知道，一八九四年，劳拉·奥米斯顿·钱特女士反对更新帝国剧院的许可，进而对“谢弗家族”表示不满，“谢弗家族”是当时非常流行的一个杂技团：[15]

> “谢弗家族”包括一个大约十岁的小女孩，钱特女士非常讨厌其他成员对待这个小女孩的方式。小女孩会倒立着把腿伸开；其他人会抓住她的脚后跟，把她提起来转圈，并“在舞台上粗暴地对待她”。钱特女士后来告诉剧院委员会——她认为这样的做法“有违良知，伤害感情，甚至连最起码的友善都没做到”。[16]

这个杂技团在当时非常受欢迎，他们不停地巡演，“兰开夏郡八童伶”不时会和他们同场演出。当然，现实生活中的谢弗先生同甘诺夫、弗罗伊勒和伯格曼差不多。他在他那可以俯瞰莱斯特广场的公寓里接受过《纪元》的采访。记者发现他是个容易情绪激动的人，他用海泡石烟嘴不停地抽着雪茄，一直炫耀他那些“凶光闪闪的手枪和步枪……谢弗先生喜欢让那些天使般的孩子头顶着苹果，再用枪把苹果射下……”。记者也捕捉到了这个匈牙利人不太擅长却言辞犀利的英语：

> 如果你给我个面子来欧洲看看我，你会发现我在帝国剧院里做的那些事根本不算啥。在这里他们什么都不让我做——什么都干不了。他们都有我了，为什么还让这么多的人来帝国剧院表演，我不知道。我上去待一分钟，然后就下来，有几只狗在那儿跳跳舞之类。为什么，我的杂技团可以让观众开心一整晚。我在欧洲就是这样干的。有“谢弗家族”在，还要花那些大价钱请其他的演员来，这实在是太

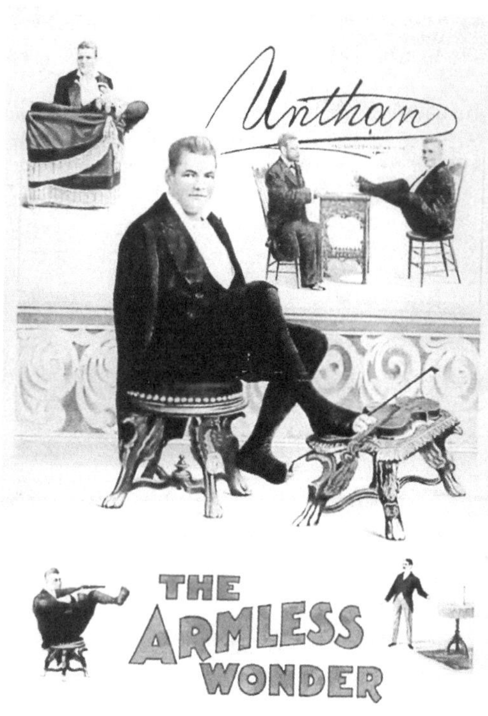

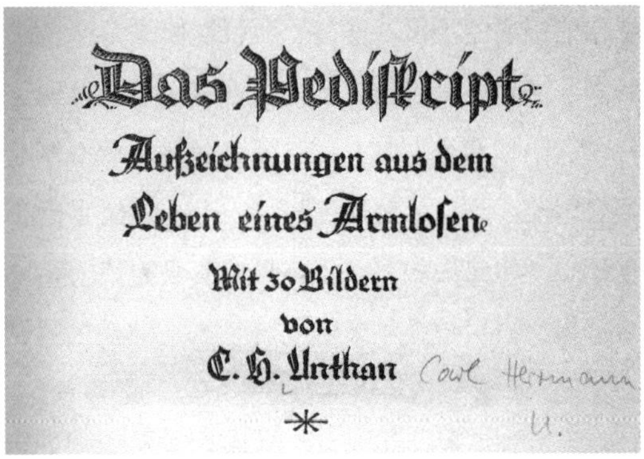

（上图）卡尔·乌桑英国巡演的海报

（下图）卡尔·乌桑，无臂奇人自传的书名页

遗憾了，不是吗？在英国的时候你给我不少钱。这就是我来这里的原因。然后你就不让我挣我的钱了。我可是一名艺术家，而且我想要出名。那些之前在欧洲看过我的人现在再来看看我，他们会说那不是我们的谢弗了。呸！[17]

谢弗先生曾经谴责过“英国立法机构对小杂技演员的态度”。他们也不让团里最小的那个孩子演出，而那个小男孩已经习惯了和“一条庞大、贵重、训练有素的大猎犬”参加“斗牛”表演，对此谢弗也暴跳如雷。谢弗先生声称，那个失望的男孩每晚都站在舞台侧翼哭泣，因为他没法去和他的兄弟们一起分享观众的掌声。“谢弗家族”由父亲、儿子、表亲和学徒构成。只有一项证据暗示“谢弗家族”也许为反复出现的男孩杂技演员这一主题提供了灵感，即卓别林《脚灯》笔记中的一页素描画，它与“谢弗家族”仅存的一张“人体金字塔”的照片极其相似。

当然，卓别林最终也可能是根据他自己在约翰·威廉·杰克逊的“兰开夏郡八童伶”的那些日子画出了这幅素描——他甚至像那时一样，在他虚构的杂技团里安放了一个女孩。的确，杰克逊先生还称不上是暴君：他最糟糕的习惯就是捏孩子们的脸，这样他们不用化妆也能看起来脸蛋红通通的；他也会站在舞台两翼做鬼脸（和甘诺夫一样），把他们哄笑。

在《舞台春秋》中被删除的角色中，最有意思的一位莫过于无臂人克劳迪乌斯，在电影首映时他其实还保留在成片当中。我们可以确定这一角色在现实生活中的原型，是一个在英国杂耍剧场中极受欢迎的杰出人物。“我认识有一个没有胳膊的人，”卡尔费罗说道，“他可以只用脚趾就在小提琴上拉出一段诙谐曲。”几个世纪以来，涌现出许多登台表演的无臂人。许多人可以用他们的脚趾欢快地弹奏班卓琴或者吉他——比如拉尔夫 R. 迈尔斯（1911—1986），看似默默无闻，其实在二十世纪四十年代和五十年代就通过广播在美国出名。唯一一个立志成为小提琴手并且功成名就的无臂人则是卡尔·赫曼·乌桑，他于一八四八年四月五日在东普鲁士的索默菲尔德出生，出生时就没有胳膊。他父亲拒绝了助产士出于同情提出的建议，没有把这个新生儿闷死，反而意志坚定，强迫儿子去自立更生。他的脚趾变得跟手指一样灵活，他也掌握了柔术表演的技巧，可以舔掉脚趾上的果酱或者裤子上的纽扣。到两岁的时候，他就可以养活自己了。在约十岁的时候，他自学了小提琴，只要把小提琴绑在凳子上他就可以演奏。经过两年的学习，十八岁时，他便从音乐学校毕业，很快加入了古典乐团。乌桑的演奏技艺已达到一定水平，但不可否认的是他的个人表演中也有作秀的成分。据说他会故意为自己的小提琴准备一条坏弦，这样在演出时它就会崩断，他便可以展示他那灵活的技巧，用脚趾来换弦和调音。他用脚写的字极好，也可以快速地用脚打字，他还学会了游泳和骑马。这样他便自然而然地走进了杂耍的世界——他身怀绝技，可以演奏短号，也可以用脚上的来复枪进行精准射击。事实上，他的自传《足稿》（1925）的英文版被重新命名为“无臂小提琴家，用脚写下的故事；一个杂耍艺人的一生”。

从一八七〇年开始，乌桑会定期地访问英国，通常是在冬季的两个月。他的巡演大多数都在各地的杂耍剧场，尤其是英国北部：也许他认为在伦敦表演的话，他的表演带来的新鲜劲很快就会消失。然而在一八八八年十一月，他也出现在福埃斯特剧院，与查尔斯·科邦和十八岁的玛丽·劳埃德同台演出；在一八九二年一月的特罗卡德罗剧院，他和壮士桑多、格斯·艾伦和贝茜·贝尔伍德一起表演；在一八九九年元旦，他也在新十字帝国剧院表演。对于一九〇〇年一月他在斯特拉福德帝国剧院的亮相，《纪元》发表了一篇评论，这篇评论表明即使已经过了三十年，他仍

卡尔费罗与无臂奇人克劳迪乌斯（斯泰普尔顿·肯特饰演），这一幕最终被剪掉

然受大众欢迎：

> 那晚的明星，C. H. 乌桑先生，“当今的无臂奇人”，他向观众介绍自己，说他从来没有感受到双臂的缺失，他从大约一岁半开始就用下肢生活。通过演奏小提琴和短号，他展示了他音乐家的一面。他从口袋里拿出烟盒，再给朋友递一支烟，制造出极好的娱乐效果。他打起牌来也无比轻松，不管洗牌还是发牌。他也能像一个老酒鬼一样熟练地拔出瓶塞。这场精彩表演的是以一场射击结束的，他的技艺已经炉火纯青，打掉了侍者手中的雪茄点燃的一端。

在其他的宣传表演中，他还在一八八九年五月挑战了游泳冠军——“教授”詹姆斯·芬利。

波斯坦特先生（尼格尔·布鲁斯饰演）在义演前来化妆间看望卡尔费罗

芬利当时二十七岁，比他小十四岁，他们在桑德兰泳池进行比赛，芬利把胳膊绑在背后。乌桑输了这场二十个泳池长度的比赛。作为极受欢迎的著名人物，他也积极地支持杂耍剧场慈善基金会，在一九〇〇年九月他还被选为杂耍剧场艺人铁路协会理事会的一员。在同一年，他为一本德国杂志写了一篇文章，讨论了英国杂耍剧场的过去和现在，文中还夸赞了他在英国北部发现的莫斯剧院和桑顿剧院。

当《舞台春秋》逐渐成型的时候，乌桑也尝试开始了一段短暂的电影生涯。在一场跨越大西洋的旅途中，他遇到了作家格哈特·豪普特曼，并给对方留下了深刻印象。这位诺贝尔文学奖得主以乌桑为原型在他的小说《亚特兰蒂斯》中构建了亚瑟·斯托斯这个角色。一九一三年，奥古斯特·布洛姆要在丹麦把这本书拍成电影，而豪普特曼在合同中规定必须由乌桑饰演斯托斯。接下来的一年，他拍了第二部电影，即弗里茨·伯恩哈特的《无臂人》。在两部电影中，他都以查尔斯·乌桑的名字出现。

在一战期间，他留在德国，之后被派去和残废军人一起工作。尽管他几乎没法把自己的本事全传授给这些失去胳膊的军人，那是他在七十多年里学会的自立更生的本事，但他还是反对安装义肢，这并不让人意外。但是据说他的出现就激励了这些残废军人，在他的书一开始就写了那句谚语：“有志者事竟成”。随后乌桑娶了捷克歌手安东妮·菲斯塔，移民去了美国，并最终获得美国国籍。乌桑于一九二九年去世，享年八十一岁。

不管卓别林有没有真的见过乌桑，他一定听说过他的很多事迹；显然，他也被这个有天赋、有修养、无人匹敌的杂耍艺人所吸引。唯一奇怪

电影中的波斯坦特先生与两位真实原型，查理·莫顿，“杂耍剧场之父”（左）和H.J.希金斯，帝国剧院经理

的地方在于他把克劳迪乌斯（塞西莉亚·森希亚雷利指出这是卡里古拉舅舅的名字，“他是一个受过良好教育的人，但是他有身体上的残疾，为了避开众人尴尬的注视，不得不躲起来”）描述为“约五十岁，胸膛厚实，其貌不扬。天生没有胳膊，一头稀疏的灰褐色头发”。现实生活中的乌桑是英俊的金发男孩，（根据他的画像）之后长成了微胖的男人，脸色红润，讨人喜欢，同时也有一头红发。卓别林似乎是把这位无臂名人和“人体青蛙”吉尔伯特融合在一起了。在和《夏

洛克·福尔摩斯》一同巡演时，吉尔伯特曾经在汤尼潘帝的一家矿工的屋子里被展示过：

一个没有双腿的人，又大又扁的脑袋，满头金发，脸色惨白至极，塌鼻子，大嘴，肩膀和双臂肌肉发达……他穿着法兰绒睡衣，裤子从大腿根部就被剪掉了，从那里伸出了十根又短又粗的脚趾……

斯泰普尔顿·肯特是出生于英国的演员，这位已经年过古稀的老者在《舞台春秋》中扮演了克劳迪乌斯，他演得毫无生气，本人也不符合以上的外貌描述。[18] 卓别林在《脚灯》的一个早期版本中确认了乌桑是克劳迪乌斯的原型，在那个场景里，他在读德文版的笛卡尔。

波斯坦特先生在《舞台春秋》中是帝国剧院的所有者和管理人，他的名字来源于威廉·博斯坦斯。博斯坦斯是威廉·吉列的舞台监督，一九〇五年在约克公爵剧院，十六岁的卓别林认识了他，觉得他和蔼可亲又彬彬有礼。但是波斯坦特这个角色是两位十九世纪杂耍剧场的关键人物的混合体，他们在年轻的卓别林刚开始舞台生涯的时候仍然保持活跃状态。其中一位是查理·莫顿，他一直没法退休，这一点在波斯坦特身上也有所体现：

当时是在庆祝新芭蕾舞的的开演以及他的回归，因为他已经退休六年了，此间一直住在法国南部，把阿尔罕布拉剧院卖给了一家公司。这间公司在收购之后就一直亏损，现在他们又以出价的三分之一把剧院卖给了波斯坦特。

波斯坦特先生七十岁了，头发花白，肤色红润。他体格魁梧，情感丰富，天性开朗，不拘小节。每天晚上他都会身穿晚礼服来到剧院，几乎不会错过每一场演出。他总是在一楼的后排座位，豪爽的笑声传遍大厅。他的品位极端，喜欢最经典的芭蕾，也热爱最质朴的喜剧。

莫顿喜欢“杂耍剧场之父”这个称号。他出生于一八一九年，不像波斯坦特那样尝试自己去表演，但是他从二十多岁就在杂耍酒吧做事了。他在伦敦和美国建立了坎特伯雷杂耍剧院、牛津剧院和其他剧院。在此期间，他又成为阿尔罕布拉剧院的经理，改变了它的运势，尤其是他确立了芭蕾舞表演传统。在建立大道剧院之后，他便重新回到阿尔罕布拉剧院；之后又去了蒂沃利剧院，后来又把活人画和布尔战争的传记片结合在一起放映，在耄耋之年挽回了宫殿剧院的运势。在去世的前一周左右他还在参与日常工作，最终享年八十五岁。

卓别林兄弟肯定都知道莫顿，因为在一九〇四年西德尼给当时主持宫殿剧院的莫顿写信，询问他能否给他十五岁的弟弟一些机会。莫顿用剧院专用信纸亲笔给他回信：

1904年7月5日

先生您好，

我没有演出机会可以提供给“童伶”表演团，所以不会麻烦您了。

敬上

查理·莫顿

波斯坦特这个角色也从H.J.希金斯（1844—1911）那里借鉴了一些东西。从帝国剧院开张直到他去世，希金斯都是主管。希金斯最初在银行工作，之后他成为了一名巡演演员，并最终在公主剧院参与管理。他在福伊、皇家、环球、标准和斯特兰德等剧院工作过，最终在皇家剧院安定下来。罗兰·贝尔福特这样描述他的职责：

> 希金斯先生的职位可不是什么闲差。他必须像美国百万富翁一样工作。他需要时刻对新奇事物保持警觉。新出现的天赋人才，他必须不惜一切代价、做出一切牺牲才能得到。他痴迷于一个残忍的问题："我该如何做才能吸引我的观众，还能比我的对手先走一步？"看看他的工作吧！他要急匆匆地出差，只为寻找新奇的事情；他要安排舞台布景；他要听新出的芭蕾音乐；他要研究新戏服的设计；他要安排签署给出色艺人们的合同；他要给需要改动的节目提出改进和删减的建议；他要去监测票房收入的变化；他要去招待那些想看透帝国剧院秘密的知名人士；他要安抚那些大股东，有时甚至还有他们的妻子和女儿们！他的辛苦没有尽头。而这些不间断的劳累和其他任务相比根本不算什么，他还要不停思考如何去更新、添加和改变娱乐项目，以及怎样才能去取悦伦敦的观众，让他们大吃一惊；他还要想法去创造一种奇观，这样就可以吸引伦敦西区最聪明的观众。如果没有帝国剧院的话，那八点之后的伦敦西区会变成什么样？如果帝国剧院不存在了，伦敦也就不再是伦敦了！[19]

希金斯于一九一一年二月八日去世。三月十六日，帝国剧院为他的遗孀举办了一场纪念演出。演出节目单封面由设计师C. 威廉设计（参见148页），他把帝国剧院历史上最成功的二十八部芭蕾舞的标题列在了一起。节目单包含一条语

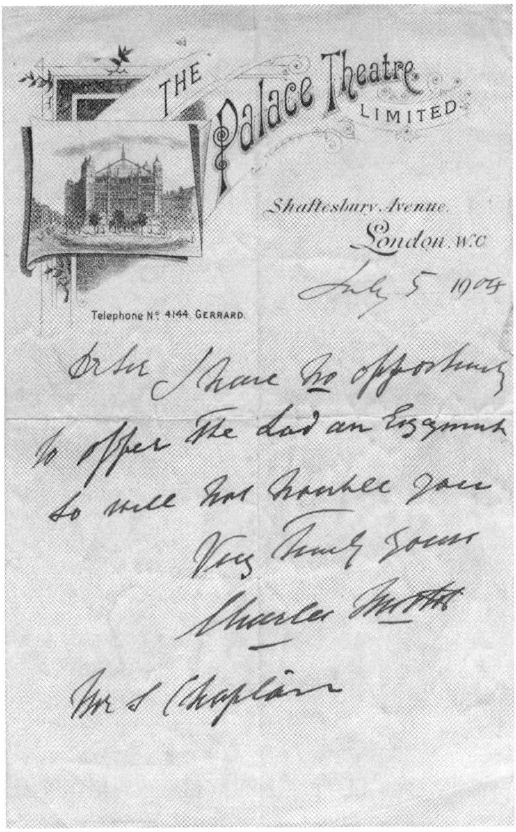

THE Palace Theatre LIMITED

Shaftesbury Avenue,
London. W.C

July 5 1904

Telephone No. 4144 GERRARD.

Dear Sir I have no opportunity
to offer the lad an engagement
so will not trouble you
Very truly yours
Charles Morton

Mr S Chaplin

去世前三个月，莫顿给西德尼·卓别林写了这张短笺，回复西德尼能否给15岁的查理一个演出机会

气严厉的注解，可看作是给期望弗雷德（《舞台春秋》中的舞台监督）表演的观众，表演超时，观众又喊卡尔费罗回来："不要引得观众喊返场，全体节目的时间是固定的。"

卡尔费罗和特蕾莎则是大部分原创的人物，他们没有现实生活的中的原型，但是应该也有些人曾影响过角色塑造。在《我的自传》的前几页里，卓别林有些跑题，他谈了谈一些因为害怕失败而自杀的英国喜剧家们：他最早的偶像，马塞利纳（1873—1927）；T. E. 达威（1870—1924），他曾经在酒吧里听别人说"那哥们儿已经完了"；马克·谢里丹（1867—1918），"因为他和格拉

斯哥的观众之间的关系不太好”，还有弗兰克·科因（1867—1906），他在抑郁症期间割喉自杀。然而卓别林自己写道，拍《舞台春秋》的念头源于美国喜剧家弗兰克·廷尼（1878—1940），卓别林在第一次去纽约的时候就见过他：

> 多年之后我又在舞台上看到了他，我十分震惊，因为喜剧女神已经离他而去。他在舞台上是如此的不自在，以至于我根本不相信这是同一个人。正是他身上的这种改变为我多年之后的《舞台春秋》提供了灵感。我想知道为何他失去了志气和信心。[20]在《舞台春秋》里，原因是年龄：卡尔费罗开始变老并反省自己，他现在有了一种自尊心，也正是这些导致了他和观众的亲密关系的破碎。[21]

卡尔费罗在舞台上的措辞和说话风格和乔治·巴斯托（1871—1941）很接近，他在《飞驰的少校和姜迦队长》中的表演最为出名。在最初的剧本中，卡尔费罗给特蕾莎做自我介绍，把自己称为卡尔费罗·蒙特尔。卓别林可能是想到了爱德华·德·蒙特尔。爱德华曾经是经理，也是经纪人，卓别林在“兰开夏郡八童伶”剧团时，他正在各个杂耍剧场巡回放映他的电影。儿童时期的查理·卓别林的经历也化用给卡尔费罗。在早期版本的剧本里，卡尔费罗的表演是接在洛克哈特的大象表演之后——这个节目也出现在一九〇〇年大马戏杂耍场的圣诞专场上，就在《灰姑娘》之前。

从《脚灯》可知，特丽在一九一四年是十九岁，所以她应该是出生在一八九五年。那她就和菲莉丝·比德尔斯（1893—1985）是处于同一时代。这个时代的重合的确有些不同寻常，但很可能只是巧合而已。比德尔斯在一九〇七年加入了帝国剧院芭蕾舞团，并且在一九一四年成为了英国首位首席芭蕾女舞者，她还向切凯蒂、博尔姆和帕夫洛娃学习过。和阿德琳·格内一样，她也是皇家舞蹈学院的创始成员。她的回忆录《我的舞蹈时光》在《舞台春秋》上映的第二年出版。

芭蕾舞《天方夜谭》，从帝国剧院廊厅望去

莱斯特广场的芭蕾舞

一直以来，评论家们都忽略了《舞台春秋》的一个基本特点：这是一次致敬，是唯一一次电影向莱斯特广场的芭蕾舞——这杂耍剧场历史上璀璨的一幕——致敬。正如我们在《故事的演变》中看到的那样，卓别林一直在构思一部关于芭蕾舞团的电影。但是他所设想的舞者角色并不适合他，他便开始考虑关于一个日益衰老的杂耍小丑的故事。回顾他年轻时在伦敦各处剧场演出的经历，他发现了可以让他符合逻辑地将这两个主题合二为一的方法：

> 当她（特丽）离开学校的时候，她加入了帝国剧院芭蕾舞团。莱斯特广场的帝国剧院把他们的娱乐节目分成芭蕾舞和杂耍两部分，头一个小时进行芭蕾舞表演，之后就是杂耍、小丑还有动物表演。

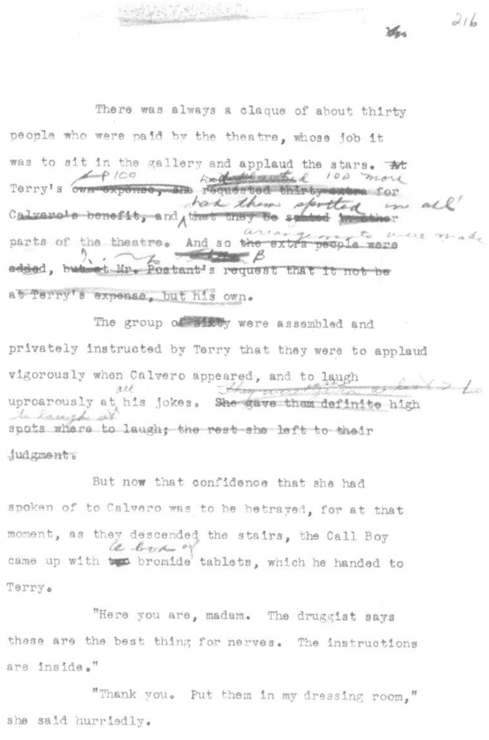
216

There was always a claque of about thirty people who were paid by the theatre, whose job it was to sit in the gallery and applaud the stars. At Terry's own expense, she requested thirty extra for Calvero's benefit, and that they be seated in other parts of the theatre. And so the extra people were added, but at Mr. Postant's request that it not be at Terry's expense, but his own.

The group of sixty were assembled and privately instructed by Terry that they were to applaud vigorously when Calvero appeared, and to laugh uproarously at his jokes. She gave them definite high spots where to laugh; the rest she left to their judgment.

But now that confidence that she had spoken of to Calvero was to be betrayed, for at that moment, as they descended the stairs, the Call Boy came up with two bromide tablets, which he handed to Terry.

"Here you are, madam. The druggist says these are the best thing for nerves. The instructions are inside."

"Thank you. Put them in my dressing room," she said hurriedly.

在《脚灯》的一份草稿中，卓别林对喝彩人的描述

在《舞台春秋》里，卓别林显示出对帝国剧院和阿尔罕布拉剧院的芭蕾舞团的幕后工作有着特殊理解，甚至可谓只有内行才能有的理解。事实上，他和他的父母都没有在这两座伟大的剧院里工作过，他能够如此了解舞团如何运作就更令人称奇。但是本世纪之前研究芭蕾舞和杂耍剧场的历史学者几乎都忽视了这种形式，[1] 尽管已繁荣了三十多年。说卓别林了解内情，例子之一就是他描述了帝国剧院里的喝彩人，这些人是特丽为了确保卡尔费罗演出成功而专门雇来的。在英国剧院和杂耍剧场里，这种雇来的喝彩人几乎不为人所知。而帝国剧院有专门的这一类人，他们以小团体的形式行动。莉迪娅·凯亚谢是帝国剧院一九〇八年至一九一三年的首席芭蕾舞者，她记得这帮人会理所当然地要钱：“如果表演者坚持拒绝给他们钱的话，他们就会在错误的地方鼓

康丝坦斯·柯莉儿在《安东尼和克利欧佩特拉》（1907）中饰演克利欧佩特拉。17岁时，她在帝国剧院的热门芭蕾舞《浮士德》中饰演克利欧佩特拉的幽灵，她是卓别林在好莱坞最好的朋友之一，友谊保持了三十多年，很可能是她告诉了卓别林帝国剧院的具体情况

掌起哄予以报复。”[2]

正如前文所述（参见160页、162页），在他的自传里，卓别林对年轻时见过的那些剧院里的艺人都没怎么提及，其实在当时，如果有机会的话，他会充分利用免费票去看演出，按照惯例，剧院都会给当时正在伦敦表演的艺人发放免费票，作为观众的卓别林可以了解到帝国剧院和阿尔罕布拉剧院的节目。同时，我们也可以去质疑最近一些传记作者们的猜测，他们猜测卓别林的母亲曾经在帝国剧院的芭蕾舞团中跳过舞。这种猜测的唯一来源是对内莉·理查兹（1864—1932）的采访，她是一位美国歌手，从画上黑人妆合唱歌曲开始，在十九世纪九十年代初的英国，因唱“种植园歌”和“黑鬼歌”有过短暂的成功，之后转而表演严肃喜剧，在一九〇〇年之前逐渐销声匿迹。她在卓别林一九三一年访问期间接受了《电影周报》的采访，当时人人都在回顾他在伦敦的青年岁月。内莉·理查兹声称她在帝国剧院表演过，汉娜·卓别林也在芭蕾舞团里，而她那淘气的儿子就站在舞台侧翼，“唱我的副歌，比我还快半句。他唱得那么用力，前排观众肯定也都听到了”。内莉的描述有四重问题：没有她在帝国剧院表演的记录；她对查理的描述表明当时是十九世纪九十年代中期，那时汉娜已经三十多岁了，以帝国剧院芭蕾舞团的标准，她已经年纪太大；像帝国剧院那种大剧院不会允许小男孩在舞台侧翼胡闹，还打扰表演者；在制作《舞台春秋》的时候，卓别林从来没有提过他与帝国剧院及其芭蕾舞团有这样的联系，这是难以想象的。

他对于帝国剧场的了解最可能来自康丝坦斯·柯莉儿（1878—1955），从一九一六年起，一直到她去世，他们一直保持着友谊。在她一九二九年的自传里——恰好叫作《滑稽表演》——她回忆道：

> 他记得他在英国看过的所有戏剧和每一名演员，他还向我描述过只要他能省出一两个先令，他就会去剧院，甚至愿意为此放弃吃午饭。
>
> 他对剧院怀着崇敬之情，他和我见过的伟大喜剧家丹·莱诺一样，对剧院有着相同的崇敬。

卓别林当然会记得柯莉儿小姐，她是伦敦演艺圈的名角，赫伯特·特里爵士的女主角。后来她又成为好莱坞的名角，也为明星做发音训练，她的学生包括奥黛丽·赫本、凯瑟琳·赫本和玛丽莲·梦露，或许也包括年轻的卓别林。其实她的演艺生涯起初更加艰辛。十五岁时，她成为了“欢乐女孩”伴舞团的一员；十六岁时就非常高了，比其他女孩都高一个头，她便出现在了帝国剧院的活人画中。正是在此时，帝国剧院的观众、芭蕾舞以及活人画都遭到劳拉·奥米斯顿·钱特女士和其他卫道士——“潜伏的清教徒”的非议，他们极力反对更新帝国剧院的演出执照。最终，在十七岁时，康丝坦斯在凯蒂·兰纳的芭蕾《浮士德》中获得了克利欧佩特拉的幽灵这一角色，这场精彩的芭蕾舞上演了六十五周，从一八九五年五月一直持续到一八九六年八月。正是易受影响的年纪，这段演艺经历想必给柯莉儿留下了深刻印象，也是日后她与卓别林的谈资。

C.威廉设计的帝国剧院芭蕾舞《浮士德》的节目单，康丝坦斯·柯莉儿在其中饰演克利欧佩特拉的幽灵。威廉还负责该剧的“舞台布景、服装和配饰”

经历长期的漠视后，帝国剧院和阿尔罕布拉剧院芭蕾舞的重要性才被认可。从十九世纪四十年代早期到五十年代这十年间，伦敦一直在和巴黎、米兰竞争，争夺“芭蕾舞界的世界首都”这一称号。女王陛下剧院有朱尔斯·佩罗特、保罗·塔里奥尼和亚瑟·圣-里昂这些芭蕾舞大师和舞蹈编导，还有萨勒·普尼（亚历山大·希里耶夫的祖父）这样高产的作曲家；还吸引了许多传奇舞者——玛丽·塔里奥尼、芬妮·艾斯勒、卡洛塔·格莉西、露茜亚·格莱恩和芬妮·赛利特。女王陛下剧院也经常上演意大利歌剧，一八四七年，它见证了珍妮·林德的精彩演出。但是在一八五八年，经理本杰明·拉姆利因为错误的经济判断而离开剧院。到了一八六四年，狄更斯写道：“芭蕾舞已经死了，它已经走进了坟墓。”[3]虽然女王陛下剧院里的首席舞者都来自国外，但是它曾经也为英国舞者举办过短期学校。在没有演出的时候，这些英国舞者想在喜剧、歌剧和杂耍剧场里找个角色。尽管狄更斯已经敲响了芭蕾的丧钟，但是他们还是能找到新的工作。在狄更斯发表芭蕾舞已死这段宣言的半年后，一八六五年三月十六日的《泰晤士报》宣告：“正当舞蹈缪斯特耳西科瑞处于最绝望的境地之时，她又出现在意想不到的新地方，活力满满。”

这个地方就是阿尔罕布拉剧院，它当时被弗

雷德里克·斯特兰奇管理。这位新来的经理很好地利用了剧院为了大型芭蕾舞准备的宽广舞台。在接下来的十五年里，阿尔罕布拉剧院出产了将近一百部芭蕾舞。因为剧院获得的执照不允许上演真正的戏剧，所以这些芭蕾舞仅仅是舞蹈小品，通常喜剧和滑稽剧结合在一起。然而从一八八二年到一八八三年，经历大火和重建之后，芭蕾舞开始变得更加重要，成为演出的主要部分，尤其是一八八四年比利时舞蹈编导约瑟夫·汉森到来之后。[4]汉森之后是四位舞蹈编导——尤吉尼奥·卡萨蒂（1887—1890）、卡洛·科比（1891—1902）、露西娅·科尔马尼（1903—1905）和阿尔弗雷多·科迪（1905—1910），他们都受过意大利芭蕾的传统训练。与此同时，阿尔罕布拉剧院也吸引来了三位优秀的意大利首席舞者：艾玛·帕拉迪诺、艾玛·贝索内和皮耶里娜·莱尼亚尼。

一八八四年，阿尔罕布拉剧院的劲敌出现——即广场对面的帝国剧院，想必这也刺激了阿尔罕布拉剧院，促进了芭蕾舞团的发展。一八八七年凯蒂·兰纳加盟后，帝国剧院芭蕾舞团的辉煌时代开始了，兰纳是塑造英国芭蕾舞未来的人。凯瑟丽娜·约瑟芬·兰纳（1829—1908）是维也纳华尔兹作曲家约瑟夫·兰纳的女儿，十六岁时她就在维也纳宫廷剧院登台首演。之后

凯蒂·兰纳的学校，为帝国剧院芭蕾舞团培养学生

梅丽莎·海登作为克莱尔·布鲁姆的替身，
在跳芭蕾舞—滑稽表演第二场

阿德琳·格内

作为首席舞者，她在欧洲和美洲都留下杰出的作品。一八七七年，詹姆斯·亨利·梅普森上校刚刚重建女王陛下剧院后，这个英国剧院经理就任命兰纳为剧院的芭蕾舞教师。兰纳还接管了一年前梅普森在托特纳姆法院路 73 号设立的舞蹈培训学校，梅普森希望为自己的剧目培养芭蕾舞者，这座学校的学员日后也成为帝国剧院芭蕾舞团的中坚力量。

从一八八七年到一九〇七年，兰纳为帝国剧院创作了三十六部芭蕾舞。从一开始，她最亲近的合作伙伴就是 C. 威廉（威廉·查尔斯·约翰·皮彻，1858—1925），他设计的服装色彩搭配独特，因此他在芭蕾舞的创作中发挥越来越重要的作用。从一八八九年他们的第八部芭蕾舞剧开始，意大利出生的作曲家利奥波德·温策尔（1847—1923）也加入了他们的队伍：他们三人一共合作了二十三部芭蕾舞。

一八九七年十一月，帝国剧院招募到丹麦芭蕾舞者阿德琳·格内（原名阿妮娜·科尔斯蒂娜·玛格丽特·佩特拉·延森，1878—1970），从此阿尔罕布拉剧院难以望其项背。她起初在剧院工作了六个星期，后来她在帝国剧院待了十年。虽然还不到二十岁，她已经是丹麦皇家芭蕾舞团的首席舞者，并且在柏林和慕尼黑的剧院里演出过。格内从小便学习跳芭蕾舞，她的叔叔和监护人亚历山大·格内一直陪着她。在技术上而言，她当然属于最为出色的那一批舞者，除此之外，她还极富个人魅力，多才多艺，而且精通喜剧表演。马克斯·比尔博姆这样描述她：

> 尽管在高中时便技艺纯熟，她却奇迹般地保留了本性。她是天生的喜剧家，一直如此，像泡沫一样轻盈而自由。像美人鱼一样——她一半是技艺精湛的芭蕾舞者，另一半是最为聪慧、最为可人的演员。确实，在我们眼中，美人鱼也没有这样奇妙。格内女士的聪慧似乎可以一直传递到她的脚趾。尽管她的舞蹈古典之极，但是这也是她表演的一部分。她的表演是如此精妙，以至于她可以让古老晦涩的舞蹈传统表达出它们真正的意义。这种表达是如此精巧，我甚至忘却了我对于话语的渴望。[5]

格内出演了十八部帝国剧院的芭蕾舞。一九〇八年元旦，她前往美国，之后再也没有固定在一家剧院工作。一九一六年以后，她就只在

莱斯特广场芭蕾舞奇观的巅峰：米拉诺的《冰洞穴》，阿尔罕布拉剧院，1867

慈善演出中偶尔露面，一九三三年，她和安东·多林一起在英国广播公司的电视节目中表演过。她在帝国剧院的这段时光让她成为英国家喻户晓的人物，她也被授予大英帝国司令勋章。之后，她在创办皇家舞蹈学院的过程中发挥了重要作用，并且担任主席，直到在一九五四年才被玛格·芳登接任。

格内曾经拒绝了佳吉列夫的邀请，没有加入他的舞团。当时，俄罗斯舞者也开始向莱斯特广场渗透，格内在帝国剧院的继任者是莉迪娅·凯亚谢（1886—1959），还有英国第一位真正的首席舞者菲利斯·比德尔斯（1893—1985），后者也是另一位皇家舞蹈学院的创办成员。

阿尔罕布拉剧院和帝国剧院的芭蕾舞并非原创，而是从意大利的“大舞蹈”衍生而来。简·普里查德把这种舞蹈定义为：

> 这种舞蹈或宏大或精致，其中涉及大量的舞者和群众演员，舞台布景也非常壮观。十九世纪的法国芭蕾舞倾向于更加诗意化的后浪漫主义风格，而意大利的“大舞蹈”则俗气。意大利的芭蕾舞者比法国的芭蕾舞者穿得更少，她们定向移动，并形成几何图形，来创造千变万化的色彩效果。在这方面，她们和大多数杂耍剧场的芭蕾舞作品很相似。法国芭蕾舞一直在创造异域的幻想，而在意大利芭蕾舞

平衡得更久，还可以让她们进行多重旋转。这种“把戏”将会成为所有芭蕾舞的强制表演环节，不管它们适不适合剧情。技巧成为了目的本身，芭蕾女舞者也经常被描述为拥有“钢铁般的脚尖”（这个词组暗示了她们所身处的工业化的城市社会）。在许多意大利芭蕾舞中（当然包括《精益求精》），芭蕾女舞者成为了一种象征性人物，而不是戏剧中的女主人公。意大利人也会去塑造技艺精湛的男舞者，而且对于某些节目，他们还有独特的男舞团。这些男舞者也是舞台上的主角，而不仅仅是女舞者的绿叶。[6]

芭蕾舞女扮男装：玛尔维娜·卡瓦拉奇（1852—1924）饰演浮士德。1889年，卡瓦拉奇从斯卡拉剧院来到帝国剧院

中，对爱国主义的展示和进步的象征要比那种幻想更受欢迎。女舞者的足尖舞是在意大利发展起来的，当时意大利的舞鞋工匠可以制作出一种更坚固的鞋，这种鞋可以帮助女舞者保持

伦敦自然是引入来自意大利的首席舞者——在阿尔罕布拉剧院，有艾玛·贝索内（她刚刚在马林斯基剧院表演了《吉赛尔》）、“全能”艾玛·帕拉迪诺和皮耶里娜·莱尼亚尼。莱尼亚尼日后成为马林斯基剧院的终身首席舞者。在帝国剧院，有夏洛特·布里安萨（她在马林斯基剧院的《睡美人》的首演中扮演阿罗拉）、玛尔维娜·卡瓦拉奇，她是新大都会剧院（1883）的前首席舞者，也是梅普森上校的妻子，还有弗朗西斯卡·赞福里塔，她将在二十世纪成为一名颇有影响的芭蕾舞教师。

在即将进入二十世纪的时候，舞蹈在英国仍被看作是一项女性的艺术，而男性的角色——甚至唐·何塞、唐·璜、浮士德、靡菲斯特、爱德蒙·唐泰斯和罗宾·汉——都是由女性扮演的。有些长得高的女舞者很擅长演男性角色，比如卡瓦拉奇和多萝西·克拉斯科。一八八四年十一月的一篇《纪元》评论直接表达出了针对男舞者的偏见：

那种恐怖的不男不女的东西，就是男芭

蕾舞者，我们只能感觉到恶心……

著名漫画家菲儿·梅（1864—1903）被芭蕾舞后台的景象吸引。这幅漫画画了一个合唱队男孩被叫去模拟水里的声效

乔治·雅各比在一八七一年到一八九八年担任阿尔罕布拉剧院的音乐总监，他认为“男舞者不吸引人，但是我们也需要他们去为首席舞者或舞团做陪衬，一个出色的滑稽剧男舞者可以很好地活跃气氛”。有些英国男舞者也获得了一些名气，但是他们通常都是表演奇怪丑陋或者滑稽的角色；阿尔罕布拉剧院有弗雷德·斯托里和动物模仿演员查尔斯·劳里；帝国剧院有威尔·毕晓普、威利·沃德和弗雷德·法伦，法伦在兰纳离开之后继续编排了许多芭蕾舞。

就在《纪元》表达“恶心”几个月后，另一位《纪元》的评论家也写了一篇关于乔治·萨拉科在阿尔罕布拉剧院首演的评论：

> ……一个生动的例子，可见跳芭蕾舞的男舞者最近又有些流行起来……萨拉科先生……风华正茂，就像他必须呼吸（和普通人一样）的空气一样轻盈……

这篇评论也称赞了英国舞者约翰·迪奥邦[7]和乔治·卢皮诺，甚至因此追问是否还有必要聘请外国人。毫无疑问，这次态度的转变与几位意大利舞者的到来有关，包括恩里科·切凯蒂（1850—1928），他注定要在芭蕾舞技艺和传授方面成为最具影响力的人物之一。切凯蒂已经有了一部大受欢迎的芭蕾舞《精益求精》[8]，一八八五年五月，这部剧在女王陛下剧院里上演。《精益求精》连续演出了一百六十九场，这一芭蕾舞历史记录仍然没有被打破，同时这部剧也让切凯蒂一炮走红。之后帝国剧院力邀他加入，扮演了好几个角色。他在《精益求精》里的替补演员，路易吉·艾伯蒂尔利，在一八八七年到一八九一年间也在帝国剧院跳舞，并继续在英国的大城镇和欧洲大陆重新上演凯蒂·兰纳的芭蕾舞剧。另外一位在伦敦大放异彩的意大利男舞者是维托里奥·德·文森茨，他身材矮小，却异常强壮灵敏——“身材不高，咧嘴笑……一个意大利矮冬瓜。”萧伯纳如此写道。他在阿尔罕布拉剧院（1889—1891）和帝国剧院（1891—1895）扮演过多个角色。他精湛的技艺甚至掩盖了他在表演上的天赋：艾弗·格斯特刻薄地称他为“不动脑子的意大利技艺派”。[9]或许文森茨也跟《纪元》说过，对于男舞者，“优雅是绝对做不到的。因为他必须花大力气跳，同时还要表演人体构造根本不允许的动作”。但是

HOWARD DAVIE
94

在一八九〇年，一位评论家这样评论他：

> 毫无疑问，他是自芭蕾舞兴盛以来伦敦所出现的最杰出的男舞者，之前是佩罗特处在巅峰状态……不仅仅是一位功成名就的舞蹈家，更是一位成就非凡的演员。他的面部表情是如此生动，可以弥补对白的缺失；他的表演有种自发性的魅力，而且他还经常通过无与伦比的力量和技巧引入了很多新的动作，而这些动作难度之大，几乎有些格格不入。[10]

帝国剧院的芭蕾舞团多达两百人，她们的训练标准自然也不同：被分为一线舞者和二线舞者，薪酬也相应的分级。总体而言，她们的技术还是有所欠缺：最终的舞台效果取决于准确的动作和相互配合。纵观舞团历史，她们的报酬都少得可怜。即使在十九世纪末期，伴舞团的一线舞者只能挣三十至四十先令，二线舞者只有十二先令六便士至十八先令。[11]

一八九六年，凯蒂·兰纳描述过，在帝国剧院里，儿童舞者每次演出能挣一至两先令；年纪大一点儿的女孩每个月能挣四至八英镑；自由舞者每个月能挣十二至十八英镑；二线舞者每个月能挣二十至二十五英镑，而明星舞者每年可以挣七百五十至两千英镑。[12]凯蒂·兰纳不会朝她的学徒们收学费，但是如果她为她们找到了工作，她会从报酬中拿一部分抽成。亨利·乔治·希伯特曾经讽刺地写道：

> 她是一位出色的老师——受她的学徒爱戴，但是师徒契约却让人欢喜不起来，那样严苛的合同吸引不了多少学徒。普通舞者的报酬实在是少得可怜。[13]

（上图）C.威廉设计的芭蕾舞服装

（左图）来自1894年芭蕾舞《嬉闹》，正是这部舞蹈，令道德卫士反对更新帝国剧院的演出执照

希伯特描述了晚年兰纳的动人一幕——在七十八岁的时候，她为帝国剧院创作了她最后一部芭蕾舞：

> 兰纳在舞台上的出场是帝国剧院“第一夜”演出的高潮。黑色的丝绸裹住了她丰满的身躯，颈间围着一串金项链，头上戴着浅色的假发，等这顶假发送来是帝国剧院演出史上无比焦虑的时刻之一。兰纳微笑、鞠躬，之后她

莱斯特广场最后一场芭蕾舞表演的节目单，不久，阿尔罕布拉剧院便拆除了

冲动地抓着周围的芭蕾舞演员去亲她们。之后我们说完“一切顺利”就回家了。

《脚灯》里的删减部分和《舞台春秋》都没指明特丽小时候上过的学校。对于贫困底层阶级的孩子来说，芭蕾舞本质上是一种呼唤和号召——特丽自己也承认来自底层阶级。一篇一八八一年的文章这样描述兰纳学校里的学生：

年长的姐姐、婶婶、妈妈和爸爸都在剧院里等着她们。一旦她们的部分演出结束，家长们就把他们裹好，回家。这些孩子挣的钱到底多么有用，这只有穷人的至交才知道。贝茜的妈妈卧病在床，但是孩子的薪水至少买得起面包、黄油和一杯茶。玛丽的爸爸断了条腿，住在医院里，妈妈则努力做着线活或者打杂，他们都靠着这个小女孩的薪水交房租，这样他们才有住的地方。露西失去了双亲，但是有一两个好心肠的女孩会给她一两个先令，贫困移民救助会还会给她几个先令，她长大后就会自力更生，可能去追求一些更高的东西。舞蹈课的上课时间是从十二点半到两点，就不会和教育法规定的常规课程有冲突。[14]

卓别林笔下的特丽是在二十世纪头几年上的舞蹈课，她也非常符合上述背景。她的母亲为了让这个一贫如洗的家庭还能有地方住，就去帮人做缝纫活，而她上舞蹈课的学费则是她的姐姐当妓女挣来的。

这些姐姐、婶婶和父母都焦急地把她们护送回家，这也并不让人惊讶。显而易见的危险围绕着这些可爱漂亮的孩子，她们在舞台上穿着紧身衣和芭蕾短裙，风光无限，同时她们也肯定意识到廊厅里的妓女们挣的钱要多得多。除了上台演出，帝国剧院尽力想把这些女孩关在更衣室里，而阿尔罕布拉剧院舞台下的餐厅在起初几年可谓臭名昭著：

在这里，许多芭蕾舞女孩会离开她们的更衣室。她们很容易被认出来，虽然披着保暖的旅行斗篷，但是她们还化着妆，穿着紧身衣和舞鞋，斗篷不能完全遮住。她们会坐在木椅上，等着某些人来请她们喝酒，比如色眯眯的富人、英俊的军人或已经有了轻浮名声的闲逛的美国人。这个地方已经臭名远扬，那些更高级别的舞者不会降低身价去这个场所。[15]

菲儿·梅的漫画，画的是阿尔罕布拉剧院的芭蕾舞彩排。站在中央偏右、头戴绸礼帽、留着胡须的绅士是查理·莫顿，“杂耍剧场之父”。站在中间的小个子男人是查理·阿里亚斯（1851—1911），一直为两大剧院提供演出服饰，他身后是音乐指导乔治·雅各比

艾弗·格斯特引用了一段话，这段话据说是一口伦敦土腔的导游对一位美国游客说的：

> ……在这个餐厅出现的姑娘们一周才挣十到十六先令，可是不多的钱。她们都只是伴舞演员，没什么机会跳舞；她们跟一些花花公子来往，在芭蕾舞节目之间，她们会下来喝喝酒，然后再到舞台上继续跳舞，跳完之后就又下来了。到阿尔罕布拉剧院关门的时候，她们就已经醉得不行了。[16]

这些芭蕾舞的主题多种多样，不过它们的核心部分是场面设计，创作者会尽可能制造宏大的场面。有单纯的幕间节目（《华托的派对》《中国式狂欢》《地球四季》），神话主题故事（《普赛克》《那喀索斯》《农牧神》），童话故事（《阿拉丁》《睡美人》《灰姑娘》），文学主题故事（《唐吉诃德》《卡门》《浮士德》《罗伯特·麦凯尔》）。帝国剧院也会用一些“时髦的芭蕾”娱乐观众，它们都是用当代的手法探讨当代的一些主题：《巴黎博览会》《在海边》《在镇上》《在布赖顿码头》《狂欢作乐》《重回小镇》。一些国际性事件也出现在其中：《协约》（1904）庆祝的是英法结盟。莱斯特广场不怕彰显沙文主义，有一些芭蕾舞就

（上图）阿尔罕布拉剧院最后一场芭蕾舞节目单的一页，推出了18岁的新星

（右图）画家笔下的1927年帝国剧院的拆除。这座老剧院的最后一场演出是《善良夫人》，弗雷德·阿斯泰尔主演

叫作《女王的士兵》、《不列颠的领土》和《我们的军队与海军》。一八九七年，维多利亚女王即位六十周年之际，帝国剧院上演了《同一面旗帜下》，阿尔罕布拉剧院上演的则是《维多利亚，举国欢庆》。一九〇二年，爱德华七世加冕，阿尔罕布拉剧院上演了《我们的旗帜》，帝国剧院则有《我们的王冠》，炫耀英帝国的伟绩。

在《舞台春秋》中，尽管我们只瞥见了一小部分，但是芭蕾舞《天方夜谭》很有可能是帝国剧院的节目。矛盾的是，作为《舞台春秋》的核心，滑稽剧却从来没有被莱斯特广场尝试过。滑稽剧和其中的角色都是英式喜剧中的一部分，它们已经盛行了将近两个世纪。在每个圣诞节，它们都是全国数百家剧院的保留节目。莱斯特广场却不是如此。

之后时不时地，芭蕾舞也会在莱斯特广场短暂地复苏。一九一九年，佳吉列夫的芭蕾舞团在帝国剧院表演了很长一段时间，又在阿尔罕布拉剧院上演了两季；轻歌剧和音乐喜剧已经篡夺了音乐厅，不过芭蕾舞也会偶尔地上演。帝国剧院于一九二七年关闭并被改造成电影院，在那之后，巴兹尔上校的俄罗斯蒙特卡罗芭蕾舞团分别于一九三三年和一九三五年在阿尔罕布拉剧院和立陶宛国家芭蕾舞剧院演出。在一九三六年六月八日的那周——阿尔罕布拉剧院关闭的五个月前——最后一次有芭蕾舞团演出，那是雷纳·布鲁姆的蒙特卡罗芭蕾舞团。这个舞团也培养出了最耀眼的新星之一，十八岁的安德烈·埃格列夫斯基。

"THE DEMOLITION OF THE EMPIRE THEATRE": *A vivid impression of that most poignant sight when the most characteristic and traditional music-hall of the nineteenth century fell before the workman's pick and sledge and before the all-conquering hand of Time, whose other name is Change*

Taking M to the asylem.

Anything he cant have he hates.

Oranges in the workhouse

Life in the kenningthn road

Music in the Kenning road

Poverty in the Kennington road

The eight lankeshiire lads

August the clown at the hipprodome I play a cat

The girl I admire vitis our house, But I wont see her because of hole in my pants ... a fact which makes me very sad.

My mother tells me about Jesus, I want to die so that I can meet him

I discover Charles Dickens. ~~xx~~ and ~~also~~ the drama .

The warmth of ~~my first~~t success I find people kind and so friendly,

I recite my first poem at school.

A derlict at I2, my brother comes to my resque

~~My~~ as awaking to the stage craft and the art of the theatre

I desire to write. to be a musican to be a farner.

My dreams of wealth. A concept of myself on a black horse.

Death. Parks and an oil stove. the exclusifness of my mother.

spiritual growing pains in America

I dont want to be a comedian. I want to be a romantic actor.

the drunk getting mixed up in a trap door set.

the jugler. the comic. the dancer. the pianist. The acrobats.

The wire walker. The flying trapease. The German. troupe.

My first love. M D My second love. Duch Girl. My third, H K.

America

家族肖像

从二十世纪三十年代构思的舞蹈演员故事到卡尔费罗的故事，始终贯穿着卓别林这个饱受折磨的艺术天才面临的困境。他杰出的才能，伴随着他对自己卑微出身、缺乏教育、他无法克服的社交不安全感的深深焦虑，这种不安全感让其他人觉得他的防卫行为古怪又不合群。对教育背景和社会背景的焦虑与现实生活中的尼金斯基并无太大关系，虽然他是卓别林的终极灵感。尼金斯基生在舞蹈家庭，除了芭蕾，他对其他一无所知。九岁时，他进入了世界一流的芭蕾舞学校——马林斯基剧院。[1] 相反，喜剧演员卡尔费罗的不安全感反映的是卓别林自己年轻时的焦虑，以及他为摆脱伦敦土腔口音所付出的艰辛努力。在卓别林早期的好莱坞生涯中，伦敦土腔口音惹人注意：

> 他年轻时渴望当一名音乐家，却买不起任何一种乐器。另一个愿望是成为浪漫派演员，但是他太小了，言辞也缺少文化。

《卡尔费罗的故事》的开头几段，起初屡次重写，但最终仍没有采用，让我们窥见更多他与观众之间的关系：

> 与其说卡尔费罗是个喜剧演员，倒不如说他是艺术家。他转向喜剧是一种必然选择，他从别人身上获得愉悦，而非他自己——因为一个喜剧演员的【此处难以辨认】，本质就是要与观众相处融洽。而这是卡尔费罗永远做不到的，因为卡尔费罗真的很害怕他们。他对他们的感情是爱恨交织。“当他们是你的奴隶时，他们还不错，”他会说，“但当你成为他们的奴隶时，你就迷失了。”这种对人群的反感是根深蒂固的，是心理上的反感；从根本上说，他永远无法符合社会【此处难以辨认】和【此处难以辨认】的标准，他本能地尊重社会【此处难以辨认】的嗜好；他知道它一直在试图粉碎和吞噬那一点点个性，并将它吸收到那普通的胃里去。观众是咄咄逼人的，是残酷的，是不可靠的。这就是为什么他得先喝到半醉才能面对他们。

卓别林口述并修改的自传性质的笔记，耐人寻味。也许是在瑞士准备写《我的自传》（1964）时留下的（错误的拼写暗示了英语并非秘书–打字员的母语）

一九六八年，卓别林对理查德 · 梅里曼说：“某种程度上而言，我在舞台上是很好的喜剧演员，在表演或诸如此类的事情上。但我没有喜剧演员应有的那种引诱人的本领。和观众交谈——我永远做不到。我太像个艺术家了。我的艺术有点严肃——嗯，严肃。”

从卓别林对卡尔费罗（以及他先前扮演过的舞蹈演员角色）的描述中寻找卓别林的自我分析

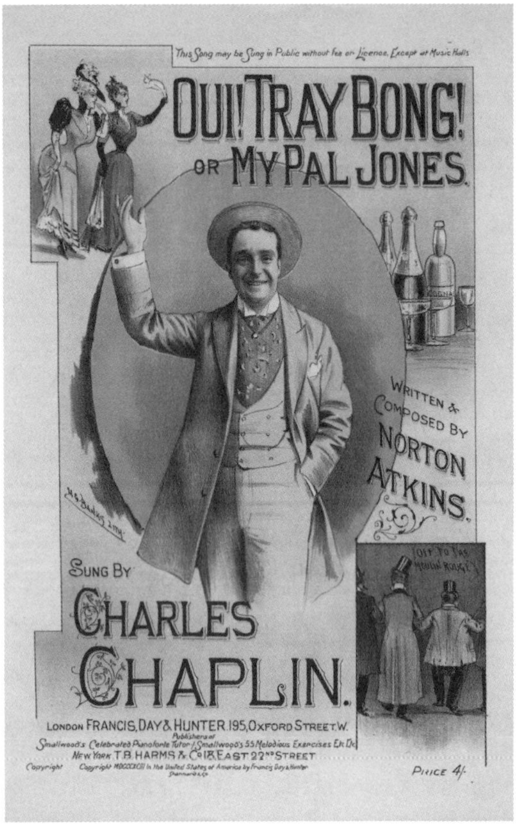

老卓别林在他事业的巅峰时期，这是在他的一首成功歌曲的封面上的肖像

并非冒昧之举，他在《脚灯》中这样描述卡尔费罗的舞台服装：“他的妆容很可笑；他粘着一副牙刷式的小胡子，头戴一顶不协调的圆顶礼帽，穿着紧身的燕尾服、宽松裤和一双大大的旧鞋。”这是卓别林扮演流浪汉时穿的服装，并不是卡尔费罗在电影中穿的。

卡尔费罗渴望成为一个浪漫派演员，并且“在情感上相信自己是当今最杰出的演员”。卓别林本人觉得每个喜剧演员都想扮演哈姆雷特的想法是很自然的（英国喜剧演员埃里克·赛克斯认为这种想法是“一派胡言”，一个好的喜剧演员比任何一个正剧演员都“更具有哈姆雷特的特质”）。在《脚灯》和《舞台春秋》的早期剧本中，他为卡尔费罗设置了这样一幕，他试图启发特丽，对“生存还是毁灭”进行了批判性诠释。它没有出现在最终的电影中，卓别林不得不等到《纽约王》（1957）的上映，才在银幕上展现这段独白。

卓别林与卡尔费罗不同，他从不喝酒，但他的父亲酗酒。卓别林最后一次见到父亲是在肯宁顿路的“三只雄鹿”酒吧。三周后，父亲被送往圣托马斯医院，在那里父亲因水肿而死去。《脚灯》反映了这段回忆：“十一点，在布里克斯顿白马酒吧，[2] 卡尔费罗在欢闹中昏倒在地，失去知觉，被送往圣托马斯医院。”我们无法得知是什么导致老卓别林喝酒成瘾——是否仅仅因为剧场里流行喝酒，表演者有义务与观众一同饮酒来刺激酒品销售，或者像卡尔费罗一样需要酒精来激励表演，或者（又像卡尔费罗）因为有个不忠的妻子。毫无疑问，卡尔费罗身上有不少老卓别林的影子。老卓别林并不是喜剧演员，而是“讲故事的歌手”，他通过自己的歌曲、服装和表演创造出独特的人物角色。就像他的儿子一样，他有将正剧与喜剧混合的天赋。

老卓别林的演艺生涯比较短暂。卓别林家族的许多人都从事这一行，一八八一年人口普查记录了十八岁的查理在巴特西大厦诺科特酒店当酒吧招待的经历。他二十六岁的哥哥斯宾塞是那里的经理。他似乎想离开，去别的酒吧；他长相英俊，嗓音优美，自然会出现在小酒馆里经常举行的那种无拘无束的音乐表演上。到了一八八七年，他已经成为职业艺人，经常在大城镇的杂耍剧场里表演。一八八九年八月，他在当时重建不久的皇家标准杂耍剧院（即后来的维多利亚宫）进行了个人在伦敦的第一场演出。在这一点上，他很幸运，找到了一个能干的经纪人，休·J.迪德科特，和擅长写歌的词曲作者约翰·P.哈林顿和乔治·勒·布伦。他的财富与日俱增。不久，他就能在一个晚上连续在四座最有名的剧场演出，包括牛津杂耍剧院、坎特伯雷剧院、特罗卡德罗剧院和米德尔塞克斯剧院。在各大城镇演出时，他都是领衔人物。他的知名度如此高，以至于歌曲出版商在他的歌曲封面上用全平版印刷的颜色印制他的形象。他去美国进行了一次成功的巡演，同时他的婚姻也面临破裂。一八九八年，兰伯斯监护委员会把小查理和他的哥哥西德尼交给查理和他的情妇路易丝暂时看护，在那六周的时间里，他们谁都不自在。他的儿子发现他经常喝酒，并且总是喝多。演艺杂志上的剧场名单显示，在生命的最后两年，嗜酒如命的老卓别林的演出场次已少极了，少到难以维持生计，且不说还要支付儿子和继子的赡养费。一九〇一年初，他似乎在肯宁顿的霍恩酒馆举办了一场即兴的慈善演出；四月二十九日，他在圣托马斯医院去世。他起起落落的一生可以与卡尔费罗的经历相对比。乌娜·卓别林回忆，[3]随着年龄的增长，卓别林对父母的生活和关系感到非常困扰。在早年，卓别林的同情心几乎完全集中在他母亲身上：人们只记得他父亲是一个抛弃家庭的酒鬼。巴里·安东尼所著《卓别林的杂耍剧场》（2012）对老卓别林的演艺生涯做了最新、最完整的研究，他的观点也是如此："在舞台上，他塑造了无私、忠诚的角色。事实上，他是个郁郁寡欢的酒鬼和好色之徒。"后来，卓别林开始更多地思考他已故的父亲，并且觉得他在某种程度上也是受害者。卓别林在自传中写道："用普通的道德标准衡量我们家，就像把温度计放在开水里一样错误。"在他们结婚之前，卓别林夫人在十九岁的时候生下了一个男孩，即西德尼，生父是谁从未确认。[4]尽管她似乎为她的儿子们编了一个故事，说西德尼是她和一个中年贵族私奔到南非生下的。小查理两岁半的时候，卓别林夫人抛弃了在美国的丈夫，和迅速崛起的剧场明星利奥·德莱顿同居，并且生下了儿子。

巴里·安东尼认为卡尔费罗既以老卓别林为原型，也以利奥·德莱顿为原型。德莱顿（原名乔治·德莱顿·惠勒，1863—1939）十八岁登上舞台，事业平平，直到他与汉娜·卓别林合作的歌曲《矿工家庭之梦》一夜成名。在接下来的十年里，他继续风行全国，创作了一系列歌曲，歌颂大英帝国和它的战士。然而，布尔战争结束后，他的风格就过了时，尽管在第一次世界大战期间有过短暂的复兴。到了二十世纪三十年代，他的演出一时间寥寥无几，就像卡尔费罗一样。他在街头唱歌，来娱乐莱斯特广场上排队等候进电影院的人们。如同老查理·卓别林和卡尔费罗，七十三岁的利奥在同行的帮助下完成了一场慈善演出，地点不是在帝国剧院，而是在更符合实际的场所，克里克伍德的一家旅店。[5]卓别林很可

晚年的卓别林母亲，这张照片是在她的儿子们把她带到加利福尼亚之后拍的。据说她在那里性格开朗，乐于交际，尽管有时也会陷入精神错乱的状态

惠勒·德莱顿（他是卓别林母亲和杂耍剧场歌手利奥·德莱顿的儿子）在片中饰演医生，这里我们看到他、卓别林、克莱尔·布鲁姆出镜

能知道他后来的经历，因为利奥与汉娜·卓别林的儿子惠勒·德莱顿曾受雇于卓别林制片厂，在《舞台春秋》中扮演了两个小角色。

在电影讲述戏剧冲突之前，《卡尔费罗的故事》是对这一角色所进行的斯坦尼斯拉夫斯基式的研读。我们发现，卡尔费罗经历了家庭破裂——这在《脚灯》的最终版本或《舞台春秋》的剧本中都未提及。这自然暗示出卓别林如何看待父母的婚姻问题，小时候和十几岁时曾近距离目睹母亲的生活。故事讲述了卡尔费罗如何娶了伊娃，一个比他年轻二十岁的女人，她是很久以前的情人的女儿，这个情人和另一个男人私奔到南非。虽然他们相爱，伊娃很快就对丈夫不忠。她自己也意识到卓别林所说的：

这最终导致了她悲剧性的滥交。她知道自己有一种病态的贪欲，在知道它的弊端后却更加变本加厉。这最终令她和她的生活与卡尔费罗渐行渐远。

她像猫一样的直觉知道卡尔费罗了解她的秘密，而且她也知道他没有勇气面对她或他自己。她知道他选择无视她的不忠，因为他深深爱着她。在她看来，她爱他是因为他代表了温柔、保护和理解。因为这个原因，当他以半是哀怨的口气温和地责备她时，她从不回应他。

卓别林是否在推测，卓别林夫人的种种问题，包括梅毒——这似乎是她最终精神错乱的原因——是这种“悲剧性滥交”的结果？就是在和伊娃分手后，卡尔费罗开始酗酒。

兄弟姐妹在卓别林的家庭故事中扮演了重要的角色。老查理·卓别林的哥哥斯宾塞经常被人叫去帮他解围，比如没有给他的儿子支付赡养费。同母异父的哥哥西德尼也对卓别林非常重要，帮助他开拓早期的演艺生涯，并在他电影生涯初期提供精明的财务建议（以及笑点）。后来，西德尼远赴法国南部定居，但他始终是个受人尊敬的哥哥，有着宝贵的天赋，无论是就表演还是私人交往而言。

卓别林的母亲汉娜·哈丽特·佩廷汉姆·希尔生于一八六五年，她有一个妹妹凯特，比她小五岁。卓别林在《自传》里是这样描述的：“补鞋匠的两个漂亮女儿很快就离开家，逐渐靠近舞台。”

汉娜做了几年的缝纫机工，一八八三年，十七岁的汉娜以莉莉·哈利为艺名（“Lillie”，后来改叫“Lily”），以“严肃喜剧”歌手的身份首次在剧场亮相。接下来五年左右的时间里，她似乎经常去城镇上的剧场演出，到她的儿子查理在一八八九年四月十六日出生的时候，她的表演也停止了。在与利奥·德莱顿的交往中，她的演艺事业曾短暂复苏，当时她在舞台的侧翼为他的表演伴唱，有时还会到台上谢幕。但在德莱顿离开家之后，他让艾米·芬顿接替了她的工作。艾米·芬顿的演艺生涯是从一家南非巡回歌剧团开始的，她可能也在私生活中取代了汉娜。

一八八八年，凯特跟随姐姐走上舞台，艺名凯蒂·费尔黛尔。她的演出似乎比汉娜更频繁、更有声望。[6]一八九一年六月二十二日，在英格兰北部表演了三年之后，她于女王宫殿剧院首次亮相伦敦。她演唱的受欢迎的歌曲有些是汉娜创作的（《女性朋友》和《女性裁判》），有些则是由利奥·德莱顿创作；汉娜很可能为她缝制演出服装，在演艺报纸上自豪地炫耀她手里的“牌”。她似乎一直工作到二十世纪的头几年，但是三十岁已不适合表演严肃喜剧了。她时不时地出现在卓别林的故事里，当她的侄子们都没有空的时候，她需要照顾汉娜，汉娜自一九〇五年三月起便住在精神病院。一九一五年，凯特曾被任命为新成立的查理·卓别林广告服务公司的英国代表，但是即使公司没有迅速倒闭，凯特要求25%的版税也会让卓别林的会计们望而却步。她似乎被贵族莫布雷·戈尔·法夸尔少校引入歧途，而后又被抛弃。不过，她一直使用莫布雷这个名字，在她去世的时候，死亡证明上就是这个名字：一九一六年一月二十二日，她在高维尔街的寓所里因癌症去世。她应该会很高兴，死亡证明的签署人——很显然不认识她——猜她的年龄是三十五岁，其实她四十一岁。

除了与法夸尔少校的关系之外，很难知道凯特在她的演艺生涯结束后是如何养活自己的——她经常住在体面的地方：另一个住址是布卢姆斯伯里的蒙塔古广场。根据儿子们的讲述，汉娜靠做缝纫活来养活孩子——就像《舞台春秋》中小特丽的母亲一样。近来有些传记作家在没有证据支持的情况下推测她是靠卖淫为生。严肃喜剧的表演者总是容易受到私生活不端的怀疑：

这是普遍被认为有伤风化的职业。严肃喜剧唱的内容和性有关，衣着挑逗，舞蹈也不像是正经女人会跳的……

青春，或者说是表演者显得年轻，传达出额外的情色意味。那是一个崇尚纯真的年代，有时甚至到了令人瞠目结舌的地步……

汉娜和凯特在大约十五岁时可能选择了杂要剧场作为她们的逃跑路径，但她们班上的许多其他女孩都被引诱去卖淫。这两个场所并不相互排斥，[W.T.] 斯特德指责剧院和杂要剧场制造了许多年轻的妓女。[7]

卓别林热爱并崇拜他的母亲，也被他美丽、优雅、喜怒无常的姨妈吸引。尽管如此，成年后的卓别林肯定思考过她们生活中那些没有透露给孩子们的部分，我们只能猜测，参看《特丽·安布罗斯的童年》和《脚灯》的相关部分，他想象的家族史是什么样。比希尔姐妹之间的年龄差距更大，年长的露易丝（老卓别林的情妇也叫这个名字）已经在萨尔杜的文具店工作，而特丽只有七岁。当不幸降临到这个家庭，露易丝丢了工作，“钱花光了。租金持续拖欠，典当品减少，他们挨饿了”。

生活突然有了转机：特蕾莎恐惧地发现这是因为姐姐去当了妓女。在她十岁的时候，母亲去世，露易丝成为了一个南美人的情妇，在贝斯沃特有一间公寓，她能够送特丽去寄宿学校，支付舞蹈学费。后来露易丝移居南美，姐妹俩从此失联。

兄弟姐妹：迈克尔·卓别林、约瑟芬·卓别林、杰拉尔丁·卓别林，1951年

《脚灯》和《舞台春秋》中的自我刻画还表现在卓别林对完美的执着追求，最好的例子是与钦科瓦利一起排练的几出戏。在一则弃用的笔记里，卡尔费罗对特丽讲述了学习拉小提琴时的痛苦（卓别林本人经历过）：

你试过第一次拉小提琴吗？首先，你把手腕扭到瘫痪；然后你把乐器紧紧夹在下巴下，直到你感觉舒服【此处难以辨认】，然后你在琴桥和琴颈之间的一小段空间里拉弓；第一次，你通常会拉到琴颈上——如果你拉得太远，就会滑过琴桥；如果弓的末端没有戳进你的鼻孔——戳出你的眼睛或者戳进你的耳朵——那你就很幸运了。你听它的声音，就像一只病猫的呻吟【此处难以辨认】。如果你想演奏好小提琴，就要用时间来熬；五年，每天八小时。

当卓别林开始拍摄这部电影时，他尽可能多

卓别林和他的妻子乌娜——一个镜头，乌娜充当克莱尔·布鲁姆的替身

地让仍健在的家人参与到影片中来，以此开掘电影自传性的一面。但是当时哥哥西德尼并不在好莱坞，卓别林与丽塔·格雷生的儿子（西德尼和小查理）都在影片中扮演了角色，分别饰演年轻的男主角和《滑稽表演》中的小丑警察。剧本里有让一个孩子观察到醉醺醺的卡尔费罗回到他的住所，并告诉他“艾尔索普夫人出去了”，[8] 卓别林最终让他和乌娜·奥尼尔的三个孩子出演——杰拉尔丁、迈克尔和约瑟芬，他们的第四个孩子维多利亚在拍摄前六个月时出生。同母异父的弟弟，即利奥·德莱顿的儿子惠勒·德莱顿被认为是卓别林的助手，并扮演了医生和《滑稽表演》中的疯老头。卓别林的朋友哈利·克罗克和蒂姆·杜兰特演了跑龙套的角色。一九五二年五月六日，星期二，卓别林和饰演医生的惠勒·德莱顿重拍一场公寓戏，乌娜也有几个镜头，可以确定她是代替克莱尔·布鲁姆站位，当时布鲁姆已返回伦敦。

ODEON THEATRE · LEICESTER SQUARE · LONDON

World Premiere

of

Charles Chaplin's

LIMELIGHT

In aid of the
Royal London Society for the Blind

16th OCTOBER 1952

尾声

一九五二年八月二日，卓别林主持了《舞台春秋》那场激动人心的试映，即本书的序言中描述。之后，又补充了配音方面的工作；八月十三日，他还在美国无线电公司录音半小时，原因不明。九月三日，卓别林来到布林办公室。九月五日，他一整天都在制片厂里，处理他们（觉察不到）的“建议”。第二天，卓别林、乌娜和哈利·克罗克乘坐“圣达菲酋长”号前往纽约，克罗克在影片制作过程中干劲十足地充当过新闻发言人，在当时他还是被称为“秘书”。一周后，[1]孩子们——杰拉尔丁、迈克尔、约瑟芬和十四个月大的维多利亚，还有保姆伊迪丝·麦肯齐和多丽丝·福斯特·惠特尼也前往纽约。九月十七日，他们一行九人乘坐“伊丽莎白女王”号前往英国。《舞台春秋》的世界首映定在十月十六日，但是卓别林也希望带乌娜去看一看英国，看一看给他带来灵感的伦敦。

然而，在启程两天后，船上的广播播送了一条令人震惊的消息，美国司法部长已经将卓别林的再入境许可作废，而这是作为外国人的他回到美国的必要文件。如果他尝试再回到美国，那么将对他进行聆讯，来“决定在美国的法律之下，他是否可以被接纳”。司法部门解释说这项行动是按规定进行，可以因为“道德、健康或者精神状态的原因”将外国人阻拦在外，“或者是因为传播共产主义、和共产党或亲共组织有所关联”。司法部长詹姆斯·麦格雷纳里是杜鲁门总统最近才任命的，总统这么做是要显示他的班底“对共产主义并不软弱”。麦格雷纳里坚持立场，十分认真地执行任务。他针对于卓别林的这次行动是在为期一个月的商讨之后才实现的，在此期间他会见了司法部门官员、移民局官员，当然还有联邦调查局局长埃德加·胡佛。他们都清楚他们这么做的理由其实并不充足分。九月二十九日，一位移民局的官员警告说：

> 如果移民局尝试推迟卓别林再次入境美国的时间，那么这涉及的问题很可能会动摇移民局和司法部门的根基。

卓别林并没接受这个挑战。他选择不再回到那个“令人闷闷不乐的国家”。他这一生都在想如何让整个世界发笑和思考，而一个强大的国家却向一个小个子英国绅士宣战，卓别林选择不回美国，令这场闹剧延续下去。

来到英国之后，卓别林非常开心，因为英国媒体和民众给予他无条件的欢迎，他们也对美国的敌意感到异常愤怒。玛格丽特公主也参加了《舞台春秋》在莱斯特广场的首映，这也是英国第一部被电视转播的电影首映式。这次的收入捐给了伦敦皇家盲人教育培训协会。伦敦之后，他又前往巴黎参加那里的首映式。在罗马的首映就没有那么光彩了：一些年轻的极右分子向卓别林投掷蔬菜，但是他却从容不迫地把活动进行下去（甚至觉得有种老式喜剧的味道），并且拒绝起诉这些闹事者。一月，他们一家人搬到了瑞士科西尔威维村的别墅“德班大宅”，从此定居在那里。

在美国，这场污名化运动还在继续。对于在

国际上造成的负面影响，麦格雷纳里继续对卓别林明嘲暗讽，为驱逐卓别林找合理的借口。美国退伍军人协会则在放映《舞台春秋》的电影院外进行抗议，使好几个大型院线——福克斯、洛斯和雷电华影业——迅速地撤下了这部电影。

当他抵达英国的时候，卓别林告诉媒体：“我不想制造任何革命。我想做的只是再拍一些电影。这些电影也许能让人开开心。我也希望这样……”二十二年后，当八十五岁的他向记者展示他的新书《影像人生》时，他说他可能永远都不会退休：“我的脑子里总是不断蹦出新点子。”在此期间，他已经创作了两部电影，同时策划着下一部；他还出版了两本书，为他的默片创作了音乐。他有个大家庭，他认真履行家长的责任。他喜欢到处旅游。在伦敦，他会乘坐公交车或地铁，重访他童年时的肯宁顿和《舞台春秋》中伦敦西区的一些地方，他穿着橡胶雨衣，戴着软呢帽，不会被认出来。一九七二年四月，他回到美国待了两周，并领取了奥斯卡终身成就奖，算是同美国达成了某种和解。

以一段个人经历作结：本书的作者观看了《舞台春秋》在一九五二年的世界首映。对于一位一贫如洗的学生来说，这是一大笔支出——不仅仅是电影票钱（一个基尼），还有火车票钱、旅馆费用和正装的租金。这钱花得再好不过了。我出身在一个一直仰慕这位流浪汉的家庭，我们一家人从他登上大银幕开始就是他的忠实观众。在《大独裁者》和《凡尔杜先生》刚上映的时候我就去看了。就在《舞台春秋》首映的一年之前还有西奥多·赫夫的《查理·卓别林》的出版。现在，他那永恒的形象出现在奥岱翁剧院的门厅里，出现在舞台上，他骄傲地站在年轻又优雅的妻子身旁，光彩照人。那最初的兴奋与激动永远也不会消散。

《舞台春秋》的发生地——杂耍剧场依然有迹可循，而卓别林的故事究竟起源于何处？这个问题十分诱人。二十二年后，于《舞台春秋》重映之际，我为《时代》杂志写了一篇评论。一九七五年元旦，我收到了一张乌娜签名的贺卡，“查理和乌娜·卓别林，”上面写着，“我们非常喜欢你给《舞台春秋》写的评论！”也许这只是我的朋友逗我玩的恶作剧……但是邮戳是对的，贺卡看上去也不像是假的。我给福特小姐打了个电话，让她代我向他们致谢。从那之后，正如我和伦敦的杰瑞·爱泼斯坦的友谊一样，我同卓别林一家以及他们的助理也建立起友谊，历经四十年，令我感到幸福不已。

鸣谢 [1]

首先，我要感谢卓别林的家人，允许我自由查阅卷帙浩繁的卓别林档案。

写这本书，是卓别林协会负责人凯特·居瓦永奇的主意，而且立刻得到了博洛尼亚电影资料馆及其负责人吉安·卢卡·法里纳利的支持。从那时起，凯特·居瓦永奇和塞西莉亚·森希亚雷利（博洛尼亚电影资料馆卓别林项目的负责人）便不仅仅是为我提供相关的资料，更在整个写作过程中提出宝贵的建议。博洛尼亚电影资料馆将卓别林档案数字化，本书是查阅数字化档案完成的第一本卓别林研究专著，我们三人分享了这份激动的心情。劳拉·莫里斯也从不仅仅是我的经纪人，多年来，她一直给予我最中肯的建议，也是给予我最多鼓励的朋友。

我有幸结识了与《舞台春秋》的制作密切相关的三个人，并且与他们进行了讨论——乌娜·卓别林、尤金·卢里耶和杰瑞·爱泼斯坦。同时感谢研究杂耍剧院之于卓别林和《舞台春秋》的影响的诸位学者朋友，尤其是 Barry Anthony、Alice Artzt、Kevin Brownlow、Dave Crump、Bryony Dixon、Lisa Haven、Ono Hiroyuki、Dan Kamin、Bruce Lawton、Steve Massa、Hooman Mehran、Glenn Mitchell 和 Frank Scheide。A.J. 马里奥特的专著《卓别林：演艺人生》是一本关键的参考书目。我们更要感谢梳理杂耍剧场历史的一代代学者，感谢 19 世纪的记者和插画作者，为当时的剧场留下了生动的记录。卓别林拍摄《舞台春秋》的时候，莱斯特广场上的剧院里芭蕾舞表演传统早已被遗忘。在最近二十年间，经过 Ivor Guest、Jane Pritchard 和 Alexandra Carter 的细致研究下，这一英国剧院文化的特殊时期终于得到了应有的评价。约瑟夫·多诺霍对 1894 年卫道士反对更新帝国剧院的演出执照这一历史事件的梳理，对于思考艺术和社会之间的关系有参考意义。

书中的大部分图片来源于卓别林档案，还有一部分图片是我的个人收藏，页码如下：5、20、144、148（上图）、156、160、162、164、166、170（下图）、180、182、184—191、204。

1　感谢英国电影评论家、电影史研究者戴维·罗宾森，他与博洛尼亚电影资料馆（卓别林项目）以及卓别林家人通力合作，这本书才得以问世。

——博洛尼亚电影资料馆 记

注解

故事的演变

1. 此日期参见 A.J.Marriot, *Chaplin Stage by Stage*, Marriot Publishing, Hitchin, 2005.

2. Charles Chaplin, *My Autobiography*, Bodley Head, London 1964. 化妆间这一幕在《脚灯》和《舞台春秋》中重现。

3. 尼金斯基的出生年份始终以 1890 年记录，而他的墓碑上刻的是 1889 年 3 月 12 日，这成了广为流传的版本；卓别林生于 1889 年 4 月 16 日。

4. 佳吉列夫（他关于失去爱的回忆无疑是偏颇的）对尼金斯基和卓别林的见面有不同的讲述。距见面过去十年后，他说当卓别林挽起他的胳膊，尼金斯基变得焦虑，后来还告诉他："'他是个可怕的人，这个卓别林。他不会错过任何为自己吸引注意力的机会。'可怜的尼金斯基认为自己是世上最伟大的天才！相比之下，查理 · 卓别林是无名小卒。"这次采访访于 1929 年，刊登于 *Dance Magazine*, September 1979。

5. 佳吉列夫为何缺席 1916 年第二场巡演，另一种并非书面记载的解释是因为大都会歌剧院富有的赞助人奥图 · 卡恩不喜欢佳吉列夫，坚持让尼金斯基负责巡演，然而尼金斯基却无法胜任，巡演据说损失了 25 万美元。

6. 罗纳德 · 维克多 · 考特尼 · 博德利（1892—1970），英国贵族、作家、记者，在 T.E. 劳伦斯的激励下，在二十几岁时来到撒哈拉沙漠，和游牧的阿拉伯人一起生活了七年。又在日本生活多年，后来住在英国和美国洛杉矶。我们不清楚卓别林是怎样认识了他，在 1936 年 8 月获得电影改编权后，他们似乎便一起忙着做《摄政》的剧本。博德利又有两次提议，为宝莲 · 高黛拍电影，《二重赋格》和《白百合》，但是没有记载显示卓别林对此很感兴趣。

7. 亨利 · 伯格曼（1868—1946），自 1916 年起便在卓别林制片厂工作，直到去世为止。他是可靠的喜剧配角，也是卓别林的助手，尽忠职守，甚至可以说对卓别林怀有崇敬之情。

8. 卓别林的祖父是补鞋匠。

9. 在手稿里，"spectre"始终被误拼成"specter"。

10. 他在家里工作：战后的经济形势意味着制片厂不能有空着的时候。在《凡尔杜先生》拍摄完成后、《舞台春秋》拍摄之前，片场依次租给各种小成本制作电影。1949 年 5 月 5 日，沃尔特 · 瓦格纳在那里为葛丽泰 · 嘉宝试镜，这是她最后一次出现在摄像机镜头前。

11. 尼金斯基离开佳吉列夫舞团后，莱奥尼德 · 马西内代替他出演那些角色，尽管马西内对女性爱得热烈，他仍代替尼金斯基，成为佳吉列夫的伴侣。

12. 这个名字的拼写经常变化。

13. 比起十五年后，写自传时协助卓别林的秘书，李 · 科宾显然更加恭敬。卓别林向伊恩 · 弗莱明抱怨，她总是想修改他写的英语："他说他并不意外，他是自学英语，觉得秘书的英语水平会比他强得多，但即便如此，他仍喜欢自己写的词句，希望他实际写下的部分内容能够在经过出版方编辑后予以保留。"（*Sunday Times*, 21 August 1964）

脚灯

1. 在某版草稿里，卓别林写的是另一个反常的词"monastic"。

2. 这里指的是 1910 年特鲁里巷童话剧《杰克和魔豆》，剧中有一个靠机械活动的巨人，在舞台上只能看到他的一部分，如头、腿、胳膊等等。

3. 在较早期的草稿里，指挥是真实存在的人物，托马斯 · 毕查姆爵士，虽然那时还不能称之为"爵士"，毕查姆直到 1916 年才受封爵士。

4. 方框里的词语是用铅笔添加的，再加上不时出现的简写，暗示着这份《脚灯》是用来改编成电影剧本的。

5. 艾米莉 · 勃朗特。起初添加的标点已复原。

6. 此处用的是"buckrum"含义不明，也许是已被遗忘的剧场行话。

7. 显然是指帝国剧院 1897 年至 1907 年的首席舞者阿德琳 · 格内（丹麦裔），此处把她的名字拼错了。

8. 卓别林为卡尔费罗的经纪人选择的名字很有趣。真实生活中的萨姆 · 雷德芬（1851—1915）是候补的黑人扮相艺人。他似乎自己写歌，包括已被遗忘的《酒来了》和《什么由头都可以喝一杯》。卓别林档案里收藏着一簇节目单，雷德芬的名字就出现在牛津杂耍剧院的一场节目单上。并不能完全确定卓别林为何选这个名字，也许就在卓别林为《脚灯 / 舞台春秋》找资料的过程中，雷德芬的名字符合卓别林的心意。

9. “psycho-anaesthesia”是 20 世纪初期心理学中的概念，虽然它比医生的解释复杂得多。本杰明 · 伊夫斯 · 吉尔曼在一篇文章开头有如下定义，“是指一种哲学趋向，忽视他人的同时承认他人与自己的区别之处”。（*American Journal of Psychology*, October 1924）

10. 在最终修改过的数个版本里，对这段对话的最后四段有几种改动和删减，令人难以取舍，目前的内容是从较早的数个草稿里还原而成。

11. 在打字稿里，拼写成“outrez”。显然，卓别林发现了一个让他满意的词，但是可能并不太理解它的时态。

12. “Mulligan stew”纯粹是美式用语，可追溯到 19 世纪末。指聚在一起吃饭的流浪汉就地取材烹煮的菜肴，每个人把讨来的、找到的或偷来的各种食材一起煮。

13. 这里提到卡尔费罗最近住过院，暗示着有情节被删。

14. 此处“三个月”意味着前后情节发生在 1914 年 11 月。凡尔登战役要到 1916 年 2 月才打响。

15. 在此处语境下选用这个词令人费解。

16. 卡尔费罗和特丽当时仍然住在索霍区艾尔索普夫人的公寓里，那里离帝国剧院步行只需要几分钟时间，搭出租车走皮卡迪利大街和牛津街是非常古怪的路线。

17. 本书誊录的这个版本的《脚灯》里，内维尔和特蕾莎之间的对话用铅笔划掉了。恐怕这种修改并不合适，没有了对话，这个场景便难以理解了。这种处理应该是一种暗示，会修改这个部分，电影剧本便对这个场景做了彻底的修改。

18. 此处是打字员打错了“钦科瓦利”的名字，还是试图使用化名？

卡尔费罗的故事

1. 针对这一段，卓别林做了反复修改。

2. 帕丁顿是大西铁路的终点站，不能经此站前往苏格兰以及英国北部。

3. 针对这一关键段落，卓别林写过数稿，每次都标记了“重复”，如下：

（1）后来，身边没有外人时，他会追问她，而伊娃从不会反驳他的指责或恼羞成怒。她只是朝他微笑，要么无比热情，要么无比妩媚，要么看她当时是什么心情。对卡尔费罗来说，她就像蛇蝎美人。他知道这一点。好像她根本没有听他说话。他们结婚六个月了，她相信自己已经非常了解卡尔费罗。

（2）但是伊娃从不会发伯他的指责或恼羞成怒。她只是朝他笑着，要么没有城府，要么妩媚，要么看她当时是什么心情。她知道卡尔费罗爱她，而且知道自己掌控着局面。她也明白自己对他的爱，藏在她心里一个特殊的角落，但并没有完全占据她的心。这种保留是根深蒂固的。没有人能完全令她满意。没有人能够这样。

4. 原始打字稿还包括另一种对话，非常简洁，还标记了“重复—插入”的字样：

“阿丁顿——你爱我的妻子吗？”

“卡尔费罗！”伊娃喊道。

“当然不爱。”阿丁顿回答，脸色变得苍白。

“真糟糕。”卡尔费罗说，“因为如果你不爱她，如果你没打算好好对待她，我就不得不——不，不是杀了你，或打你一顿，我要伤你的痛处，我要让你付出钱的代价。”

“卡尔费罗！你疯了吗？”伊娃喊道。

“我这辈子从没这样清醒过。”卡尔费罗回答。

摇动大树

1. Henry Gris, *Hollywood Chaplin*, 1952. 这是份一万字的打字稿，保存在罗伊出口公司的档案部。格里斯是美国合众社的记者，哈利 · 克罗克似乎给予他充分的采访自由，在 1952 年 7 月底电影接近完成时负责电影的外宣。格里斯本人没有看过电影，而是看过多个片段。打字稿要交给克罗克审读，克罗克删除了几段，在刊登前显然经过好一番修改。最终由合众社发布，部分作为剪报一同留档保存。

2. 科宾女士却是深受信任的秘书。8 月 3 日—18 日间，她陪同卓别林夫妇去纽约，乘坐的是“酋长”号。卓别林夫妇住在巴比松广场酒店，科宾女士也住在那里。1951 年 1 月 11 日，卓别林和科宾女士前往纽约，一个乘火车，一个乘飞机。1 月 14 日，乌娜也前往纽约，搭乘夜间航班。科宾女士在 1 月 18 日搭乘夜间航班从纽约返回，卓别林夫妇次日乘“酋长”号离开纽约，1 月 23 日到家。后来科宾女士与小西德尼 · 卓别林一道为女主角的选择进行演员的初期面试。出演小特丽的芭芭拉·科宾是否是科宾女士的女儿，仍不能确知（拍摄了相关戏份，在最终版电影里被删除）。

3. 制片厂的记录："把剧本《舞台春秋》送到劳埃德·赖特的办公室，以便以查理·卓别林的名义在华盛顿特区国会图书馆登记版权。"

4. 分镜头剧本似乎早在1951年3月12日就开始编写了，片场记录："李·科宾在比弗利将《舞台春秋》的剧本打出来——大部分是修改。"但是4月到5月，此项工作中断了两周，因为卓别林去了纽约，面试克莱尔·布鲁姆。1951年7月16日，科宾女士又缺席一周。

5. 这一额外的闪回镜头仅加在了最终的分镜头剧本中。

6. 若干儿童群众演员和五个女演员的戏份便留在了剪辑室里，演员包括多丽丝·劳埃德（饰演特丽的母亲）、朱恩·杰弗里（饰演路易丝）和芭芭拉·科宾（饰演小特丽）。

7. 亨利·伯格森（1859—1941），哲学家，著有《笑：论滑稽的意义》。

8. 从小说到剧本的转化过程中，还有一幕场景删掉了。是义演之前，卡尔费罗和特丽去了萨尔杜文具店，发现店里有印着特丽的彩色明信片。萨尔杜没想到如今的舞台明星就是昔日的特丽。她给他半个金币，为了偿还她之前从抽屉里"借"的钱，萨尔杜稍稍推托了一下，收下了钱。

9. ECCI00312544 CHM010。

从剧本到银幕

1. Henry Gris，出处同上。重拍只花了四天，即1952年5月5日—8日。

2. 片场日常记录并没有记载，而是源于卓别林夫妇的讲述。应该是在1952年5月6日，卓别林补拍卧室镜头，也涉及惠勒·德莱顿的戏份。

3. 卡尔·施特鲁斯（1886—1981），师从克拉伦斯·哈德森·怀特学习摄影，1919年来到好莱坞，彼时已发表许多作品、颇受好评的纽约静照摄影师。他为导演塞西尔·B. 戴米尔做电影摄影，电影作品有《日出》《化身博士》《罗宫春色》和1958年版《变蝇人》。

4. 从1934年便担任剧本监督，早期撰写的剧本包括初版《春风秋雨》。在《舞台春秋》之后，她又参与了戈登·斯科特的《人猿泰山》系列电影的剧本撰写。

5. Claire Bloom, *Limelight and After: The Education of an Actress*, Weidenfeld & Nicholson, London 1982.

6. 原名哈罗德·H. 弗拉泽（1889—1962），生于澳大利亚墨尔本，他在1910年左右随一个杂耍戏团去美国表演，后来戏团解散，他与表演滑稽戏的妹妹达芙尼·波拉德一起留在了美国。

7. 邦妮·麦考特对朱利安·路德维希的采访，见 Frank Scheide and Hooman Mehran, *Chaplin's Limelight and the Music Hall Tradition*, McFarland, Jefferson and London 2006.

8. Henry Gris，出处同上。

9. Henry Gris，出处同上。

10. Henry Gris，出处同上。

11. Henry Gris，出处同上。

12. Henry Gris，出处同上。

13. Henry Gris，出处同上。

14. 拉切尔·福特致赫伯特·P. 雅各比的信，1973年2月21日。

15. 作曲家兰道尔·D. 拉森做的线上采访。

16. 对拍摄日程安排的详细分析见 Hooman Mehran, *Not Quite According to Plan in Chaplin's Limelight and the Music Hall Tradition*，出处同上。

17. 1983年戴维·罗宾森对尤金·卢里耶的采访，引自 *Chaplin His Life and Art*。

18. 梅丽莎·海登（米尔德雷·赫曼，1923—2006），生于加拿大，父母是俄裔犹太人。她起初加入鲍里斯·沃尔柯夫的加拿大芭蕾舞团，后来去了纽约，加入无线电城剧院的芭蕾舞团。1945年至1947年，加入美国芭蕾舞剧院，随后加入阿丽西亚·阿隆索刚刚成立的古巴芭蕾舞团。1950年，加入纽约城市芭蕾舞团，从1955年到1973年，一直是首席舞者。不再登台表演后，她转而教授芭蕾舞。

19. 安德烈·埃格列夫斯基（1917—1977），生于莫斯科，八岁时移居法国，因此遇到许多杰出的俄裔舞蹈家，跟随他们学习芭蕾舞。十四岁加入巴兹尔的蒙特卡罗俄罗斯芭蕾舞团，不久便担任主角。1936年，他加入雷纳·布鲁姆另组建的蒙特卡罗俄罗斯芭蕾舞团，在1936年6月，在莱斯特广场的阿尔罕布拉剧院表演，是最后一批在那里登台表演的舞者之一。从1937年起，加入乔治·巴兰钦的美国芭蕾舞团（日后的纽约城市芭蕾舞团），任首席男舞者，也因此获得美国国籍。1939年至1942年，重新回到蒙特卡罗俄罗斯芭蕾舞团，之后在美国芭蕾舞剧院跳了四年的芭蕾舞。此后在巴兹尔的老俄罗斯芭蕾舞团和马奎斯·德·奎瓦斯的蒙特卡罗大芭蕾舞团也跳过舞，从1951年到1958年，他一直在纽约城市芭蕾舞团。不再登台表演后，他和妻子创办了舞蹈学校，又组建了埃格列夫斯基芭蕾舞团，至今（2014 年）都还存在。

20. 斯科特 · 艾曼和胡曼 · 米朗对梅丽莎 · 海登的采访，见 *Chaplin's Limelight and the Music Hall Tradition*。

21. 简略的蒙太奇镜头表示特丽的舞蹈生涯扩展到了世界的各个中心。

22. Melissa Hayden，出处同上。

23. 她说这一场景大概花了四小时，她的记忆没错，但是她以为是从八点半到十二点半，并不准确。

24. 这一场景涉及在台下演奏的乐队，尽管是拍摄好的镜头，卓别林却请来一位杰出的音乐家来扮演指挥。这便是阿尔 · 里昂斯，在 30 年代组建过乐团“阿尔 · 里昂斯和他的四骑士”。显然卓别林听从了拉施的建议，熟记了指挥手势。

25. 在一份分镜头剧本里加入了这个情节。

26. 这也许是弗兰克 · 哈格尼，在拍摄这一场景时要求“演个小角色”。

27. Jerry Epstein, *Remembering Chalie*, Bloomsbury, London 1988.

28. 纪录片《查理 · 卓别林的艺界人生》。

29. Melissa Hayden，出处同上。

30. “Bus”是“business”的简写形式，即舞台或喜剧行当。

31. Jerry Epstein，出处同上。

32. Jerry Epstein，出处同上。

33. The Ghostly Absence of “The Armless Wonder”: Afterthoughts on a Last-Minute Cut，见 *Chaplin's Limelight and the Music Hall Tradition*。

舞台春秋的伦敦

1. 卓别林在 1931 年有一次欧洲之行，据报道，他重访伦敦时位于霍克斯顿的本杰明 · 波洛克的商店，波洛克是最后一位玩具剧院的制造者。阿尔弗雷德 · 里夫斯制作了一本卓别林的剪贴簿，里面就有波洛克为戏剧《磨坊主和他的手下》制作的人物残片。

2. 阿尔弗雷德 · 希区柯克 1929 年拍摄的电影《讹诈》也选取这里拍摄一场关键的戏。

3. Roland Belfort, *An Hour at London's Smartest Hall*, Playgoer, July 1902.

4. 约翰 · 里维的证词，引自 Neil McKenna, *Fanny & Stella. The Young Men Who Shocked Victorian England*, 2013.

5. 1981 年，莱斯特广场竖起一座卓别林的铜像，即他经典的流浪汉形象，由约翰 · 达博戴制作。2010 年，铜像需要修复而被移走。2013 年，铜像在广场上的另一处地点竖立起来。

卓别林一家与杂耍剧场

1. 见 Charles Douglas Stuart & A. J. Park, *The Variety Stage*, London 1896.

2. 虽然晚至 1911 年，贝戴克伦敦旅游手册仍建议：“女士不必心怀恐惧，可以游览较富裕人群去的西区剧场，但是当然，应避开较便宜的座位。”

3. 见 A. J. Marriot, *Chaplin Stage by Stage*, Marriot Publishing, Hitchin, 2005.

4. 通常认为“兰开夏郡八童伶”一同演了厨房里的动物，而 A. J. 马里奥特质疑这种观点，认为卓别林在此前已离开，在之后的大马戏杂耍场的演出也没有出现。“兰开夏郡八童伶”在 1901 年 2 月 11 日重新开始在各地进行杂耍巡演，尽管《灰姑娘》一直演到 4 月 13 日。一种可能的解释是这部剧已经在排练，计划演出六个星期，又不能背弃之前的合同，就必须在演出延长时弃演大马戏杂耍场的演出。

5. 在约克公爵剧院的第一个星期，重演《夏洛克 · 福尔摩斯》之前，卓别林在吉列的独幕喜剧《夏洛克 · 福尔摩斯的困境》中扮演比利。

6. 这在《我的自传》中更明显，对他的电影贡献良多的长期合作伙伴甚至连提都没提一句，如罗兰 · 托瑟罗、亨利 · 伯格曼、马克 · 斯旺、埃里克 · 坎贝尔或乔治亚 · 哈勒。也没有提过斯坦 · 劳瑞尔，在卡尔诺剧团美国巡演的大部分时间里，他和卓别林同住一室，也是无话不谈的朋友。

7. Francis Wyndham, Introduction to Chaplin's *My Life in Pictures*, Littlehampton Book Services, Worthing 1974.

8. A. J. Marriot，出处同上。

9. 尤里乌斯 · 赞齐格（原名约根森，1857—1929）和妻子阿涅斯（185？—1916）的宣传语是“两颗头脑，思维相通”。演出时，舞台上的阿涅斯要猜出某个观众递给尤里乌斯的物品，他们依赖一套复杂的、不易察觉的口头密码——赞齐格密码，复杂程度很难被超越。结束表演生涯后，成了鳏夫的赞齐格把表演秘密卖给了胡迪尼，在其收藏中依然保留着这套密码。斯坦 · 劳瑞尔也记得赞齐格夫妇，他为“沙漠之子”——成立于 1964 年的劳瑞尔和哈迪影迷俱乐部想了一条合适的铭言：“两颗头脑，南辕北辙”。

10. 引自 William G. FitzGerald, *The Greatest Juggler in the World*，参见 *The Strand Magazine* vol. 13, pp. 91-100, 1897.

11. 他的双手没抓稳滑溜溜的高空秋千，从高处跌落五十多英尺。他说经过一年的治疗和康复，他重返舞台，重返他受伤的地方。让他没想到的是，管弦乐团演奏了一支俄国赞美歌，一万四千名观众都跪了下来，感恩他康复了。他感动得无法继续演出。

12. 引自 William G. FitzGerald，出处同上。

13. *The Era*, 6 October 1894.

14. 互助电影公司的主席也叫弗罗伊勒，1916 年该公司签约卓别林。卓别林喜欢给虚构角色起旧相识的名字。另一个杂技团由伯格曼先生领头：亨利 · 伯格曼是个演员，一直在卓别林手下工作，直到 1946 年去世。《脚灯》有一幕只有梗概，后来亦弃用的，是帝国剧院的发言人叫里夫斯：阿尔弗雷德 · 里夫斯是卡尔诺剧团的经理，后来又在卓别林电影公司任总经理长达二十八年。

15. 在卓别林的青少年时代，英国公众普遍还记得一则新闻：1881 年，十七个英国男孩被发现在君士坦丁堡表演杂技，杂技团的老板穆罕默德 · 本 · 阿里对待这些英国男孩像对待奴隶一样，残酷地虐待他们。阿里是通过在英国签订虚假契约诱骗了这些男孩。他们被英国领事馆解救出来，其中六个年纪最大的男孩"已习惯了以杂技谋生……"（*The Times*, 25 Febuary 1889）。

16. 引自 Joseph Donohue, *Fantasies of Empire*, University of Iowa Press, Iowa City 2005.

17. *The Era*, 20 May 1893.

18. 被删的克劳迪乌斯戏份在 MK2 版的《舞台春秋》光碟有额外收录。

19. Roland Belfort，出处同上。

20. 1924 年的一场丑闻毁了廷尼的事业和健康，他的情妇伊莫格内 · 威尔森指控他对她进行身体虐待。

21. Charles Chaplin，出处同上。

莱斯特广场的芭蕾舞

1. 伊沃 · 盖斯特的先驱性研究收录在他 1992 年的著作《莱斯特广场的芭蕾》。20 世纪的重要研究著作可参见"参考书目"。

2. Lydia Kyasht, *Romantic Recollections*, Brentano, London and NewYork 1929.

3. *All the Year Round*, 3 September 1864.

4. 汉森在莫斯科大剧院指导过两次《天鹅湖》的重演，他为阿尔罕布拉剧院排演的第一部芭蕾舞就是《天鹅》，显然是《天鹅湖》的衍生作品，《天鹅》的作曲者是乔治 · 雅各比。

5. *Saturday Review*, 19 May 1906; 引自 Ivor Guest, *Ballet in Leicester Square*,1992.

6. Jane Pritchard, *Enrico Cecchetti and the restoration of the danseur in ballets presented on the London stage at the end of the nineteenth century*，"恩里科 · 切凯蒂国际研讨会"报送的论文，奇切斯特大学，2005。

7. 约翰 · 迪奥邦，生于 1842 年，卒于 1922 年。早在 1866 年，他便在阿尔罕布拉剧院编舞。《笨拙》写道："看看约翰 · 迪奥邦先生 / 敏捷又灵活 / 好似可在针箍上起舞 / 简直就是精灵。"

8. 最初是在 1881 年意大利米兰的斯卡拉剧院上演，作曲是罗穆阿尔多 · 马伦科，编舞是路易吉 · 曼佐蒂。伦敦版是由卡洛 · 科比编舞。

9. Ivor Guest，出处同上。

10. *Illustrated Sporting and Dramatic News*, 4 January 1890, 引自 Jane Pritchard, *op. cit.*, p.7.

11. Ivor Guest，出处同上。

12. *What a Ballet Costs: A Peep Behind the Scenes*, 参见 The Sketch, 12 February 1896, 引自 Tracy C. Davis, *Actresses as Working Women*, London 1991.

13. H.G. Hibbert, *Fifty Years of a Londoner's Life*, Grant Richards, London 1916.

14. *Illustrated London News*, 5 January 1884. 法案指的是 1870 年颁布的《基本教育法案》，虽然直到 1880 年才对全英国五岁至十二岁的所有儿童实施强制性教育。

15. Ivor Guest，出处同上。

16. D. J. Kirwan, *Palace and Hovel*, Hartfort & Conn, 1871.

家族肖像

1. 尽管尼金斯基小时候曾和父母一起在马戏团工作，不过他很高兴能学会用手表演杂耍和走路，七岁时他在一部动物剧里演扫烟囱的杂务角色。日后他回忆起相关经历，却将之视为羞耻。

2. 布里克斯顿路的白马酒吧的插图，见 Barry Anthony, *Chaplin's Music Hall*, I.B.Tauris, London 2013, p23.

3. 私人谈话，大约在 1985 年。

4. 按卓别林家族的传统，为他取名"西德尼 · 霍克"。生父最有可能是西德尼 · 约翰 · 霍克，他的名字出现在伦敦南部的人口普查记录中。他比汉娜·卓别林大十六岁，于1891年结婚，后来因为对妻子施暴、频繁与陌生女人来往而离婚（Barry Anthony，出处同上）。
5. 温德米尔旅店，克里克伍德大道。
6. 对于两姐妹的职业生涯的深入研究，巴里·安东尼是第一个研究者。
7. Barry Anthony，出处同上。
8. 这句台词是由八岁的杰拉尔丁说的——这是她在银幕上说的第一句台词，三岁的约瑟芬又重复了一遍，在最终的电影里保留了这一即兴表演。

尾声

1. 在这一周中，卓别林为纽约的媒体人士放映了《舞台春秋》，尽管他发现气氛并不友好，但他对随后刊登的大多数影评感到满意。否则，他会躲藏起来，因为有人警告他，当前有针对联艺公司的诉讼，他可能会遭到传唤，这恐怕会影响计划好的出行。

演职员表

Production: Celebrated-United Artists
Producer: Charles Chaplin
Production manager: Lonnie D'Orsa

Director: Charles Chaplin
Scenario: Charles Chaplin
Photography: Karl Struss
Photographic consultant: Roland Totheroh
Assistant producers: Wheeler Dryden, Jerome Epstein
Associate director: Robert Aldrich
Operator: Wallace Chewning
Assistant: ? Wheaton
Art director: Eugène Lourié
Editor: Joseph Angel
Choreography: Charles Chaplin, André Eglevsky, Melissa Hayden
Corps de ballet: Carmelita Marucci
Music: Charles Chaplin
Musical director: Ray Rasch
Conductor: Keith Williams
Songs, *The Animal Trainer, The Sardine Song,Spring is Here*: Charles Chaplin, Ray Rasch
Sound: Hugh McDowell
Wardrobe: Drew Tetrick, Robert Ellsworth
Make-up: Ted Larsen
Hair stylist: Florence Avery
Script clerk: Cora Palmatier

Cast
Charles Chaplin (Calvero)
Claire Bloom (Terry)
Buster Keaton (Partner)
Sydney Chaplin (Ernest Neville)
Norman Lloyd (Bodalink)
Marjorie Bennett (Mrs Alsop)
Mollie Glessing (Maid)
Wheeler Dryden (Doctor/Pantaloon in ballet)
Nigel Bruce (Mr Postant)
Barry Bernard (John Redfern)
Geo Baxter (prosperous man in Redfern's Office)
Michael Hadlow (Redfern's Clerk)
Mary Parker (blonde in Redfern's Office)
Leonard Mudi (doctor at Empire)
Snub Pollard (street musician)
Loyal Underwood (street musician)
Julian Ludwig (street musician)
André Eglevsky (Harlequin)
Melissa Hayden (Columbine)
Charles Chaplin Jr (pantomime policeman)
Geraldine Chaplin (child in street)
Michael Chaplin (child in street)
Josephine Chaplin (child in street)
Charley Hall (news vendor)
Guy Bellis (Mr Sardou)
Harry Martin (rude customer in Sardou's)
Major Sam Harris (Old Fogey in Empire Promenade)
Dorothy Ford (patrician in Empire Promenade)
Elizabeth Root (patrician in Empire Promenade)
Millicent Patrick (patrician in Empire Promenade)
Judy Landon (patrician in Empire Promenade)
Sherry Moreland (patrician in Empire Promenade)
Valerie Vernon (patrician in Empire Promenade)
Dorothy Ford (patrician in Empire Promenade)
Eric Wilton (emissary in Empire Promenade)
Renee Evans (head waitress in Cornerhouse)
Kitty Watson (waitress in Cornerhouse)
William O'Leary (old clown in Queen's Head)
Clifford Brook (old clown in Queen's Head)
George Bunny (old clown in Queen's Head)
James Fairfax (newspaperman in Queen's Head)
Crawford Kent (Lorimer)
Larry Elliot (bookie in Queen's Head)
Colin Kenny (actor sharing Middlesex Dressing Room)
James Fowler (actor sharing Middlesex Dressing Room)
Gus Tailon (derelict on Embankment bench)
Cyril Delevanti (Griffin)
Trevor Ward (Fred, at Empire)
Frank Hagney (stagehand)
Richard Deane (1st Call Boy)
Jack Deery (emissary in Dress Circle)
Eric Wilton (emissary in Dress Circle)
Harry Crocker (member of audience)
Tim Durant (member of audience)
Cameron Grant (member of audience)
Keith Hitchcock (backstage extra in finale)

Oona O'Neill Chaplin (double for Terry, in brief long-shot)

In cut acrobat scene:
Billy Aimone (boy acrobat)
Phil Phelps, Dotty Phelps, Hans Schumm (acrobats)

In cut Claudius sequence:
Stapleton Kent (Claudius, the Armless Wonder)

In cut scenes of Terry's childhood:
Barbara Cobin (young Terry)
June Jefferey (Louise)
Doris Lloyd (Terry's Mother)
Eve Lynd (sensuous woman)
Nicka Fisher (bit, streetwalker)
Susan Klyover (older girl)
Donna Jo Boyce (younger girl)

Production started: 12 November 1951
Opening shot: 19 November 1951
Final shot: 25 January 1952
Première: 16 October 1952, Odeon Theatre, Leicester Square, London
US Premiere: 23 October 1952, Astor and Trans Lux Theatres, New York
Length: 12,636 ft, 140'

大事记

1898 年 12 月—1990 年 1 月

卓别林跟随“兰开夏郡八童伶”剧团一起在英国各地的杂耍剧场巡回演出

1906 年 3 月—1908 年 1 月

卓别林跟随不同的短剧剧团在各地的杂耍剧场巡回演出（《修理》和《凯西的马戏团》）

1908 年 2 月—1913 年 11 月

卓别林跟随弗雷德 · 卡尔诺剧团在英国和美国的杂耍剧场巡回演出

1914 年

卓别林开始电影生涯

1916 年

12 月（存疑）27 日—29 日瓦斯拉夫 · 尼金斯基拜访了卓别林制片厂

12 月 30 日卓别林观看了尼金斯基跳舞，舞蹈演员的故事萌芽

1919 年

卓别林在电影《田园牧歌》中滑稽仿尼金斯基的舞蹈《牧神的午后》

1934 年

罗莫拉 · 尼金斯基出版传记《尼金斯基》

1936 年

罗莫拉 · 尼金斯基出版（经过大量删减的）《瓦斯拉夫 · 尼金斯基日记》

1937 年 5 月—10 月

卓别林集中构思舞蹈演员的故事

1947 年 8 月

卓别林重新拾起舞蹈演员和歌舞杂耍的故事

1948 年 9 月 13 日

卓别林开始向李 · 科宾口述《脚灯》

1949 年

卓别林一整年口述《脚灯》和《舞台春秋》

3 月 28 日约瑟芬 · 汉娜 · 卓别林出生

8 月 3 日—18 日卓别林和乌娜在李 · 科宾的陪伴下到纽约旅行

1950 年

1 月 17 日日—2 月 13 日卓别林和乌娜到纽约旅行

8 月 30 日亚瑟 · 凯利注册名称“The Limelight”

9 月 6 日注册名称“Limelight”

9 月 11 日剧本寄出，以便登记版权

9 月 17 日—10 月 8 日卓别林和乌娜到纽约旅行

12 月 15 日卓别林开始和雷 · 拉施一起为电影作曲

1951 年

1 月 11 日—22 日 卓别林和乌娜去纽约旅行

2 月 卓别林开始面试饰演特丽的女演员

2 月 27 日 李 · 科宾和西德尼 · 卓别林跟经纪人谈寻找女主角事宜

3 月 8 日 李 · 科宾和西德尼 · 卓别林面试女主角

3 月 15 日 卓别林面试女主角

4 月 19 日—5 月 1 日 卓别林在纽约面试克莱尔 · 布鲁姆

5 月 19 日 维多利亚 · 卓别林出生

5 月 21 日—6 月 29 日 卓别林扩建自家房屋

6 月 1 日 卓别林继续面试可以出演特丽的女演员

6 月 7 日 卓别林再一次观看克莱尔 · 布鲁姆的样片

8 月 1 日 卓别林在制片厂讨论即将开始拍摄的《舞台春秋》

8 月 14 日 纽约的琼 · 温斯萝试镜

9 月 6 日 卓别林面试制片经理，聘用了隆尼 · 德奥尔萨

9月17日 制片厂可以使用了，之前租给拍摄《狼蛛》的剧组
9月18日 克莱尔·布鲁姆乘坐“毛里塔尼亚”号去纽约
9月19日 修改过的剧本寄出，以便登记版权
9月19日—20日 芭蕾舞配乐录音，由基思·R. 威廉姆斯指挥
9月22日—28日 卓别林编辑芭蕾舞配乐
9月24日 克莱尔·布鲁姆和母亲到达纽约
9月29日 克莱尔·布鲁姆和母亲到达好莱坞
10月1日 梅丽莎·海登和安德烈·埃格列夫斯基于早晨7点10分到达，于10月1日、2日和3日排练舞蹈
10月3日 梅丽莎·海登和安德烈·埃格列夫斯基于晚上11时离开回纽约
10月8日 开始搭建布景，招募工作人员
10月18日 卓别林和雷·拉施在格兰·格兰恩录音室录了三首歌曲和两首“钢琴协奏曲”
10月15日 卓别林开始和克莱尔·布鲁姆在家里彩排
10月22日 卓别林开始和克莱尔·布鲁姆在制片厂彩排
11月6日 歌曲伴奏在格兰·格兰恩录音室录制
11月12日 和克莱尔·布鲁姆一起试拍在公寓内的戏
11月19日 在卓别林制片厂开始拍摄
12月6日—11日 在派拉蒙片场的纽约街布景拍摄
12月12日—13日 在卓别林制片厂拍摄
12月18日 在百代片场拍摄
12月29日—1952年1月7日 拍摄芭蕾舞片段（特丽的试演、《天方夜谭》和《滑稽表演》）

1952年
1月8日 拍摄卓别林—基顿滑稽表演的宽舞台镜头（百代电影公司）
1月11日 剧组回到卓别林制片厂，准备拍摄滑稽表演的近景镜头
1月12日 拍摄卓别林—基顿滑稽表演
1月25日“影片拍摄完成”
2月4日 卓别林开始剪辑工作
2月13日 克莱尔·布鲁姆和母亲动身前往纽约
2月20日 克莱尔·布鲁姆和母亲乘坐“伊丽莎白女王”号回英格兰
5月5日—8日 重拍部分镜头
5月15日 卓别林为西德尼·伯恩斯坦、詹姆斯·阿吉等友人放映电影
5月28日 流浪音乐家的音乐在RCA录制
6月5日 卓别林和音乐家们一起工作
6月10日 在RCA录制音乐
6月17日 在RCA录制音乐和音效
7月21日—31日 在RCA为电影配音
8月2日 在派拉蒙影剧院试映
8月13日 在RCA录音半小时
8月30日 在音乐服务中心配音
9月3日 卓别林在布林办公室听取建议
9月5日 处理布林办公室建议的改动
9月6日 卓别林、乌娜·卓别林、哈利·克罗克乘坐“圣达菲酋长”号去纽约，并于9月9日抵达
9月8日 为第四团胶卷重新配音
9月13日 孩子们——杰拉尔丁、约瑟芬、迈克尔、维多利亚和他们的保姆一起乘坐“圣达菲酋长”号与父母团聚
9月17日 卓别林从纽约乘坐“伊丽莎白女王”号离开
9月19日 卓别林的再入境许可被取消
9月22日—24日 在RCA进行外国语配音
9月24日 卓别林全家到达英国，同行的还有两个保姆和克罗克（被称作“秘书”）
10月16日《舞台春秋》在莱斯特广场奥岱翁剧院首映
10月23日 纽约公映在阿斯特和勒克斯剧院上演
10月《舞台春秋》被好莱坞外国记者协会评为“本月最佳电影”（由小查理·卓别林领取）
10月31日《舞台春秋》在巴黎的马里尼昂、马里沃、诺尔芒迪、雷克斯剧院开演
11月10日—15日 在卓别林的指示下删除“女王的头”/克劳迪乌斯以及前面的镜头
11月13日西海岸首映在旧金山联艺电影院举行，小查理·卓别林参加

1953年
1月 多家美国影院取消了《舞台春秋》的放映
3月6日《舞台春秋》被影评人协会评为“年度最佳电影”

1972年
奥斯卡最佳原创戏剧配乐授予卓别林和已故的雷·拉施、拉里·拉塞尔（很明显他跟电影或电影中的音乐并没有任何关系）

参考书目

Anthony, Barry, *Chaplin's Music Hall. The Chaplins and their Circle in the Limelight*, I.B.Tauris, London 2012

Baker, Richard Anthony, *British Music Hall: An Illustrated History*, The History Press, Thrupp 2005

Bedells, Phyllis, *My Dancing Days*, Phoenix House, London 1954

Bloom, Claire, *Limelight and After: The Education of an Actress*, Weidenfeld & Nicholson, London 1982

Busby, Roy, *British Music Hall. An Illustrated Who's Who from 1850 to the Present Day*, Paul Elek, London 1976

Carter, Alexandra, *Dance and Dancers in Victorian and Edwardian London Music Hall Ballet* Ashgate Publishing, Farnham 2005

Chaplin, Charles, *My Autobiography*, Bodley Head, London 1964

Chaplin, Charles, *My Wonderful Visit*, Hurst & Bluckett, London 1922

Cheshire, David, *Music Hall*, Associated University Press, Newton Abbott 1974

Collier, Constance, *Harlequinade. The Story of my Life*, John Lane, London 1929

Crawford Flitch, J.E., *Modern Dancing and Dancers*, Grant Richards, London 1912

Dickens, Charles (ed. Michael Slater), *Dickens' Journalism Volume II. The Amusements of the People and Other Papers*, Ohio University Press, Columbus 1998

Disher, M. Willson, *Winkles and Champagne*, B.T. Batsford, London 1938

Donohue, Joseph, *Fantasies of Empire. The Empire Theatre of Varieties and the Licensing Controversy of 1894*, University of Iowa Press, Iowa City 2005

Drimmer, Frederick, *Very Special People: The Struggles, Loves and Triumphs of Human Oddities* (revised edition), Citadel Press, London 1991

Epstein, Jerry, *Remembering Charlie*, Bloomsbury, London 1988

Espinosa, Edouard, *And Then He Danced*, Sampson Low Marston, London 1947

Green, Benny (ed.), *The Last Empires*, Pavilion/Michael Joseph, London 1986

Guest, Ivor, *Adeline Genée*, Black, London 1958

Guest, Ivor, *Adeline Genée: A Pictorial Record*, Royal Academy of Dancing, London 1978

Guest, Ivor, *Ballet in Leicester Square*, Dance Books, London 1992

Haddon, Archibald, *The Story of the Music Hall*, Fleetway Press, London 1935

Hibbert, Henry George, *Fifty Years of a Londoner's Life*, Grant Richards, London 1916

Hollingshead, John, *My Lifetime*, Sampson Low Marston, London 1895

Howard, Diana, *London Theatres and Music Halls, 1850-1950*, Library Association, London 1970

Kilgarriff, Michael, *Sing Us One of the Old Songs: A Guide to Popular Song 1860-1920*, Oxford University Press, Oxford 1998

Kyasht, Lydia, *Romantic Recollections, Brentano*, New York 1929

Lumley, Benjamin, *Reminiscences of the Opera*, Hurst & Blackett, London 1847

McCabe, John, *Charles Chaplin*, Doubleday, New York 1978

Mackenzie, Compton, *Figure of Eight*, Cassell and company, London 1936

MacQueen-Pope, Walter, *The Melodies Linger On: the Story of Music Hall*, W. H. Allen, London 1950

Mander, Raymond and Mitchenson, Joe, *British Music Hall*, Gentry Books, London 1965

Mander, Raymond and Mitchenson, Joe, *The Lost Theatres of London*, Taplinger, London 1968

Marriot, A.J., *Chaplin: Stage by Stage*, Marriot Publishing, Hitchin 2005

Moore, Lucy *Nijinsky: A Life*, Profile Books, London 2013

Morton, W.H. and Newton, H.C., *Sixty Years' Stage Experience*, Gale & Polden, London 1905

Perugini, Mark E., *The Art of Ballet*, Secker, London 1915

Perugini, Mark E., *A Pageant of the Dance and Ballet*, Jarrolds, London 1935

Pulling, Christopher, *They Were Singing*, George Harrap, London 1952

Robinson, David, *Chaplin His Life and Art*, Penguin, London 2001, 2013

Scheide, Frank, and Mehran, Hooman (eds), *Chaplin's Limelight and the Music Hall Tradition*, McFarland, Jefferson 2005

Scott, Harold, *The Early Doors*, EP Publishing, London 1946

Senelick, Laurence, Cheshire, David F. and Schneider, Ulrich, *British Music Hall 1840-1923*, Hamden, Conn., 1981

Strong, Albert Ambrose, *Dramatic and Musical Law*, London 1901

Stuart, Charles Douglas, Park, A.J., *The Variety Stage*, London 1895

The Performer Who's Who in Variety, The Performer, London 1950

Timbs, John, *The Curiosities of London*, new edition, London 1868

Unthan, Carl Herman, *Das Pediscript. Auszeichnungen aus dem Leben eines Armlosen, Lutz, Stuttgart 1925. English translation: The Armless Fiddler, a Pediscript. Being the Life Story of a Vaudeville Man*, G. Allen & Unwin Ltd, London 1935

Weinreb, Ben and Hibbert, Christopher, *The London Encyclopaedia*, MacMillan, London 1983

著作权合同登记号 图字 01-2019-0595

图书在版编目（CIP）数据

卓别林画传 / （英）戴维·罗宾森著 ; 朱静雯，孙煜译 .
-- 北京 : 人民文学出版社，2020
ISBN 978-7-02-015111-0

Ⅰ. ①卓… Ⅱ. ①戴… ②朱… ③孙… Ⅲ. ①卓别林
(Chaplin, Charlie 1889-1977) —传记 Ⅳ. ① K835.615.78

中国版本图书馆 CIP 数据核字（2019）第 050644 号

责任编辑 甘 慧 邰莉莉
装帧设计 钱 珺

出版发行 人民文学出版社
社　　址 北京市朝内大街166号
邮政编码 100705
网　　址 http://www.rw-cn.com

印　　刷 上海盛通时代印刷有限公司
经　　销 全国新华书店等

字　　数 180千字
开　　本 889毫米×1194毫米 1/16
印　　张 14
版　　次 2020年6月北京第1版
印　　次 2020年6月第1次印刷

书　　号 978-7-02-015111-0
定　　价 69.00元

如有印装质量问题，请与本社图书销售中心调换。电话：010-65233595